全国水利行业"十三五"规划教材
"十四五"时期水利类专业重点建设教材

桩墩水力学

主　编　喻国良　张民曦
主　审　梁丙臣

中国水利水电出版社
www.waterpub.com.cn
·北京·

内 容 提 要

本书共分九章。首先阐述了涉水桩墩的分类与结构、泥沙的基本物理特性、泥沙分类、泥沙起动与扬动、输沙率等基本概念，基于基本概念的阐述进一步探讨了床面形态、堤岸稳定性、底床切应力与底床糙率、底床的整体冲刷下切与淤积抬升等大尺度因素对桩墩局部冲刷的影响。然后，阐述了过桥断面的水位-流量关系曲线、过桥水力的计算、桥前壅水高度、回水长度、桥梁净空与设计洪水等计算方法。在此基础上，进一步探讨了桥墩周围的水-沙动力特性及其计算方法、水动力载荷特性及其计算方法、波流环境下的桥墩等水工建筑物的局部冲刷等问题。

本书可作为海洋、海岸、港航、水利、环境、土木等专业高年级本科生和研究生的教材，亦可作为道路相关专业科研人员及工程技术与管理人员的参考书。

图书在版编目（CIP）数据

桩墩水力学 / 喻国良，张民曦主编. -- 北京：中国水利水电出版社，2023.2
全国水利行业"十三五"规划教材　"十四五"时期水利类专业重点建设教材
ISBN 978-7-5226-1365-9

Ⅰ. ①桩… Ⅱ. ①喻… ②张… Ⅲ. ①水环境—影响—桥墩—局部冲刷—教材 Ⅳ. ①U443.22

中国国家版本馆CIP数据核字(2023)第040887号

书　名	全国水利行业"十三五"规划教材 "十四五"时期水利类专业重点建设教材 **桩墩水力学** ZHUANGDUN SHUILIXUE
作　者	主编　喻国良　张民曦 主审　梁丙臣
出版发行	中国水利水电出版社 （北京市海淀区玉渊潭南路1号D座　100038） 网址：www.waterpub.com.cn E-mail：sales@mwr.gov.cn 电话：（010）68545888（营销中心）
经　售	北京科水图书销售有限公司 电话：（010）68545874、63202643 全国各地新华书店和相关出版物销售网点
排　版	中国水利水电出版社微机排版中心
印　刷	清淞永业（天津）印刷有限公司
规　格	184mm×260mm　16开本　12.75印张　304千字
版　次	2023年2月第1版　2023年2月第1次印刷
印　数	0001—2000册
定　价	**42.00元**

凡购买我社图书，如有缺页、倒页、脱页的，本社营销中心负责调换
版权所有·侵权必究

前　言

涉水桩墩作为桥梁、高桩码头、海洋平台等众多水工建筑物的重要基础，现广见于江河湖海，并将不断涌现。涉水桩墩所受水动力作用和周围的局部冲刷关乎上部结构的安全。

目前，有关涉水桩墩上水动力和局部冲刷的研究与应用成果丰富，但主要以论文形式呈现，相关的书籍少，且书籍多倾向于桥梁水力内容，无法满足港口、海岸及海洋工程领域的教学。本书在国内阚译的《桥渡冲刷》、叶东升的《桥渡设计原理与实践》、陆浩和高冬光的《桥梁水力学》，及国外 E. V. Richardson 和 P. F. Lagasse 的 *Stream Stability and Scour at Highway Bridges*、美国土木工程师协会的 *Guide to Bridge Hydraulics*、Les Hamill 的 *Bridge Hydraulics* 等著作的基础上，吸纳了一些国内外研究成果和工程规范中的计算方法。

本书由上海交通大学喻国良、张民曦主编，中国海洋大学梁丙臣教授主审。本书的编写得到了新加坡南洋理工大学 SK Tan 教授的帮助和国家自然科学基金项目"单向水流中桥墩在振动载荷作用下局部冲刷深度的实验研究（No.51779137）"及"中性网格对圆桩局部冲刷坑内的水动力弱化机制与促淤效果（No.52171268）"的资助，在此表示感谢！

由于海洋与海岸工程、交通运输工程的飞速发展及新型工程材料的不断涌现，加之作者对该领域的认识水平，尤其是工程建设经验的局限，以及编写精力的不足，书中难免出现不足甚至错误之处，敬请读者批评指正。

编者

2022 年 9 月

目 录

前言

第一章 涉水桩墩的分类与结构 ··· 1
 第一节 涉水桩墩的分类 ··· 1
 第二节 桥梁的类型与结构 ··· 2
 第三节 桥台与桥墩的类型 ··· 3
 参考文献 ··· 7

第二章 泥沙运动的基本概念 ··· 8
 第一节 泥沙的基本物理特性 ··· 8
 第二节 泥沙的分类 ··· 16
 第三节 泥沙的起动与扬动 ··· 19
 第四节 水体中的输沙率 ··· 24
 参考文献 ··· 30

第三章 影响桩墩冲刷的底床形态与底床稳定性 ··· 34
 第一节 底床的床面形态 ··· 34
 第二节 堤岸的稳定性 ··· 36
 第三节 底床切应力与底床糙率 ··· 38
 第四节 底床的整体冲刷下切与淤积抬升 ··· 46
 参考文献 ··· 50

第四章 过桥断面的流量和水位 ··· 52
 第一节 河道的水位-流量关系曲线 ··· 52
 第二节 过桥水力的计算 ··· 55
 第三节 桥前壅水高度与回水长度 ··· 61
 第四节 桥梁的净空与设计洪水 ··· 67
 参考文献 ··· 69

第五章 桥台附近的流场与冲刷特性 ··· 70
 第一节 单一河槽中桥台附近的流场与局部冲刷 ··· 70
 第二节 复式河槽中桥台附近的流场与局部冲刷 ··· 76

第三节	桥台冲刷最大深度的位置与冲刷范围	86
第四节	桥台局部冲刷随时间的变化规律	88
参考文献		89

第六章 桩墩冲刷的类型与束水冲刷 93

第一节	桩墩冲刷的类型	93
第二节	桩墩引起的束水冲刷	94
第三节	受压流引起的束水冲刷	97
第四节	复式河槽的束水冲刷	97
参考文献		101

第七章 桥墩附近的流场与局部冲刷 103

第一节	单个桩墩附近的流场	103
第二节	单个桥墩局部冲刷的发展特性	104
第三节	单个桥墩的局部冲刷最大深度	107
第四节	单个桥墩局部冲刷的宽度	130
第五节	复杂桥墩附近局部冲刷的计算	131
参考文献		139

第八章 桩墩上的水动力 147

第一节	桩墩上水动力载荷的组成	147
第二节	直立单桩上的水平流致力	152
第三节	直立单桩上的水平波浪力	153
第四节	直立单桩上的波流共同作用力	168
第五节	倾斜单桩上的水平波流力	169
第六节	群桩上的水平波浪力	171
参考文献		176

第九章 波浪与潮流环境中桩墩的冲刷 179

第一节	波流环境中单根桩墩周围的局部冲刷	179
第二节	波流环境中群桩周围的局部冲刷	183
第三节	桩式丁坝坝头的局部冲刷	188
第四节	防波堤堤头的局部冲刷	193
参考文献		195

第一章 涉水桩墩的分类与结构

第一节 涉水桩墩的分类

桩、墩是常见的对建筑物起支撑作用的两种基础。桩是用于承载垂直荷载或提供横向支撑的柱体，通过打入或以其他方式引入土壤中；墩是承担拱或桥梁上部结构集中荷载的矩形或圆形等形状的垂直支撑基础[1]。桩和墩的区别见表1-1[2]。桩是一种深基础，其直径相对较小；而墩是一种浅基础，其直径较大，支撑并将荷载传递到下方坚固的地层。

表1-1 桩和墩的区别

序号	桩	墩
1	深基础，长度≥6m，长径比≥3	浅基础，长径比<3
2	桩荷载通过竖直的木材、混凝土或钢进行传递	墩将荷载传递给坚固的地层
3	桩的基础部分通过摩擦（如果是摩擦桩）或摩擦和承载（如果是组合端承桩和摩擦桩）传递荷载	墩的基础部分仅通过承载传递荷载
4	桩的基础部分很深，适用大荷载	墩的基础部分较浅，适用小荷载
5	桩通常用于深度变化较大、荷载不均匀的情况	墩通常立于坚硬岩层、硬黏土层
6	桩的类型有端承桩、摩擦桩、挤密桩、锚桩、张拉桩、板桩、斜桩等	墩的类型为砖石或混凝土桥墩和钻孔沉箱

值得注意的是，在工程上有时候很难严格区分桩和墩，而且由于桩和墩附近的流场、泥沙冲淤、地形的变化均类似，因此本书将桩和墩统称为桩墩。

桩墩有大直径桩墩和小直径桩墩之分。前者的存在会影响波浪场和来流的分布，后者的存在则对波浪场和来流的影响较小。对于桩墩上的波浪力，按照其特征尺度D与波浪特征长度波长L的比值分为大直径和小直径两类来计算：①当$D/L \leqslant 0.2$时，桩墩为小直径桩墩，在波浪中受到的主要作用力是由于水体黏性影响而产生的黏性力和由于流体的惯性及桩柱的存在而产生的惯性力，其存在可以被认为不影响入射波浪场，当流体绕过结构物时，边界层可能发生分离，导致结构物后尾涡的形成与发展，造成流动趋向复杂。②当$D/L > 0.2$时，桩墩为大直径桩墩，它的存在会影响波浪场的分布。

涉水桩墩的主要形式之一是桥墩。桥梁是横跨水体或其他障碍物连接陆路交通的建筑物，可分为跨河桥梁、跨海桥梁和跨建筑物桥梁等。桥梁所涉及的水力学问题往往是跨河渡海桥梁设计的关键问题，涉及内容主要包括：过桥断面的流量和水位、桥梁引起的束水冲刷、桥墩附近的局部冲刷、桥台附近的局部冲刷、桥梁附近的普遍冲刷、危害桥墩的因素及桥墩桥台防护措施等。

第二节 桥梁的类型与结构

一、桥梁的类型

桥梁结构形式多样，按桥面行车道的设置位置不同可分为上承式桥、中承式桥和下承式桥。上承式桥的桥面位于桥跨结构顶面，中承式桥的桥面位于桥跨结构中部，而下承式桥的桥面位于桥跨结构底部。

按桥跨结构的静力体系不同可分为梁桥、拱桥、刚架桥、悬索桥、斜拉桥和组合体系桥等。此外，还有满足通航需要的开启桥、可以移动和拆除的浮桥以及漫水桥等。开启桥又有平转式开启桥、立转式开启桥和直升式开启桥三种类型。

按桥跨结构所用的材料不同，有木桥、石桥、砖桥、混凝土桥、预应力混凝土桥、钢桥、混凝土桥面同钢梁组合而成的组合梁桥及玻璃钢桥等。

按桥梁跨径和长度可以分为特大桥、大桥、中桥、小桥和涵洞[3]（表 1-2）。

表 1-2　　　　　　　　　　　按桥梁跨径和长度的分类

桥梁分类	多孔跨径总长 L/m	单孔跨径长 L/m
特大桥	$\geqslant 500$	$\geqslant 100$
大桥	$100 \leqslant L < 500$	$40 \leqslant L < 100$
中桥	$30 < L < 100$	$20 \leqslant L < 40$
小桥	$8 \leqslant L \leqslant 30$	$5 \leqslant L < 20$
涵洞	$L < 8$	$L < 5$

注　1. 单孔跨径：梁式桥、板式桥涵以两桥（涵）墩中线间距为准或桥（涵）墩中线与台背前缘间距离，拱式桥涵、箱涵、圆管涵以净跨径为准。桥涵标准跨径（m）规定为：0.75、1.0、1.25、1.5、2.0、2.5、3.0、4.0、5.0、6.0、8.0、10、13、16、20、25、30、35、40、45、50、60。
　　2. 多孔跨径总长：梁式桥、板式桥涵为多孔标准跨径的总长，拱式桥涵为两岸桥台内起拱线间的距离，其他形式桥梁为桥面系车道长度。

二、桥梁的结构形式

桥梁的基本组成部分如图 1-1 所示。总体而言，桥梁由上部结构、下部结构及其附属结构三部分构成。桥梁的上部结构是跨越桥孔且直接承受车辆荷载的结构，又称桥跨结构，是桥梁道路路线遇到河湖、山谷、海峡或建筑物等障碍而中断时，跨越这些障碍的建筑物。它的主要作用是承受车辆荷载，并通过支座将荷载传给墩台。

桥梁的上部结构按其受力特性大致上可分成梁、拱、索及由梁、拱或索组成的复合体。除主要承重构件（梁、拱、索）外，桥的上部结构还包括桥面、支座和栏杆等。梁是受弯构件，截面的下缘受拉，上缘受压；拱是受压构件，局部也承受拉力；索包括悬索、吊索、拉索，完全是受拉构件。

桥梁的下部结构是支承上部结构的建筑物。它将桥跨结构的荷载传递给地基，包括桥台、桥墩、桥塔及其基础。桥梁的两端一般设置桥台。在多孔桥梁中，两桥台间设置桥墩以支承桥跨结构。

附属结构是保护桥台、桥墩和桥头路基免受水流冲蚀和航船撞击等所修建的桥梁防护

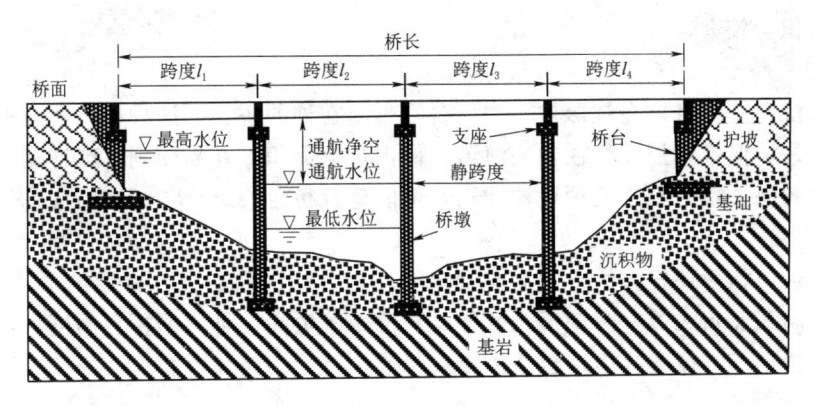

图 1-1 桥梁的基本组成部分

建筑物，包括桥台两侧的翼墙、锥体护坡及设置在桥梁上下游的导流堤、丁坝、护岸工程和导航防撞装置等。此外，有些桥梁还有各具特色的桥头建筑，如栏板柱上刻有精美的浮雕和雕像等。

1. 桥梁支座

桥梁支座是桥梁的重要传力装置，它将桥梁上部结构承受的荷载和变形（位移和转角）可靠地传递给桥梁下部结构。有固定支座和活动支座两种。桥梁工程常用的支座形式包括：油毛毡或平板支座、板式橡胶支座、球形支座、钢支座和特殊支座等。

2. 桥梁墩台

桥梁墩台简称墩台，是桥梁的重要组成部分，它决定桥跨结构在平面和高程上的位置，并将荷载传递给地基。桥台使桥梁与路堤相连接，并承受桥头填土的水平土压力，起着挡土墙的作用，而桥墩则将相邻两孔的桥跨结构连接起来。

3. 桥梁基础

桥梁基础的形式有明挖基础、桩基础、沉井基础等。明挖基础施工简单，不需要大型的机具设备，但一般要求在地质条件较好处使用。桩基础的承载能力大，可以使用机械设备施工，对地质条件要求较低，在大、中型桥梁上被广泛采用。沉井基础的整体性强、稳定性好，能承受较大的垂直荷载和水平荷载。

第三节 桥台与桥墩的类型

一、桥台的类型

桥台由台身和台帽组成。台身有前墙和侧墙（冀墙）两部分。前墙是桥台的主体，它将上部结构荷载和土压力传递到基础。桥台具有多种形式，主要分为重力式桥台、埋置式桥台、轻型桥台、框架式桥台、组合式桥台、承拉桥台等。

1. 重力式桥台

重力式桥台是依靠自重来保持稳定的刚性实体，台身比较厚实，可以不用钢筋，而用天然石材或片石混凝土砌筑。它适用于地基良好的大、中型桥梁，或流冰、漂浮物较多的水流环境。在砂石料开采方便的地区，小桥也常采用重力式桥台。其主要缺点是体积、自重和阻水面积均较大。

2. 埋置式桥台

埋置式桥台是台身埋在锥形护坡中而台帽露出在外的桥台。这种桥台所受的土压力很小，稳定性好，但锥体护坡往往伸入河道，侵占过流面积，并易受到水流冲刷，因此往往需重视护坡的保护，否则一旦护坡被冲刷，可能危及桥台稳定。

3. 轻型桥台

轻型桥台包括薄壁轻型桥台和支撑梁轻型桥台。薄壁轻型桥台常用的形式有悬臂式、扶壁式、撑墙式及箱式等。薄壁桥台的优点与薄壁墩类同，可依据桥台高度、地基强度和土质等因素选定。支撑梁轻型桥台适用于单跨或少跨的小跨径桥。

4. 框架式桥台

框架式桥台一般为双柱式桥台，当桥面较宽时，为减小台帽跨度，可采用多柱式，或直接在桩上面建造台帽。框架式桥台均采用埋置式，台前设置溜坡。

二、桥墩的类型

桥墩是涉水工程中遇到最多的建筑物基础。桥墩一般由基础、墩身和墩帽三部分组成。桥墩的基础是介于地基和墩身之间的传力结构。从最简单的浅埋基础到穿过地表覆盖层直达岩层的沉井深基础，从普通的低桩承台基础到具有多向斜桩的高桩承台基础，桥墩基础的种类繁多。

桥梁的墩身是桥墩的主体，它四面临空，矗立于水体。墩身从墩底到墩顶的截面尺寸通常变化不大，多由条块石、混凝土或钢筋混凝土等材料建筑。常见的墩身形式有整体式和分离式，前者的墩身结构连在一起，后者的墩身分成两个或多个独立柱。

桥墩的墩帽直接承托上部结构，是桥墩顶端的传力构件，它将两孔桥上的静载和活载均匀地传到墩身。墩帽的形式有出檐式、托盘式、悬臂式和盖梁式等。

（一）按结构形式分类

桥墩的结构形式众多，如图1-2所示，根据结构形式可将桥墩分为以下类型[4]。

1. 实体式桥墩

实体式桥墩是依靠自身重量来平衡外力而保持稳定，一般适用于荷载较大的大、中型桥梁，或流冰、漂浮物较多的环境。此类桥墩的最大缺点是其体积往往较大，导致阻水面积也较大。

2. 空心式桥墩

空心式桥墩克服了实体式桥墩在许多情况下材料强度得不到充分发挥的缺点，将混凝土或钢筋混凝土桥墩做成空心薄壁结构等形式，节省圬工材料，减轻重量，缺点是抗撞击能力较差。

3. 桩柱式桥墩

桩柱式桥墩是桩式和柱式桥墩的统称。这种结构是将桩基一直向上延伸到桥跨结构下面，桩顶浇筑墩帽，桩作为墩身的一部分，桩和墩帽均由钢筋混凝土制成。由于大孔径钻孔灌注桩基础的广泛使用，桩式桥墩在桥梁工程中得到普遍应用。这种结构的桥跨一般小于30m，墩身低于10m。如在桩顶上修筑承台，在承台上修筑立柱作墩身，则成为柱式桥墩。

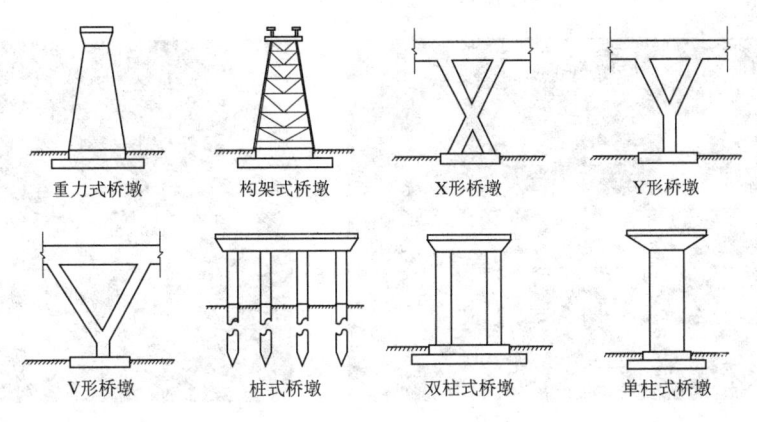

图 1-2 桥墩的类型

（二）按水平截面形状分类

桥墩的水平截面形状也多。不同桥墩的墩形对阻水和附近局部冲刷影响差异较大，桥墩按其平面形状又可划分为以下类型。

1. 圆柱形桥墩

如图 1-3 和图 1-4 所示，桥墩由单个圆柱或一组圆柱组成，圆柱形桥墩的阻水面积小，桥前壅水高度小，局部冲刷程度相对较轻。

图 1-3 铁路桥下的圆柱形桥墩 　　图 1-4 多个圆柱组成的圆柱形桥墩

2. 椭圆形桥墩

如图 1-5 所示，桥墩的水平面形状为椭圆形。与圆柱形桥墩相比，椭圆形桥墩的阻水作用稍大，局部冲刷深度略大。

3. 方形桥墩

方形桥墩如图 1-6 所示，也称矩形桥墩，其水平面形状为方形。与圆柱形桥墩相比，方形桥墩的阻流碍波作用大，局部冲刷深度大。图 1-7 所示为现代公路桥梁，方形桥墩为钢筋混凝土建筑物，通航水道的两侧设置防行船撞击的防护栏。

4. 菱形桥墩

图 1-8 所示为巴黎一跨越塞纳河的桥梁，桥墩的横截面形状为菱形。菱形桥墩具有阻水小、冲刷程度轻的优点。

图1-5 椭圆形桥墩　　　　　　　图1-6 方（矩）形桥墩

图1-7 带防护栏的方形桥墩　　　　图1-8 巴黎一跨越塞纳河的桥梁

5. 尖角形桥墩

如图1-9所示，尖角形桥墩的迎水方为尖角，阻水小、冲刷较轻。下面右图为温州大桥，其桥墩形状为六边形。

图1-9 尖角形桥墩

6. 桩组形桥墩

如图1-10所示，桩组形桥墩由多根圆柱或椭圆桩组成，其横截面为一组圆或椭圆。对于多水草等漂浮物的水体，桩组形桥墩的桩间很容易卡塞水草等漂浮物，从而可能显著加大阻水作用，降低桥孔的过流与通航能力，并增大桥墩附近的冲刷深度。

7. 工字形桥墩

如图 1-11 所示，工字形桥墩的横截面形状为"工"字，中间薄。

图 1-10　多根圆柱组成的桩组形桥墩　　　　图 1-11　工字形桥墩

除上述形式之外，还有透镜形桥墩等。透镜形桥墩的横截面形状为透镜形，为菱形桥墩的一种衍生型，具有阻水小、冲刷程度轻、防撞性能好等优点。

参考文献

[1] Harris C M. Dictionary of architecture and construction [M]. New York: McGraw-Hill Companies, Inc., 2003.
[2] 住房和城乡建设部工程质量安全监管司. 全国民用建筑工程设计技术措施：结构（结构体系）（2009 年版）[M]. 北京：中国计划出版社，2009.
[3] 中建标公路委员会. JTG B0I—2014 公路工程技术标准 [S]. 北京：人民交通出版社，2014.
[4] 周璞，王庆璋. 千姿百态的桥墩 [J]. 铁道知识，1989（3）：28-29.

第二章 泥沙运动的基本概念

泥沙是在水体中运动或组成底床的固体物质，它可以是大到直径几米的顽石，也可以是小到单个颗粒肉眼看不清的黏土，其矿物成分主要为氧化硅。河流泥沙主要来源于流域地表面的冲蚀，被冲蚀的土壤和沙石随地表水汇集到河道中；有些河流泥沙则产生于河道本身的冲刷，包括河床冲刷和河岸崩塌。海岸泥沙来源主要有三种：河流来沙、海岸及岛屿受侵蚀形成的泥沙以及海生物残骸形成的泥沙。在沙漠濒海地带，风沙也是海岸泥沙的一个来源，研究桩墩的冲刷问题，必须首先了解泥沙的一些基本特性。

第一节 泥沙的基本物理特性

泥沙的基本物理特性包括泥沙颗粒的大小、形状及比重，还包括单颗粒泥沙和群体泥沙的特征。床面组成的泥沙粒径大小不同，桩墩的冲刷情况有较大的差别。在地质勘探中，应该给出不同地层的泥沙颗粒级配，为底床稳定性、桩墩的普遍冲刷和局部冲刷提供基础资料。

一、泥沙的粒径

单颗粒泥沙的大小通常用泥沙的直径来表示，简称粒径。岩土工程界与水利工程界根据泥沙颗粒的大小对泥沙进行分类的标准并不相同，岩土工程界的分类见表2-1，水利工程界的分类见表2-2。

表2-1　　　　　　　　泥沙颗粒的大小及分类（岩土工程界）

粒组名称		分界颗粒/mm
组	亚组	
漂石或块石	大	800
	中	400
	小	200
卵石或碎石	极大	100
	大	60
	中	40
	小	20
圆砾或角砾	粗	10
	中	5
	细	2

第一节 泥沙的基本物理特性

续表

粒组名称		分界颗粒/mm
组	亚组	
砂粒	粗	0.5
	中	0.25
	细	0.10
	极细	0.05
粉粒	粗	0.1
	细	0.05
黏粒	粗	0.002
	细	

表 2-2　　　　　泥沙颗粒的大小及分类（水利工程界）

粒组名称		分界颗粒/mm
组	亚组	
漂石 Boulder（>256mm）	极大漂石	>2000
	大漂石	1000～2000
	中漂石	500～1000
	小漂石	256～500
卵石 Cobble（>64mm <256mm）	极大鹅卵石	130～256
	大鹅卵石	64～130
砾石 Pebble（>2mm <64mm）	极大卵石	32～64
	大卵石	16～32
	中卵石	8～16
	小卵石	4～8
	极小卵石	2～4
砂 Sand（>1/16mm <2mm）	极粗砂	1.00～2.00
	粗砂	0.50～1.00
	中砂	0.25～0.50
	细砂	0.125～0.25
	极细砂	0.0625～0.125
粉砂 Silt（>1/256mm <1/16mm）	粗粉砂	0.031～0.062
	中粉砂	0.016～0.031
	细粉砂	0.008～0.016
	极细粉砂	0.004～0.008
黏土 Clay（<1/256mm）	粗黏土	0.002～0.004
	中黏土	0.0010～0.002
	细黏土	0.0005～0.0010
	极细黏土	0.00024～0.0005

天然泥沙的形状并不规则，确定泥沙粒径的计算方法有：等容粒径、平均粒径、筛孔粒径和沉降粒径。与泥沙体积相等的球体粒径称为等容粒径。对于大颗粒泥沙，其长、中、短轴的长度算术平均值称为泥沙的算术平均粒径，砾石以上的泥沙通常采用该方法确定其粒径。泥沙颗粒刚好通过的正方形筛孔的边长称为筛孔粒径。当泥沙粒径在 0.001~0.1mm 时，通常根据同密度单颗粒球体在静止的无限水体内作等速均匀沉降时的粒径与沉速的关系得到的粒径称为沉降粒径。

确定筛孔粒径的方法称为筛分法。筛分得到的粒径是介于上下两个筛孔径的平均值。表 2-3 列举了 Tyler 型和 ASTM 型筛子的网孔大小与筛号（目）的对应关系。筛分法的测量方法简便，但筛分时间长。对于机械振动筛分，被筛分的沙样总量通常取 2kg 左右，振动筛分历时半小时以上。当称重精度高时，沙样重量可以适度减少。对于 0.2mm 粒径以下的沙粒含量较高时，宜重复多次筛分，每次不断延长振动时间，直到振动时间对筛分结果影响较小为止，此时所得结果为最终筛分结果。

表 2-3　　　　　　　筛子网孔大小与筛号（Tyler 与 ASTM 标准）

筛子网孔大小	Tyler	ASTM-E11	筛子网孔大小	Tyler	ASTM-E11	筛子网孔大小	Tyler	ASTM-E11
μm	目	目	μm	目	目	μm	目	目
5	2500		106	150	140	710	24	25
10	1250		125	115	120	850	20	20
15	800		150	100	100	1000	16	18
20	625		180	80	80	1180	14	16
25	500		212	65	70	1400	12	14
38	400	400	250	60	60	1700	10	12
45	325	325	300	48	50	2000	9	10
53	270	270	355	42	45	2360	8	8
63	250	230	425	35	40	2800	7	7
75	200	200	500	32	35	3350	6	6
90	170	170	600	28	30	4000	5	5

筛分法的具体分析步骤如下：

(1) 在机械筛分前，将泥沙晒干或用烤箱烘干，烘烤温度应低于 105℃，泥沙干燥后手工碾碎。

(2) 将筛子按筛孔尺寸由小到大依次叠好，最大孔筛子放在上层，底盘放在最下层。每个筛子的孔径不同，筛子至少 7 个，应涵盖沙样的粒径范围。

(3) 称取沙样约 2000g（称重精度为 1g），置于上层最大孔径筛子内，盖好筛盖。

(4) 将整个筛子置于振筛机上，夹紧，振动半小时。

(5) 称量各级筛子中未通过筛孔的泥沙重量和底盘中的泥沙重量。

(6) 参照表 2-4 所示的筛分记录分析表，计算相应的质量百分数。

表 2-4　　　　　　　　　某沙样的筛分记录分析表

筛子大小/mm	筛子重量/g	筛子+泥沙重量/g	保留重量/g	累计保留重量/g	保留百分比/%	过筛百分比/%
\(1\) 分析前沙重：2459g			\(2\) 0.15mm以上筛子内沙重：2359g		\(3\) 底盘中筛子沙重：110g	
4.00	231					
2.36	210	210	0	0	0	100
1.40	230	624	394	394	16	84
1.00	205	332	127	521	5.2	78.8
0.85	225	691	466	987	19	59.8
0.63	215	612	397	1384	16.2	43.6
0.38	235	581	346	1730	14.1	29.5
0.25	250	612	362	2092	14.7	14.8
0.15	260	515	255	2347	10.4	4.4
\(4\) 筛子中保留的总重量			2347	绝对误差：[\(1\)−\(6\)]		
\(5\) 底盘中筛子沙重			110	2459g−2457g=2g		
\(6\) 各级总重量 [\(4\)+\(5\)]			2457	相对误差：100%×[\(1\)−\(6\)]/\(1\) =2/2459×100%=0.08%		
测量日期：　　　　　人员：							

泥沙的级配曲线是沙样中小于某粒径的质量百分数与该粒径的关系曲线，它是一种累计频率曲线。由于天然泥沙的粒径变化往往较大，因此，泥沙的级配曲线通常绘制在以泥沙粒径的自然对数值为横坐标，以小于该粒径的质量百分比为纵坐标的半对数直角坐标系中。泥沙级配曲线的制作方法如下：

(1) 将泥沙的粒径分为 n 组，组数通常大于 7。
(2) 计算每一组的泥沙重量占泥沙总重量的百分数。
(3) 计算小于各级粒径的累计百分数。
(4) 点绘以粒径的对数为横坐标的各级累计百分数曲线。

图 2-1 是用表 2-4 中第一列泥沙粒径的自然对数值为横坐标、最后一列数据为纵坐标绘制的泥沙级配曲线。图中，实心框的曲线为泥沙级配曲线，空心框的曲线为泥沙频率曲线。

泥沙的级配曲线直接反映泥沙颗粒组成的非均匀性。泥沙的级配曲线不但反映泥沙的粒径变化范围，曲线的陡度还反映相应粒径所占的质量百分比。曲线越陡的地方，说明该粒径所占的重量越多；曲线越平坦，说明沙样的粒径越不均匀。

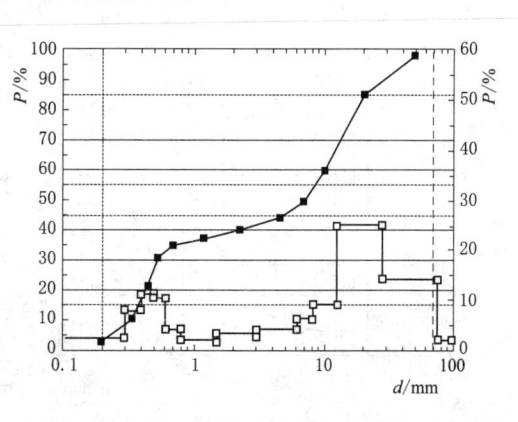

图 2-1　双峰型泥沙级配曲线

第二章 泥沙运动的基本概念

通常，利用泥沙颗粒级配曲线分析得到中值粒径 d_{50} 和几何均方差 σ_g。中值粒径 d_{50} 是指 50％重量的泥沙小于此粒径，即泥沙级配曲线中累计频率为 50％所对应的粒径。粒径 d_i 是指 i％重量的泥沙小于此粒径。几何均方差 σ_g 被定义为

$$\sigma_g = \frac{1}{2}\left(\frac{d_{84}}{d_{50}} + \frac{d_{50}}{d_{16}}\right) \tag{2-1}$$

几何均方差总是大于或等于1。当其小于1.3时，可以认为该泥沙为均匀沙；当其大于等于1.3时，则为非均匀沙；当其大于3时，该泥沙为宽级配的非均匀沙。在山区的卵石河流中，泥沙的级配通常很宽。

床沙的非均匀性是影响泥沙输移、粗化层的形成和冲刷深度的一个重要因素，中值粒径 d_{50} 和几何均方差 σ_g 在桩墩的冲刷和水流运动所受底床阻力计算中往往非常重要。

天然水体中，无论是床沙，还是推移质或悬移质的级配曲线通常为单峰型，即小粒径部分和粗粒径部分都比较少，而中间粒径部分占大多数。在一些特殊的河段和特殊情况下，泥沙级配曲线可能为双峰型，如图2-1所示，以中偏小和中偏大的粒径所含的重量较多，而中间粒径、小粒径和粗粒径部分的含量则较少，泥沙的级配曲线形状像"一把椅子"。图中，粒径小于0.1mm、粒径大于70mm及0.8～4mm之间的泥沙含量均少，而主要由0.1～0.8mm和4～70mm的颗粒组成。

除 d_{50} 外，泥沙的代表粒径还有算术平均粒径。在泥沙的起动、沉降和输沙率计算中，通常采用中值粒径，而用算术平均粒径的少。算术平均粒径的计算如下

$$d_m = \sum_{i=1}^{n}\frac{d_i \Delta p_i}{100} \tag{2-2}$$

式中：d_m 为算术平均粒径；d_i 为第 i 组粒径；Δp_i 为该组粒径所占总重量的百分比。

除 σ_g 外，泥沙的非均匀性，即反映级配分布范围宽窄程度的分散度，还用分选系数 ϕ 来表示。分选系数定义为

$$\phi = \sqrt{\frac{d_{75}}{d_{25}}} \tag{2-3}$$

如图2-2所示，泥沙的中值粒径 $d_{50}=0.84$mm，$d_{84}=2.0$mm，$d_{75}=1.42$mm，$d_{25}=0.38$mm，$d_{16}=0.25$mm，$d_m=1.26$mm，$\sigma_g=2.87$，$\phi=1.93$。

值得注意的是，SL 42—2010《河流泥沙颗粒分析规程》[1] 将下限粒径设为0，其对应的沙重百分数也为0，但由泥沙级配组成的特性和级配曲线的形状可知，这种规定是不合理的，封光寅等[3] 对《河流泥沙颗粒分析规程》和《泥沙颗粒分析手册》[2] 中规定的上、下限粒径的计算方法进行了修改。笔者认为，在筛分分析中，保留在最大网孔筛子和最小网孔筛子的泥沙必须很少，否则，应该适当添加上一级或下一级筛子数量。当保留在最大网孔筛子和最小网孔筛子的泥沙所占总泥沙样本重量很少时，泥沙群体颗粒的上、下限粒径取值

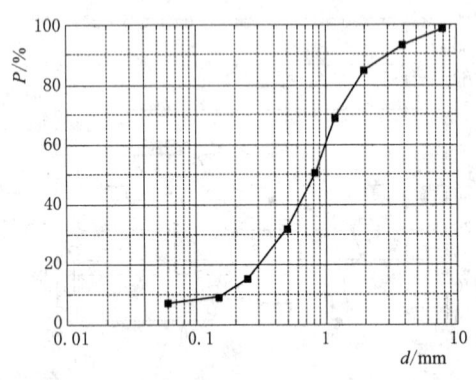

图2-2 泥沙的级配曲线

对计算结果产生的影响可以忽视，不必加以纠正。

二、泥沙的容重

泥沙的容重是单位体积内密实泥沙的重量，又称比重，常用 γ_s 表示。对于成分为石英的泥沙，其容重介于 $26000\sim27000\text{N}/\text{m}^3$，通常取 $26500\text{N}/\text{m}^3$。黏土的容重介于 $24000\sim25000\text{N}/\text{m}^3$，黄土的容重介于 $25000\sim27000\text{N}/\text{m}^3$。

三、泥沙的颗粒形状

泥沙的颗粒形状非常复杂，与其矿物组成、风化历史、被水流搬运的历时过程等有关。被水流搬运越远，棱角磨蚀越多，颗粒变得越圆滑。泥沙的颗粒形状可用颗粒的球度和圆度来衡量[4]。不同形状的泥沙，被水流冲刷失稳的难易程度不同。最简单适用的形状系数[5]为

$$S.F. = \frac{c}{\sqrt{ab}} \tag{2-4}$$

式中：$S.F.$ 为形状系数；a、b、c 分别为泥沙颗粒长、中、短轴的长度。对于球体，形状系数为 1，充分磨蚀的天然石英砂的平均形状系数为 0.7。

四、泥沙的沉降速度

泥沙在静止的水体中受重力作用会向下沉降。随着泥沙颗粒的沉降，其速度会不断增大，加速度不断减小，作用在泥沙颗粒上的绕流和表面摩擦所引起的阻力也不断增大。当上述阻力达到泥沙的水下重力时，其加速度为 0，运动速度将保持不变而匀速下沉。该匀速下沉速度即为泥沙的沉降速度。

因泥沙颗粒大小和形状不同，泥沙沉降过程中尾部的流态也不同，相应的沉降形式可分为层流沉降、紊流沉降和过渡区沉降，所受阻力变化规律也不相同。

1. 层流沉降

对于颗粒粒径 d 的球体，若在沉降过程中尾部水体不发生分离，则称为层流沉降，此时的颗粒雷诺数 $Re_d = \omega d/\nu < 0.5$。沉速可用如下斯托克斯公式计算，即

$$\omega = \frac{1}{18}gd^2\frac{\rho_s - \rho}{\rho\nu} \tag{2-5}$$

式中：ω 为泥沙的沉降速度，m/s；d 为泥沙粒径，m；ρ_s 为泥沙的密度，kg/m^3；ρ 为水的密度，kg/m^3；ν 为水体的运动黏度，m^2/s；g 为重力加速度，m/s^2。

在常温下，当天然泥沙粒径小于 0.1mm 时，泥沙沉降可认为是层流沉降。

2. 紊流沉降

在沉降过程中颗粒尾部的水体若发生充分分离则为紊流沉降，此时的颗粒雷诺数 $Re_d > 1000$。沉降速度公式为

$$\omega = 1.054\sqrt{\frac{\gamma_s - \gamma}{\gamma}gd} \tag{2-6}$$

在常温下，紊流沉降所对应的天然泥沙的粒径约大于 4mm。

3. 过渡区沉降

当颗粒雷诺数 $0.5 \leqslant Re_d \leqslant 1000$ 时，泥沙的沉降性质既不同于层流沉降，也有别于紊流沉降。沉降速度可按张瑞瑾提出的公式计算[6]

$$\omega = \sqrt{\left(13.95\frac{\nu}{d}\right)^2 + 1.09\frac{\gamma_s - \gamma}{\gamma}gd} - 13.95\frac{\nu}{d} \qquad (2-7)$$

请注意，该公式也可用于层流区和紊流区的沉速计算。

近年来，学者们将三个不同区的沉降速度计算统一为一个通用公式，如程年生[7]、Ahrens[8]、Jimenez 和 Madsen[9]、Ferguson 和 Church[10]。其中，Ferguson 和 Church[10] 的公式最简单明了，具体为

$$\omega = \frac{\dfrac{\gamma_s - \gamma}{\gamma}gd^2}{C_1 \nu + \left(0.75 C_2 \dfrac{\gamma_s - \gamma}{\gamma}gd^3\right)^{0.5}} \qquad (2-8)$$

式中：C_1 和 C_2 为常数，对于表面光滑球体，它们分别为 18 和 0.4；对于天然沙，若采用筛分粒径，它们分别为 18 和 1.0；若采用均值粒径，它们分别为 20 和 1.1；对极不规则的形状，C_1 和 C_2 分别为 24 和 1.2。

除上述沉降速度公式中反映的影响因素外，影响颗粒沉速的因素还有水温、颗粒形状、表面粗糙度、颗粒浓度等。图 2-3 反映了不同形状的天然沙在静水中的沉降速度与筛孔颗粒直径和水温之间的关系。对于同样大小的泥沙颗粒，颗粒形状系数越小，其沉降速度越小；温度越高，由于水体容重和黏性均越小，其沉降速度则越大。但是，随颗粒粒径增大，水温和泥沙颗粒形状对沉降速度的影响减小。实验表明，当颗粒粒径大于 5mm 时，水温和颗粒形状对沉降速度的影响可忽略不计。

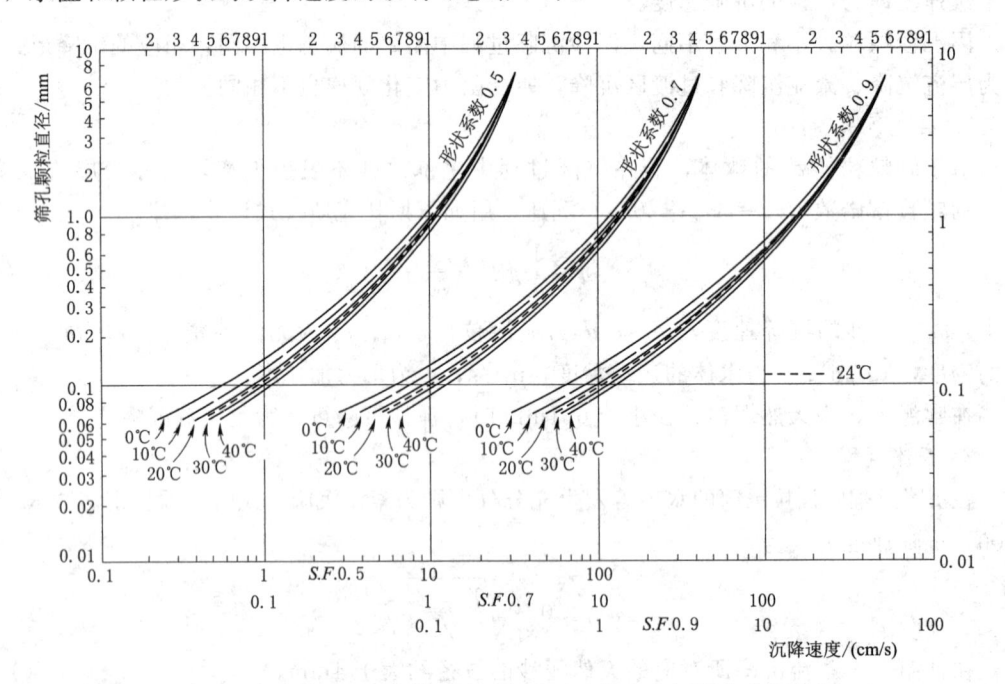

图 2-3 筛孔粒径和水体温度对天然沙在静水中沉降速度的影响

此外，泥沙浓度对沉降速度也有影响，浓度越高，沉速越小。值得注意的是，该影响在桩墩冲刷计算中可以不考虑。

五、泥沙的水下休止角

在静止的水下,泥沙堆积体能够维持的表面与水平面之间的最大夹角称为泥沙的水下休止角。从力学上讲,当水下泥沙颗粒受重力作用刚好开始向下运动时,此临界状态的夹角称为泥沙的水下休止角。因此,泥沙的水下休止角可反映泥沙颗粒运动的阻力大小。泥沙的水下休止角是研究推移质运动、桩墩冲刷、抛石截流等工程问题的一个重要参数。

在常温下,泥沙的水下休止角与泥沙颗粒的圆度、表面粗糙度、粒径、容重和泥沙颗粒间的相互黏结程度有关。当颗粒的粒径大于 0.06mm 时,泥沙颗粒间的相互黏结力通常可忽略,此时的泥沙称为散颗粒泥沙。散颗粒泥沙越圆、表面越光滑,则其水下休止角越小。相同圆滑程度的泥沙,水下休止角随颗粒粒径的增大而增大,随泥沙容重的增大而减小。对于黏性泥沙,水下休止角还取决于被流化的程度。

笔者综合了 Lane[11] 的资料,将散颗粒泥沙的休止角随颗粒大小及形状的变化绘制于图 2-4。值得注意的是,对于颗粒形状非常圆、中度圆、有点圆、有点棱角、中度棱角、极度棱角以及压碎的划分存在人为因素。有学者试图利用数学分析,如 Bowman 等[12] 的傅里叶分析等方法量化颗粒形状,有兴趣的学者还可查阅 Ehrlich 和 Weinberg[13]、Barrett[14]、Thomas 等[15]、Yang 等[16] 的相关研究。

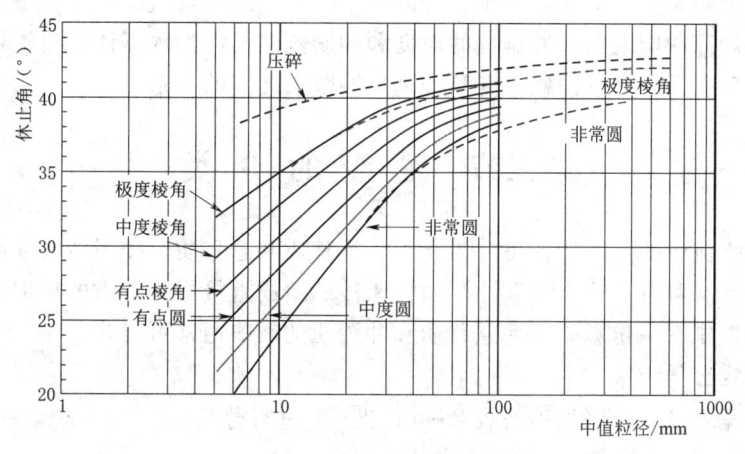

图 2-4 泥沙的休止角

对于散颗粒天然泥沙,为便于数值计算,笔者[17] 给出

$$\phi = 0.302x^5 + 0.126x^4 - 1.811x^3 - 0.57x^2 + 5.952x + 37.5 \quad (2-9)$$

其中
$$x = \lg d$$

式中:ϕ 为天然沙水下休止角,(°);d 为泥沙粒径,cm。

黏性泥沙也存在水下休止角,它比散颗粒天然泥沙的影响要素要复杂得多。新近,笔者通过实验发现[18],黏性泥沙的水下休止角与泥沙的屈服应力相关(图 2-5)。

黏性泥沙的水下休止角 ϕ 可以表达为

$$\sin\phi = 8.8 \times 10^{-4} e^{-0.81 d_{gr}} \tau_y + 0.03 d_{gr} \quad (0.1 < d_{gr} < 2, 0° < \phi < 90°) \quad (2-10)$$

其中
$$d_{gr} = \left(\frac{\gamma_s - \gamma}{\gamma \nu^2} g\right)^{1/3} d_{50}$$

式中:d_{gr} 为泥沙特征粒径。

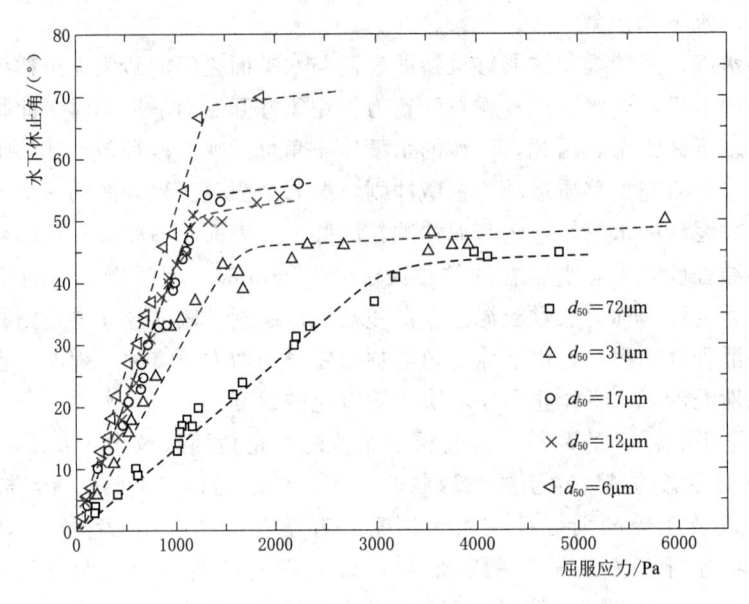

图 2-5 黏性泥沙的水下休止角随泥沙屈服应力的变化

在桥墩的局部冲刷坑内，冲刷坑的坡度和冲刷范围与泥沙水下休止角密切相关，认知泥沙水下休止角有助于了解冲刷深度和冲刷影响范围之间的关系。

第二节 泥沙的分类

按泥沙在水流中的运动特征可分为床沙、推移质和悬移质。按泥沙的冲淤情况和补给条件不同，泥沙又可分为造床质和冲泻质。床沙的组成直接影响桩墩的局部冲刷，推移质的运动对桩墩冲刷有一定影响，而悬移质和冲泻质的影响通常可忽略。

一、按粒径分类

国际上根据颗粒大小将泥沙按表 2-5 标准[19]进行分类。

表 2-5　　　　　　　　　　泥沙的分类（国际）

泥沙分类	黏土	粉砂	砂粒	砾石	卵石	顽石
粒组/mm	1/4096~1/256	1/256~1/16	1/16~2	2~64	64~250	4000>250

我国水利工程界采用的分类标准见表 2-6。

表 2-6　　　　　　　　　　泥沙的分类（中国）

泥沙分类	黏粒	粉砂	砂粒	砾石	卵石	漂石
粒组/mm	<0.005	0.005~0.05	0.05~2	2~20	20~200	>200

二、按运动特征分类

按泥沙在水流中的运动特征，泥沙又可分为床沙、推移质和悬移质三类。

1. 床沙

床沙是组成底床且静止不动的泥沙，又称为底质。河流的床沙称河床质，海底的床沙称海床质。它一般比推移质和悬移质粗。

床沙粒径的分布与流速、水深及来沙分布有关。通常主槽区和深槽区的粒径较大，滩上的粒径较小。在同一横断面上，汛期的粒径较小，而非汛期的粒径较大。

床沙粒径的组成是决定桩墩冲刷深度与冲刷范围的一个重要因素。床沙的粒径越大，桩墩冲刷深度和冲刷范围越小。在冲刷过程中，细颗粒泥沙优先被水流冲走，粗颗粒泥沙则沉积在桩墩的冲刷坑内，形成由较大颗粒组成的粗化床面，抑制冲刷坑进一步被冲刷。床沙中含的颗粒越大，其冲刷深度和冲刷范围越小。

2. 推移质

如图 2-6 所示，推移质是沿底床表面以滑动、滚动或作跳跃运动形式前进的泥沙，其运动速度往往比周围的水流速度小。在运动过程中不断与底床接触，运动范围在床面或距离床面 3 倍粒径范围内的区域。因而，又称底沙。

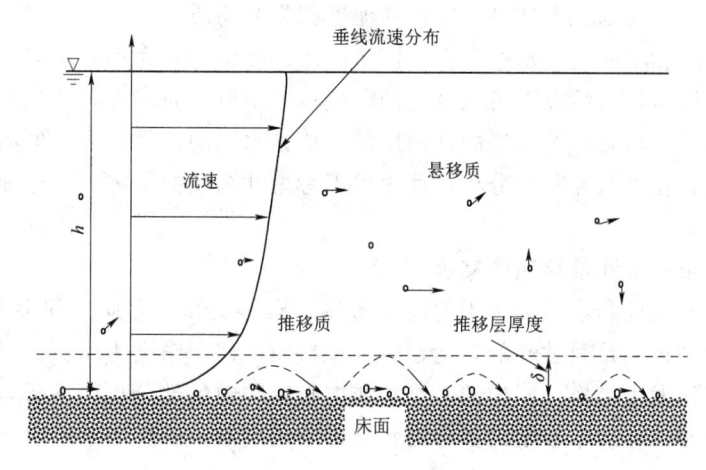

图 2-6　泥沙在水流中的运动

推移质的粒径分布亦与流速、水深、来沙及底沙分布有关。通常主槽区和深槽区的推移质粒径较大，滩上的粒径较小，高水位期的粒径较小，而低水位期的粒径较大。

桩墩上游来的推移质进入桩墩冲刷坑内，可能有部分仍以推移质运动的形式被水流带入下游。上游来的推移质在一定程度上影响桩墩冲刷的深度和冲刷范围。推移质运动可以伴随着沙波运动，沙波波谷通过桩墩处会加深冲刷。尤其是在推移质级配组成宽广的情况下，粗颗粒泥沙可能沉积在桩墩的冲刷坑内，形成由较大颗粒组成的粗化床面，抑制冲刷深度的进一步发展。

3. 悬移质

悬移质是悬浮在水中随水流一起运动、很少与床面接触的泥沙，其运动速度与周围涡体运动速度基本相同。如图 2-6 所示，悬移质颗粒运动具有脉动性，但其运动方向与水流方向基本一致。

在桩墩附近，由于水流强度增大，桩墩上游来的推移质进入桩墩冲刷坑内，有可能有部分转化为悬移质，以悬移质运动的形式被水流带到下游。上游来的悬移质通常对桩墩冲刷的深度和冲刷范围的影响有限。

三、按冲淤情况分类

按泥沙的冲淤情况和补给条件不同，又可以将泥沙分为床沙质和冲泻质。

1. 床沙质

床沙质是在冲淤过程中参与底床变形的泥沙，有时亦称造床质，它包括床沙、推移质和悬移质中的大部分粗沙。因此，床沙质影响桩墩冲刷的深度和冲刷范围。

2. 冲泻质

冲泻质是在当地河床中很少或没有存在的部分，不参与底床的冲淤变化。冲泻质的数量取决于上游流域的来量，而与当地的水力条件和床沙组成无关。因此，上游来的冲泻质通常不影响桥梁冲刷的深度和冲刷范围。

冲泻质与床沙质的最直接划分是按床沙级配中占质量百分比为5%或10%的粒径作为划分标准[20]，即将床沙级配中大于占质量百分比为5%或10%的粒径的泥沙归为床沙质；而小于占质量百分比为5%或10%的粒径的泥沙归为冲泻质。

在不同的地点和不同的洪水季节，冲泻质与床沙质的相对大小亦不同。比如，在山区河流，砾石是床沙质，而沙以下可能就是冲泻质；到中游沙质河流，沙是床沙质，而粉砂以下可能属冲泻质。显然，洪水期的冲泻质粒径比枯水期的粒径要大。虽然冲泻质不参与底床的冲淤变化，在桩墩冲刷的分析计算中可不考虑冲泻质的影响，但正确区分冲泻质与床沙质是非常必要的。

四、床沙、推移质和悬移质的交换

由于水流的脉动性和水流的不均匀性，床沙、推移质和悬移质之间会不断发生交换。床面上单颗泥沙的运动是间歇性的，运动时为推移质，停下来则为床沙，因此，推移质运动时会不断与床沙发生交换。同样的，悬移质中较粗颗粒的部分也会不断与床沙和推移质发生交换，床沙和推移质中较细的部分在水流中大尺度漩涡的作用下，也会被掀起成为悬移质。

除泥沙粒径外，决定泥沙运动状态的还有水流条件。有学者提出泥沙进入悬浮状态的临界值为[20]

$$\frac{\omega}{\kappa U_*} \geqslant 5 \tag{2-11}$$

式中：κ 为卡门常数；U_* 为摩阻流速，m/s。

此时，推移质和悬移质的比值约为4∶1，悬移质运动的泥沙比重很小。

五、我国河流、近海底质的分布特征

我国冲积河流的河床主要有砂质河床及砾石河床。砂质河床床面的中值粒径范围通常是0.1~0.8mm，泥沙粒径范围较窄；而砾石河床床面的中值粒径范围通常是10~200mm，泥沙粒径范围较宽，其中还可能含部分沙。对于低水位，床面可能存在粗化层，砾石河床下层的粒径可能小于表层颗粒的1/2。

我国沿海海床泥沙以粉砂和粉砂质黏土软泥为主[19]。渤海的潮流较强，近岸粒度较细，海区中央粒度较粗，粉砂和淤泥是渤海海底表层沉积物的主要成分。渤海湾、辽东湾和莱州湾分布粉砂质黏土软泥和黏土质软泥，渤海中央则出现细粉砂、粗粉砂和细砂等粒度较粗的沉积物。渤海西北部从辽东湾到渤海湾岸边，分布着一条砂质沉积带。辽东半岛

南端的外围为砂质沉积物。渤海海峡地区北面除有细砂、粗砂外，还有砾石和破碎的贝壳等；南面的沉积物以粉砂为主，长兴岛附近也有砾石出现。

黄海的黏土质软泥分布最为广泛，东部近岸地区以细砂和粗粉砂为主，向西则粒度变细，逐渐被黏土软泥所代替。黄海西岸近海及河口处，为砂质沉积物，然后随离岸距离的增加而沉积物的粒度变细，从细砂、粗粉砂、细粉砂过渡为黏土质软泥。

东海的软泥沉积物少，砂质沉积物分布很广。西部的沉积物较细，为粉砂、黏土质软泥和粉砂质黏土软泥；东部除琉球群岛附近外，几乎全是砂质沉积物。在长江口和杭州湾一带，主要是粉砂和粉砂质黏土软泥。舟山以南沿岸近岸岛屿间为粉砂质黏土软泥，向外水深 20~50m 之间则为黏土质软泥，再往外为粒度较大的粉砂和细砂。

台湾海峡的西岸除岬角和岛屿附近有比较粗的粗砂、砾石外，主要是粒度较小的粉砂质黏土软泥；东岸则以细砂占优势，并偶有粗砂；海峡中部为细砂。澎湖列岛附近主要是砂质，并有砾石和基岩出现。浙江、福建沿岸分布着细粒的沉积物，并通过台湾海峡一直延续到广东东部沿岸至海南岛附近。东海稍外含有贝壳的砂质沉积物。

南海北部大陆架区的表层沉积物分布与东海有些相似，内侧为呈带状的细粒沉积，外侧为较粗粒的砂质。广东沿岸底质为细砂和粉砂质黏土软泥。汕头附近的粉砂质黏土软泥分布较窄，珠江口外有较大范围的粉砂质黏土软泥。琼州海峡地区多为细砂和中砂，南海西部沿岸的底质以软泥及黏土质软泥占优势。

第三节　泥沙的起动与扬动

泥沙在水体中的运动模式是水流、波浪对泥沙颗粒施加的总作用力或力矩的综合作用结果。

一、泥沙颗粒在床面上的受力

如图 2-7 所示，泥沙颗粒在床面上的受力有自身的水下重力 F_w、拖曳力（或剪切力）F_d、上举力 F_l、摩擦力 F_f、黏结力、渗透压力等。

1. 重力

对于某一粒径为 d 的床面泥沙颗粒，其水下重力为

$$F_w = \alpha_1 (\gamma_s - \gamma) d^3 \qquad (2-12)$$

式中：α_1 为体积系数；γ 为水的容重；γ_s 为泥沙的容重。

2. 拖曳力

水流作用在该泥沙颗粒上的拖曳力为

$$F_d = C_d \alpha_2 d^2 \frac{\rho V_d^2}{2} \qquad (2-13)$$

式中：C_d 为拖曳力系数；α_2 为水流方向投影的面积系数；ρ 为水的密度；V_d 为水流速度。

3. 上举力

水流作用在该泥沙颗粒上的上举力（或称升力）为

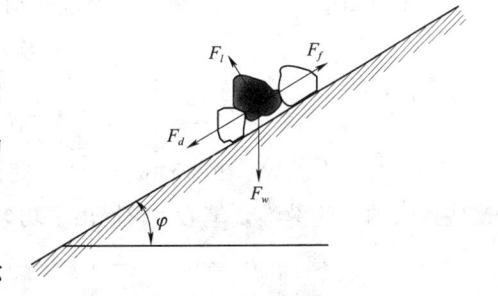

图 2-7　泥沙颗粒在床面上的受力

$$F_l = C_l \alpha_3 d^2 \frac{\rho V_d^2}{2} \tag{2-14}$$

式中：C_l 为上举力系数，大致为 1.78；α_3 为垂直方向投影的面积系数。

4. 黏结力

在水中，细颗粒泥沙（小于 $60\mu m$）之间的作用力非常复杂。对于颗粒较大的泥沙，黏结力可忽略。通常认为，粒径小于 0.06mm 的泥沙才考虑黏结力。

5. 渗透压力

松散颗粒组成的床面是一个可透水界面。当水流渗透该界面时，作用在床面泥沙颗粒上的渗透压力可表达为

$$F_p = C(1+e)\gamma \frac{dh}{dy} \tag{2-15}$$

式中：e 为孔隙率；C 为系数，介于 0.35 和 0.50 之间；dh/dy 为垂直于底床方向的水力梯度。在潮流和波流作用下，该渗透压力的方向是不停变化的。由于渗透压力数值较小，一般可忽略。

6. 摩擦力

阻止泥沙颗粒在床面上运动的力，当泥沙颗粒运动时，称为动摩擦力；当颗粒静止在床面上时，则称为静摩擦力。

二、泥沙的起动

床面上的泥沙颗粒随水流、波浪强度的增大而开始离开原来位置发生运动，此现象称为泥沙的起动。此时，相应的流速称为泥沙的起动（或临界）流速，相应的床面切应力称为泥沙的起动切应力。泥沙的起动条件是影响桩墩冲刷的一个重要因素。

1. 起动切应力

泥沙的起动条件通常用希尔兹数（Shields parameter）来判别。希尔兹数的定义如下

$$\theta = \frac{\tau_0}{(\gamma_s - \gamma)d_{50}} \tag{2-16}$$

式中：θ 为希尔兹数；τ_0 为床面的切应力；γ 为水的容重；γ_s 为泥沙的容重；d_{50} 为泥沙中值粒径。

泥沙起动时的希尔兹数称为临界希尔兹数，通常用 θ_c 或 θ_{cr} 表示。图 2-8 所示为希尔兹曲线，当希尔兹数位于曲线的上方时，底床上的泥沙会发生运动。否则，泥沙只能静止在床面上，不会运动。

Gary Parker 等[22] 对希尔兹泥沙起动临界曲线进行了修正，用函数表达为

$$\theta_{cr} = 0.22\beta + 0.06 \times 10^{-7.7\beta} \tag{2-17}$$

其中

$$\beta = \left(\frac{1}{\nu}\sqrt{\frac{\rho_s - \rho}{\rho}gd^3}\right)^{-0.6} \tag{2-18}$$

van Rijn[23]、Wu 和 Wang[24] 按不同的泥沙粒径级给出分段的计算公式。为了克服这些函数的不连续性，笔者[25] 提出了均匀沙起动临界希尔兹曲线

$$\theta_{cr} = 0.056 - 0.033 e^{-0.0115 d_{gr}} + 0.1 e^{-0.25 d_{gr}} + e^{-2 d_{gr}} \tag{2-19}$$

式中：d_{gr} 为无量纲的泥沙粒径参数，$d_{gr} = d_{50}[(\rho_s - \rho)/\rho(g/v^2)]^{1/3}$。

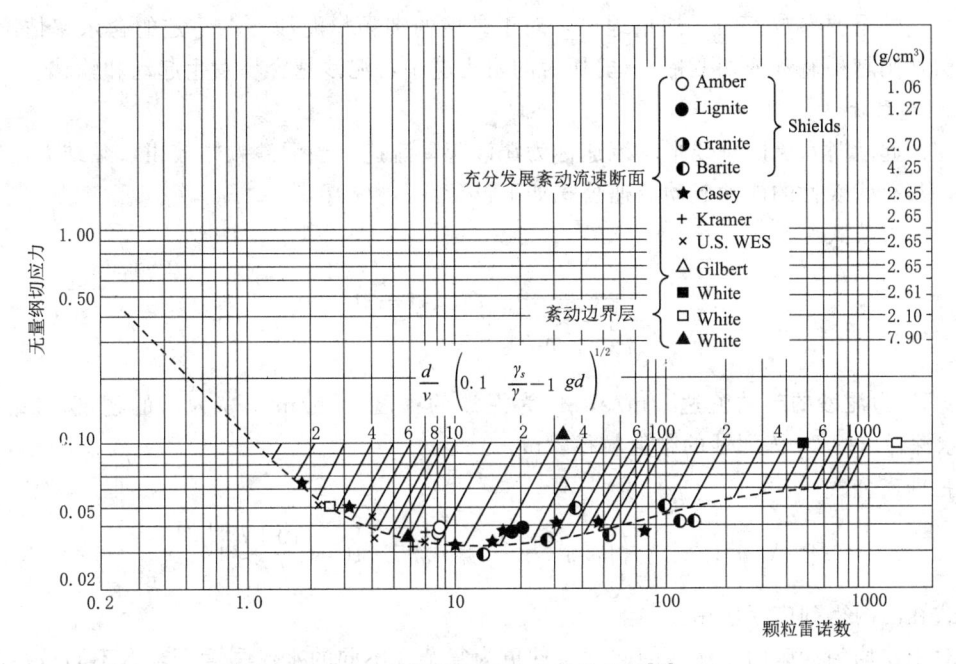

图 2-8 均匀沙起动的希尔兹曲线[21]

最近，笔者等从泥沙流变的角度进一步分析发现[26]，黏性泥沙的屈服应力是影响起动的一个重要因子（图 2-9），并提出了新的临界希尔兹曲线图（图 2-10），临界希尔兹数计算公式如下

$$\theta_{cr}=(0.056-0.033e^{-0.0115d_{gr}}+0.12e^{-0.25d_{gr}}+0.48e^{-3.8d_{gr}})e^{9.8\times10^{-4}\tau_r e^{-0.4d_{gr}}} \quad (2-20)$$

式中：τ_r 为无量纲化的屈服应力参数，$\tau_r=\tau_y/[\rho_s(\upsilon g)^{2/3}]$，$\tau_y$ 为泥沙的屈服应力。

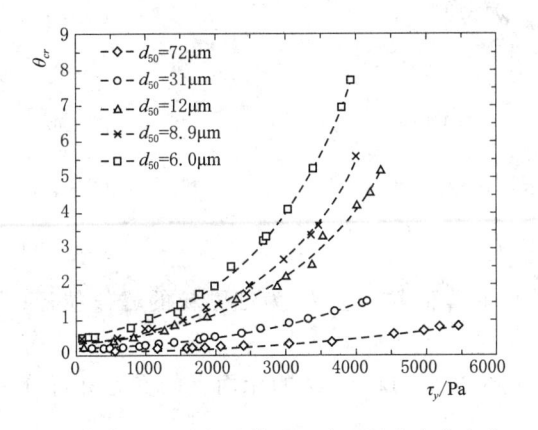

图 2-9 临界希尔兹数随泥沙屈服应力的变化 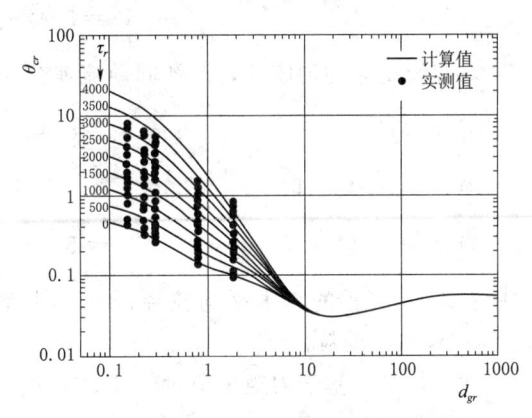　　图 2-10 修正的临界希尔兹曲线图

由此可见，泥沙的起动曲线由原来的一条曲线变为以屈服应力为参数的一簇曲线。笔者等最近的研究表明，底泥在风浪流作用下被流化的程度不同，具有不同的流变性质，不同泥沙表现的流变性质变化也不相同。尽管是含水率相同的泥沙，由于受剪切的作用时间、作用力大小、作用历史不同，泥沙的黏滞系数等流变参数会不一样，屈服应力是反映

泥沙特性的重要参数[26-31]。通俗地讲，对于黏性的细颗粒泥沙，在一定的含水率情况下，越被剪切则越稀软（剪切变稀），剪切时的阻力越小，泥沙越容易发生起动和输移。

2. 起动流速

泥沙起动时水流的垂线平均流速称为泥沙起动流速。当泥沙颗粒较粗，黏结力可以忽略时，具有代表性的泥沙起动流速公式如下：

沙莫夫公式[20]

$$\frac{V_c}{\sqrt{\frac{\rho_s-\rho}{\rho}gd_{50}}}=1.14\left(\frac{h}{d_{50}}\right)^{1/6} \quad (2-21)$$

式中：V_c 为泥沙的起动流速，m/s；ρ_s 为泥沙的密度，kg/m³；ρ 为水的密度，kg/m³；h 为水深，m；d_{50} 为泥沙的中值粒径，m。

张瑞瑾公式[6]

$$V_c=\left(\frac{h}{d}\right)^{0.14}\left(17.6\frac{\rho_s-\rho}{\rho}d+6.05\times10^{-7}\frac{10+h}{d^{0.72}}\right)^{1/2} \quad (2-22)$$

该公式在国内得到广泛应用。

对于非均匀沙床面，泥沙的起动条件更为复杂。不同的水流强度下，有不同粒径泥沙发生运动，水流强度越大，床沙中能起动的泥沙粒径越大。因此，每一个水流强度都会对应一个最大的泥沙起动粒径，小于该粒径的泥沙都能够运动，而大于该粒径的泥沙颗粒都不能运动。

对于非均匀沙床面的泥沙起动条件研究也较多，主要还是从起动流速和起动切应力的角度来研究。吴宪生提出的非均匀沙起动流速公式[32] 如下。

对单峰型非均匀床沙，泥沙起动流速公式为

$$V_c=5.42d_m^{1/12}d_c^{1/4}h^{1/6} \quad (2-23)$$

对双峰型非均匀床沙，泥沙起动流速公式为

当 $d_c<d_2$ 时，
$$V_c=5.42d_2^{1/12}d_c^{1/4}h^{1/6} \quad (2-24)$$

当 $d_2\leqslant d_c<d_1$ 时，
$$V_c=5.42d_2^{1/3}h^{1/6} \quad (2-25)$$

当 $d_c\geqslant d_1$ 时，
$$V_c=5.42d_m^{1/12}d_c^{1/4}h^{1/6} \quad (2-26)$$

式中：d_m 为床沙的算术平均粒径；d_1 为粗颗粒的峰值粒径；d_2 为细颗粒的峰值粒径；d_c 为泥沙的起动粒径。

此外，笔者基于力矩平衡对粒径 d 的泥沙颗粒在平均粒径 D 的床面上的受力进行分析，得到重力的力矩为

$$M_w=\frac{1}{2}(\gamma_s-\gamma)\alpha_1 d^3 \frac{dD}{d+D} \quad (2-27)$$

拖曳力的力矩为

$$M_d=\frac{1}{2}C_d\alpha_2\frac{\rho u_d^2}{2}d^3\frac{\sqrt{d^2+2dD}}{d+D} \quad (2-28)$$

上举力的力矩为

$$M_l = \frac{1}{2} C_l \alpha_3 \frac{\rho u_d^2}{2} \frac{d^3 D}{d+D} \quad (2-29)$$

黏结力的力矩为

$$M_c = \kappa_c d^2 \left(\frac{\gamma'}{\gamma'_c}\right)^{10} \frac{D}{d+D} \quad (2-30)$$

式中：α_1 为泥沙的体积系数；α_2 和 α_3 为泥沙的面积系数；u_d 为作用在泥沙颗粒上的平均流速；C_d 为拖曳力系数，$C_d = 0.4$；C_l 为上举力系数，$C_l = 0.1$；κ_c 为黏结力系数，$\kappa_c = 2.9 \times 10^{-4} \text{g/cm}$（唐存本[33]）；$\gamma'$ 为泥沙的实际容重；γ'_c 为泥沙紧密接触时的稳定容重。对球体泥沙，$\alpha_1 = \pi/6$，$\alpha_2 = \alpha_3 = \pi/4$。

泥沙颗粒在起动临界状态下，所有力矩达到临界平衡。因此

$$M_d + M_l = M_w + M_c \quad (2-31)$$

将式（2-27）~式（2-30）代入式（2-31）后，整理得到作用在该颗粒上的平均流速为

$$u_d = \sqrt{\frac{\frac{4}{3}\frac{\gamma_s-\gamma}{\gamma}gd + \frac{1.21\times 10^{-5}}{\rho d}\left(\frac{\gamma'}{\gamma'_c}\right)^{10}}{C_l + C_d \frac{d}{D}\sqrt{1+2\frac{D}{d}}}} \quad (2-32)$$

对于非均匀沙，作用在泥沙颗粒上的流速不仅与其颗粒大小、水深和垂线平均流速有关，而且与其周围的颗粒大小有关。根据实验观测，作用在该泥沙颗粒上的平均流速可以表达为

$$u_d = \frac{m}{m+1} V \left(\frac{d_{95}}{h}\right)^{\frac{1}{m}} \quad (2-33)$$

式中：d_{95} 为 95% 质量的泥沙小于此粒径，即泥沙级配曲线中累计频率为 95% 所对应的颗粒粒径；V 为垂线平均流速；m 为系数，对天然底床，取 $m=6$，对平整底床，取

$$m = 4.7 \left(\frac{h}{D}\right)^{0.06} \quad (2-34)$$

因此，根据式（2-32）和式（2-33）得到该泥沙颗粒的起动流速为

$$V_c = \frac{m+1}{m}\left(\frac{h}{d_{95}}\right)^{\frac{1}{m}} \sqrt{\frac{\frac{40}{3}\frac{\gamma_s-\gamma}{\gamma}gd + \frac{1.21\times 10^{-4}}{\rho d}\left(\frac{\gamma'}{\gamma'_c}\right)^{10}}{1 + 4\frac{d}{D}\sqrt{1+2\frac{D}{d}}}} \quad (2-35)$$

当 $d=D$ 时，床沙为均匀沙，泥沙颗粒的起动流速为

$$V_c = \frac{m+1}{m}\left(\frac{h}{d}\right)^{\frac{1}{m}} \sqrt{\frac{8}{3}\frac{\gamma_s-\gamma}{\gamma}gd + \frac{1.51\times 10^{-5}}{\rho d}\left(\frac{\gamma'}{\gamma'_c}\right)^{10}} \quad (2-36)$$

当 $d<D$ 时，因为

$$\frac{d}{D}\sqrt{1+2\frac{D}{d}}<\sqrt{3} \qquad (2-37)$$

从而根据式（2-35）和式（2-36）可以得到：小于床沙平均粒径的细颗粒泥沙的起动流速比由相同平均粒径组成底床的均匀沙的起动流速大，说明相对难起动；而大于床沙平均粒径的粗颗粒泥沙比由相同平均粒径组成底床的均匀沙易起动。这反映了在非均匀床沙中，细颗粒泥沙受到隐蔽作用，而粗颗粒则受到暴露作用。

三、泥沙的扬动

泥沙颗粒的扬动是底床泥沙被扬起而变为悬移质。分析底床冲淤变形，首要问题之一即是泥沙的扬动条件，或称泥沙悬浮的临界条件。Parker[34] 为悬浮临界条件提出了图2-11，据此可大致判别出泥沙颗粒是否能够在该水流中悬浮。先计算水流在床面的作用力，根据泥沙颗粒的大小计算相应的无量纲切应力 $\frac{\tau_o}{\sqrt{(S-1)gd_{50}}}$ 和泥沙颗粒雷诺数 $Re_p = \frac{U_* d_{50}}{\nu}$，无量纲切应力和泥沙颗粒雷诺数的计算值所对应的点位于悬浮临界条件的上方时，该泥沙颗粒可从床面悬浮进入水中，和水流一起运动。

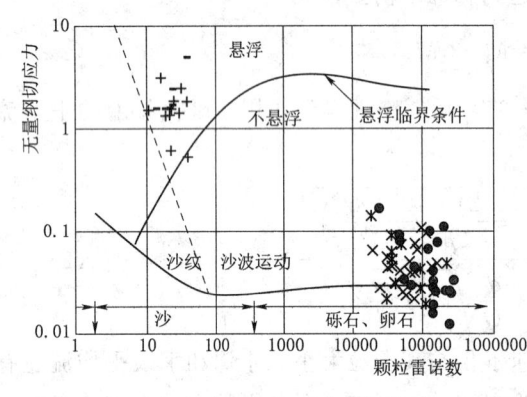

图 2-11 泥沙悬浮的临界曲线

第四节 水体中的输沙率

水体中的泥沙运动主要分为推移质输沙和悬移质输沙。水流、波浪的强度和泥沙自身的几何特征决定推移质和悬移质运动的强度，即输沙率。

一、推移质输沙率

推移质在单位时间内通过单位宽度的数量称为推移质的单宽输沙率，通过某一断面的数量则为推移质的断面输沙率。推移质输沙率通常指推移质的单宽输沙率，它反映水流或波浪输送推移质的能力。当上游的推移质来沙量大于当地推移质输沙率时，该处则发生淤积；否则就会发生冲刷。对于冲积底床的某一部位，如果水流的强度发生变化，则其推移质输沙率会产生相应变化，从而发生冲刷或淤积。

在冲积底床上建桥梁，桥位处的过水断面面积往往会减小，水流流速会增大，可能导致推移质输沙率增大而发生冲刷，在桥墩附近也往往发生局部冲刷。当桥梁的上、下断面的输沙率达到相等时，这种冲刷达到平衡，桥墩附近的冲刷停止。

近一个世纪以来，学者对推移质输沙率进行了大量的研究，对床面为均匀沙和非均匀沙的情况提出了许多计算公式，下面介绍几个代表性公式。

(一) 均匀沙的输沙率计算

1. Meyer-Peter 和 Müller 公式[35]

$$g_b^{2/3} = \frac{\left[\tau_0' - 0.047(\gamma_s - \gamma)d\right]^{3/2}}{0.125\left(\dfrac{\gamma}{g}\right)^{1/2}\left(\dfrac{\gamma_s - \gamma}{\gamma_s}\right)} \tag{2-38}$$

其中 $\tau_0' = \eta^{3/2}\gamma h S_0$

式中：g_b 为单宽输沙重量，t/(s·m)；S_0 为水力坡度；h 为水深，m；d 为泥沙中值粒径，m；τ_0' 为沙粒切应力，扣除床面形态的影响；η 为床面形态修正系数，$\eta = k_b/k_b'$，$k_b = V/(h^{2/3}S^{1/2})$，$k_b' = 26/(d_{90})^{1/6}$。$\eta = 1$ 时，床面平整无沙波，沙波出现时 $\eta < 1$。该公式建立在大量的实验资料基础上，并考虑了床面沙波的影响。资料的范围为：$B = 0.15 \sim 2.0$ m，$h = 0.01 \sim 1.2$ m，$S_0 = 4\text{‰} \sim 2\text{％}$，$\gamma_s = 1.25 \sim 4.0$ t/m³，$d = 0.40 \sim 30.0$ mm。公式中采用泥沙的起动条件为：$\theta_{cr} = \dfrac{\rho u_{*cr}^2}{(\rho_s - \rho)g d_m} = 0.047$，$d_m$ 为泥沙颗粒的平均粒径。

Huang[36] 从线性理论的角度对 Meyer-Peter 和 Müller 公式进行了分析，提出修正公式如下

$$\phi = 6(\eta\theta_{cr} - 0.047)^{5/3} \tag{2-39}$$

式中：ϕ 为无量纲的推移质输沙强度，$\phi = \dfrac{q_b}{\gamma_s\sqrt{(\rho_s/\rho - 1)g d^3}}$。

Camenen 和 Larson[37] 进一步分析泥沙起动条件的影响，对 Meyer-Peter 和 Müller 公式进行修正，提出公式如下

$$\phi = 12\theta^{1.5}\exp\left(-4.5\dfrac{\theta_{cr}}{\theta^{1.5}}\right) \tag{2-40}$$

2. van Rijn 公式[23]

$$q_b = 0.053\frac{T^{2.1}}{d_{gr}^{0.3}}\left[\left(\frac{\gamma_s - \gamma}{\gamma}\right)g\right]^{0.5}d_{50}^{1.5} \tag{2-41}$$

其中 $T = \dfrac{u_*'^2 - u_{*cr}^2}{u_{*cr}^2}$

式中：T 为泥沙的输移参数；u_*' 为沙粒摩阻流速，$u_*' = \dfrac{\sqrt{g}}{C'}V$，$C'$ 为沙粒谢才系数，$C' = 18\lg\left(\dfrac{12R_b}{3d_{90}}\right)$。

泥沙起动的临界希尔兹数可根据下式计算

$$\begin{cases} \theta_{*cr} = 0.24 d_{gr}^{-1} & d_{gr} \leqslant 4 \\ \theta_{*cr} = 0.14 d_{gr}^{-0.64} & 4 < d_{gr} \leqslant 10 \\ \theta_{*cr} = 0.04 d_{gr}^{-0.10} & 10 < d_{gr} \leqslant 20 \\ \theta_{*cr} = 0.013 d_{gr}^{0.29} & 20 < d_{gr} \leqslant 150 \\ \theta_{*cr} = 0.055 & d_{gr} > 150 \end{cases} \tag{2-42}$$

以上这些公式虽然源于均匀水流环境下的理论推导和实验数据，但由于采用底床切应

力,因此也可以用于波浪或波流共存环境下的推移质计算。

3. 钱宁和爱因斯坦系列公式

钱宁和爱因斯坦认为在紊流中的力是随时间和地点而变化的,泥沙运动的概率取决于水流作用力超过阻力的概率,并提出了基于概率统计与力学分析相结合的推移质输沙率计算公式[20],该公式后来被 Wang 等[38] 以及 Armanini 等[39] 进行了修正,Brown 修正后的 Einstein–Brown 公式[40]

$$\phi = \begin{cases} \dfrac{1}{0.465} e^{-0.391\psi} & \psi \geqslant 5.5 \\ 40\left(\dfrac{1}{\psi}\right)^3 & \psi < 5.5 \end{cases} \tag{2-43}$$

其中
$$\psi = \frac{\gamma_s - \gamma}{\gamma} \frac{d}{R_b' S_0}$$

式中:ψ 为水流强度参数;R_b' 为与沙粒有关的水力半径,m。

4. 程年生的经验公式

该公式较为简单,涵盖低强度输沙到高强度输沙,相对精度高[41]。其公式如下

$$\phi = 13\theta^{1.5} \exp\left(-\frac{0.05}{\theta^{1.5}}\right) \tag{2-44}$$

5. 修正的恩格伦公式

Meng 等[42] 对恩格伦公式进行了修正,得到

$$\phi = 14.2 p (\theta - \theta_{cr})(\sqrt{\theta} - \sqrt{\theta_{cr}}) \tag{2-45}$$

其中
$$p = 1 - \frac{1}{\sqrt{\pi}} \int_{-B_*/\eta_0 - 1/\eta_0}^{B_*/\eta_0 - 1/\eta_0} e^{-t^2} dt$$

式中:ϕ 为无量纲推移质输沙率;θ_{cr} 为临界希尔兹数,取 0.03;B_* 为 1/7.5;η_0 为 1/2。

应该注意的是,在低强度输沙的情况下,当水力强度(水流、波流强度)接近泥沙的起动条件时,其强度稍微增大,推移质输沙的相对强度将大幅增加而绝对强度仍然较小,上述公式的计算结果的差别可能较大。另外,上述公式均基于坡度很平缓的底床,对于坡度较大的底床,来流和来波方向上的重力分量会影响推移质的运动,应该考虑底坡的大小。为此,Smart 等做了非常有益的工作[43]。

(二)非均匀沙的输沙率计算

天然河流的泥沙通常为非均匀沙,对于山区河流床沙的粒径级配甚至宽到 2~3 个数量级。在河口海岸及海洋,海底泥沙的粒径级配则相对狭窄得多。对于非均匀沙床面,由于大颗粒对细颗粒的隐蔽作用和细颗粒对大颗粒的暴露作用,非均匀沙的输移规律与均匀沙有所不同。

对于非均匀沙推移质输沙率,其计算方法主要可以归纳为三种:

第一种是选一个代表粒径,按该代表粒径的均匀沙输沙率公式计算,如 Meyer–Peter 建议用床沙的算术平均粒径,Mohtar 等[44] 则认为 d_{50} 具有足够的代表性。这种计算方法在水力强度相对较低时可能会得到偏小的计算结果。

第二种是将泥沙级配分成若干级,按各级的中值粒径计算推移质的输沙率,再将该级

的质量百分比与该输沙率相乘,然后将各级的乘积累加得到总输沙率。以上两种方法均未考虑颗粒间的隐蔽和暴露作用。

第三种是考虑黏滞层的影响和大颗粒对小颗粒的遮蔽影响。如,Wu 等[45]考虑隐蔽和暴露作用后提出各级粒径的输沙率为

$$\phi_i = 0.0053\left(\eta\frac{\tau_b}{\tau_{cri}}-1\right)^{2.2} \quad (2-46)$$

其中 $\dfrac{\tau_{cri}}{(\gamma_s-\gamma)d_i}=\theta_{cr}\left(\dfrac{p_{ei}}{p_{hi}}-1\right)^m$,$p_{hi}=\sum\limits_{j=1}^{N}p_{bj}\dfrac{d_j}{d_i+d_j}$,$p_{ei}=\sum\limits_{j=1}^{N}p_{bj}\dfrac{d_i}{d_i+d_j}$,

$\eta=\left(\dfrac{d_{50}^{1/6}/20}{n}\right)^{3/2}$,$\phi_i=\dfrac{g_{bi}}{p_{bi}\sqrt{(\gamma_s/\gamma-1)gd_i^3}}$

式中:g_{bi} 为推移质第 i 级的单宽输沙率,m^2/s;m 为经验系数。

(三) 黏性泥沙的输移规律

对于黏性泥沙,泥沙颗粒一旦被起动或起扬,就不容易停止运动,因此,黏性泥沙的运动往往是推移和悬移两种形式并存。学者往往用可蚀率、冲刷系数或冲刷率来描述波、流对底床的冲刷能力[46-49],再依据泥沙的淤积率[50]和任一水平面积上的水柱中泥沙的质量守恒,建立数值模型对黏性泥沙输沙进行求解[51]。

笔者的研究表明[29],黏性泥沙的可蚀率主要取决于泥沙的流化程度,它与屈服应力相关,而屈服应力是影响黏性泥沙可蚀率的主要因素,随着屈服应力的增大,临界希尔兹数、临界流速和临界切应力增大,而冲刷率则减小;泥沙屈服应力越低,越容易被冲蚀。考虑泥沙流化程度的冲刷率计算公式为

$$E=0.00027\times\left(\frac{\tau_b}{\tau_{cr}}-1\right)e^{-0.00076\tau_y} \quad (2-47)$$

式中:E 为冲刷率,$kg/(m^2\cdot s)$;τ_y 为泥沙的屈服应力,Pa;τ_b 为底床切应力,Pa;τ_{cr} 为泥沙的起动切应力,Pa,采用 Yu 和 Lim[25]公式计算。

二、悬移质输沙率

在单位时间内通过的悬浮泥沙的重量或体积称为悬移质的输沙率。在水体的某一单位体积内所含泥沙的重量或体积称为该点的含沙浓度(即含沙量)。

垂线上各点的含沙浓度与该点的流速的乘积沿垂线的积分为该垂线上悬移质的单宽输沙率,它除以该垂线的平均流速则为该垂线的平均含沙浓度。过水断面上各点的含沙浓度与该点流速的乘积之和为该断面的悬移质输沙率,它除以该断面的平均流速则为该断面平均含沙浓度。

虽然在桩墩局部冲刷的初始阶段,桩墩附近的泥沙可能有部分以悬移质的形式被水流掘走,但悬移质的输沙率对桩墩局部冲刷最终冲刷深度的影响不是太大,它只是影响其局部冲刷的变化过程。因此,笔者仅介绍悬移质输沙的几个主要研究成果。

1. 悬移质含沙浓度的分布

在恒定均匀流环境中,假定水面的泥沙浓度为 0,推移质在床面到高度 $z=a$ 内运动,悬移质在高度 $z=a\sim h$ 范围内的浓度为[52]

$$c(z) = c_a \left(\frac{h-z}{z} \frac{a}{h-a} \right)^{\frac{\omega_s}{\kappa u_*}} \tag{2-48}$$

式中：$c(z)$ 为离床面 z 处的含沙浓度；c_a 为离床面 $z=a$ 处的含沙浓度；κ 为卡门常数。

床面附近的含沙浓度计算可采用曹志先方法[53]。

2. 水流挟沙率

水流挟沙率是指在一定水力和泥沙条件下，水流所能挟带的悬移质中床沙质部分的数量，而不包含悬移质中冲泻质部分。因此，如果上游的水流挟沙率大于本地的水流挟沙率，就发生淤积；反之，则发生冲刷。在实际应用时，要特别强调的是正确划分当地的床沙质与冲泻质。值得一提的是，这个概念多是被国内采用，在国外极少区分冲泻质。

李昌华[54] 利用长江、黄河、人民胜利渠、中亚细亚渠道和南京水利科学研究院的资料分析得到水流的挟沙率公式为

$$\frac{S_*(1-S_*)}{1+\frac{\rho_s-\rho}{\rho}S_*} = 0.056 \times \left[\frac{\lambda V^3}{2(\rho_s-\rho)gR\omega_s} \right]^{1.25} \tag{2-49}$$

其中

$$\lambda = \frac{2gRS_0}{V^2}$$

式中：S_* 为水流挟沙率，m^3/m^3；R 为水力半径，m；V 为断面平均流速，m/s。

三、全沙输沙率

全沙输沙率是指单位时间内水流能输送泥沙的总量，是悬移质的输沙率和推移质的输沙率的总和。直接计算全沙输沙率的公式也有很多，这里仅介绍 Ackers[55] 在 Ackers 和 White[56] 的工作基础上提出的修正公式和 Engelund - Hansen[57] 公式，这两个公式在国际上应用较广。

Ackers 公式为

$$\gamma \frac{Xh}{\gamma_s d} \left(\frac{u_*}{V} \right)^n = C \left(\frac{F_{gr}}{A} - 1 \right)^m \tag{2-50}$$

式中：X 为深度平均含沙浓度，水流参数的计算如下

$$\frac{F_{gr}-A}{F_{fg}-A} = 1.0 - 0.76 \times \left[1 - \frac{1}{\exp(\log d_{gr})^{1.7}} \right] \tag{2-51}$$

$$F_{gr} = \frac{u_*^n}{\sqrt{gd(s-1)}} \left(\frac{V}{\sqrt{32}\log\frac{10h}{d}} \right)^{1-n} \tag{2-52}$$

$$F_{fg} = \frac{u_*}{\sqrt{gd(s-1)}}, \quad u_* = \sqrt{\frac{\tau_b}{\rho}} \tag{2-53}$$

其中，当 $1 \leqslant d_{gr} \leqslant 60$ 时，系数

$$n = 1.0 - 0.56 \lg d_{gr} \quad m = \frac{6.83}{d_{gr}} + 1.67 \tag{2-54}$$

$$\lg C = 2.79 \lg d_{gr} - 0.98 \lg^2 d_{gr} - 3.46 \tag{2-55}$$

$$A = \frac{0.23}{\sqrt{d_{gr}}} + 0.14 \tag{2-56}$$

对于粗砂，$d_{gr}>60$ 时，$n=0.0$，$m=1.78$，$C=0.025$，$A=0.17$。

Engelund 和 Hansen 公式为

$$C=0.05\left(\frac{\rho_s-\rho+1}{\rho_s-\rho}\right)\frac{VS_0}{\sqrt{(\rho_s-\rho)gd}}\frac{RS_0}{(\rho_s-\rho)d} \quad (2-57)$$

式中：C 为泥沙的质量百分比浓度。

四、波浪沿岸输沙率

在海岸地区，沿岸输沙主要由波浪破碎引起，是波浪和波导沿岸流共同作用引起的泥沙运动。波浪破碎产生的紊动掀动大量泥沙，使泥沙悬浮在水体中，被掀起的泥沙又在波导沿岸流的作用下发生输移。因此，近岸浅水区的泥沙运动主要以悬移质形态为主，沿岸输沙率是指单位时间内的沿海岸线通过破碎波线以内的海岸断面的泥沙量。目前工程上的沿岸输沙计算主要采用波能流法，即从整体出发，建立沿岸流总输沙率和波能流的关系。学者们对此开展了一系列研究，提出了许多经验公式。

1. CERC 公式

CERC 公式是国内外工程界最常用的沿岸输沙率计算公式，其最初是根据 Krumbein[58] 的试验资料和 Watts[59] 的野外实测资料建立的，后被美国海岸研究中心 Shore protection manual[60] 收录，其公式形式如下

$$q=\frac{K}{(\rho_s-\rho)g}(EC_g)_b\cos a_b\sin a_b \quad (2-58)$$

其中

$$(EC_g)_b=\frac{\sqrt{2}}{8}\rho g^{3/2}H_b^{5/2}$$

式中：q 为沿岸输沙率，m^3/s；$(EC_g)_b$ 为破波波能流，W/m 或 $kg \cdot m/s^3$；H_b 为破波均方根波高，m；a_b 为破波波向角，(°)；ρ_s、ρ 分别为沙粒和水的密度，kg/m^3；g 为重力加速度，m/s^2；K 为无因次输沙率系数，根据实测资料取值为 1.313。

$$q=0.36\times10^{-2}I_r^{-1/2}(EC_g)_b\frac{\overline{V}_l}{\omega_{50}} \quad (2-59)$$

式中：I_r 为破波类型参数，$I_r=\frac{\tan\beta}{(H_b/L_0)^{1/2}}$；$\overline{V}_l$ 为破波带特征平均沿岸流流速，m/s；ω_{50} 为泥沙沉速，m/s。

2. 刘家驹公式

刘家驹[61] 在 CERC 公式的基础上，考虑了破波带内的时均含沙量，并基于大量现场数据，提出了平均沿岸输沙率的计算公式，即

$$q=\frac{70.6\times10^{-3}\gamma_s}{\gamma_0}g^{1/2}H_b^{5/2}F^{1/F}\sin 2a_b \quad (2-60)$$

式中：γ_s 为底床泥沙的颗粒容重，kg/m^3；γ_0 为底床泥沙的干容重，kg/m^3；F 为泥沙因子，当泥沙粒径 $D>0.03mm$ 时

$$F=\frac{0.11}{D+\dfrac{0.0024}{D}} \tag{2-61}$$

当 $D \leqslant 0.03$ mm 时，考虑细颗粒泥沙的絮凝作用取 $F=1$。非均匀沙时，$F^{1/F}$ 项采用加权平均处理。

3. Madsen 公式

与前述的悬移质和推移质一起考虑的方法不同，Madsen 等[62]将推移质和悬移质输沙分开考虑，提出了沿岸总输沙率的计算公式，即

$$q = K_B P_y + K_S P_y^{3/2} \tag{2-62}$$

$$P_y = (EC_g)_b \cos a_b \sin a_b \tag{2-63}$$

式中：K_B、K_S 分别为推移质和悬移质的输沙率系数。显然，从 Madsen 公式中可以看出，在近岸区，悬移质输沙占主导地位，其在水流增强时的增长趋势比推移质快。

参考文献

[1] 中华人民共和国水利部. SL 42—2010 河流泥沙颗粒分析规程 [S]. 北京：中国水利水电出版社，2010.
[2] 长办水文局. 泥沙颗粒分析手册 [C].
[3] 封光寅，章厚玉，张孝军，等. 泥沙群体颗粒平均粒径及平均沉速计算方法的修正 [J]. 南水北调与水利科技，2003，1 (6)：36-38.
[4] Crofts R S A. Visual measure of shingle particle form for use in the field [J]. Journal of Sedimentary Petrology，1974，44：931-934.
[5] Schulz E F，Wilde R H，Albertson M L. Influence of shape on the fall velocity of sedimentary particles [J]. MRD Sediment Series，1954，5.
[6] 武汉水利电力学院河流泥沙工程学教研室. 河流泥沙工程学 [M]. 北京：水利电力出版社，1981：24-27.
[7] Cheng N S. Simplified settling velocity formula for sediment particle [J]. Journal of Hydraulic Engineering，ASCE，1997，123：149-152.
[8] Ahrens J P. A fall - velocity equation [J]. Journal of Waterway，Port，Coastal and Ocean Engineering，ASCE，2000，126：99-102.
[9] Jimenez J A，Madsen O S. A simple formula to estimate settling velocity of natural sediments [J]. Journal of Waterway，Port，Coastal and Ocean Engineering，ASCE，2003，129：70-78.
[10] Ferguson R I，Church M. A simple universal equation for grain settling velocity [J]. Journal of Sedimentary Research，2004，74 (6)：933-937.
[11] Lane E W. Progress report on the studies of the design of stable channels of the bureau of reclamation [J]. Proceedings of the ASCE，1953，79 (9)：1-31.
[12] Bowman E T，Soga K，Drummond T W. Particle shape characterization using Fourier descriptor analysis [J]. Geotechnique，2001，51 (6)：545-554.
[13] Ehrlich R，Weinberg B. An exact method for characterization of grain shape [J]. Journal of Sedimentary Petrology，1970，40 (1)：205-212.
[14] Barrett P J. The shape of rock particles, a critical review [J]. Sedimentology，1980，27：291-303.
[15] Thomas M C，Wiltshire R J，Williams A T. The use of Fourier descriptors in the classification of

particle shape [J]. Sedimentology, 1995, 42: 635-645.

[16] Yang F G, Liu X N, Yang K J. Study on the angle of repose of nonuniform sediment [J]. Journal of Hydrodynamics B, 2009, 21 (5): 685-691.

[17] Yu G, Knight D W. Geometry of self-formed straight threshold channels in uniform material [J]. Proceedings of the Institution of Civil Engineers - Water Maritime and Energy, 1998, 130 (1): 31-41.

[18] Zhang M, Yu G, Zhu W, et al. Experimental study on the angle of repose of submerged cohesive sediments [J]. Journal of Waterway, Port, Coastal and Ocean Engineering, 2019, 145 (3).

[19] 雷宗友. 中国海环境手册 [M]. 上海：上海交通大学出版社, 1988.

[20] 钱宁, 万兆惠. 泥沙运动力学 [M]. 北京：科学出版社, 1983.

[21] Shields A. Application of similarity principles and turbulence research to bed-load movement [R]. Technical Report. California Institute of Technology, Pasedena, 1936: 47.

[22] Parker G, Seminara G, Solari P. Bedload at low Shields stress on arbitrarily sloping beds: Failure of the Bagnold hypothesis [J]. Water Resources Research, 2003, 39 (7): 1183.

[23] van Rijn L C. Sediment transport, Part 1: Bed load transport [J]. Journal of Hydraulic Engineering, 1984, 110 (11): 1431-1456.

[24] Wu W, Wang S S Y. Movable bed roughness in alluvial rivers [J]. Journal of Hydraulic Engineering, 1999, 125 (12): 1309-1312.

[25] Yu G, Lim S. Modified manning formula for flow inalluvial channels with sand-beds [J]. Journal of Hydraulic Research, 2003, 41 (6): 597-608.

[26] Zhang M, Yu G. Critical conditions of incipient motion of cohesive sediments [J]. Water Resources Research, 2017, 53: 7798-7815.

[27] Yang W, Yu M, Yu G. Stratification and rheological properties of near-bed cohesive sediments in West Lake, Hangzhou, China [J]. Journal of Coastal Research, 2017, 34 (1): 185-192.

[28] Yang W, Yu G. Rheological response of natural, soft coastal mud under oscillatory Shear Loadings [J]. Journal of Waterway, Port, Coastal and Ocean Engineering (ASCE), 2018, 144 (4).

[29] Zhang M, Yu G, Rovere A L, et al. Erodibility of fluidized cohesive sediments in unidirectional open flows [J]. Ocean Engineering, 2017, 130: 523-530.

[30] Yang W, Tan S K, Wang H, et al. Rheological properties of bed sediments subjected to shear and vibration loads [J]. Journal of Waterway, Port, Coastal, and Ocean Engineering, 2014, 140 (1): 109-113.

[31] Yang W, Yu G, Wang H. Rheological properties of dense natural cohesive sediments subject to shear loadings [J]. International Journal of Sediment Research, 2014, 29 (4): 454-470.

[32] 吴宪生. 宽级配非均匀沙床沙双峰型的形成条件及起动规律 [D]. 成都：成都科技大学硕士论文, 1984.

[33] 唐存本. 泥沙起动规律 [J]. 水利学报, 1964 (2): 3-14.

[34] Parker G. Self-formed straight rivers with equilibrium banks and mobile bed, Part 2. The gravel river [J]. Journal of Fluid Mechanics, 1978, 89 (1): 127-146.

[35] Meyer-Peter E, Müller R. Formulas for bed load transport [C]. Proceedings of 2nd meeting of the International Association for Hydraulic Structures Research, Delft, 1948 (7): 39-64.

[36] Huang H Q. Reformulation of the bed load equation of Meyer-Peter and Müller in light of the linearity theory for alluvial channel flow [J]. Water Resources Research, 2010, 46 (9): 161-170.

[37] Camenen B, Larson M A. General formula for non-cohesive bed load sediment transport [J]. Estuarine Coastal and Shelf Science, 2005, 63 (1): 249-260.

[38] Wang X, Zheng J, Li D, et al. Modification of the Einstein bed-load formula [J]. Journal of Hydraulic Engineering, 2008, 134 (9): 1363-1369.

[39] Armanini A, Cavedon V, Righetti M. A probabilistic/deterministic approach for the prediction of the sediment transport rate [J]. Advances in Water Resources, 2015, 81: 10-18.

[40] Brown C B. Sediment transportation. In Engineering Hydraulics [M]. New York: Edited by Rouse, H. John Wiley and Sons, 1950: 796.

[41] Cheng N S. Exponential formula for bedload transport [J]. Journal of Hydraulic Engineering, ASCE, 2002, 128 (10): 942-946.

[42] Meng Z, Dan-Xun L, Wang X K. Modification of the Engelund bed-load formula [J]. International Journal of Sediment Research, 2016, 31: 251-256.

[43] Smart G M. Sediment transport formula for steep channels [J]. Journal of Hydraulic Engineering, 1984, 110 (3): 267-276.

[44] Mohtar W H, Junaidi Sharil S, Mukhlisin M. Representative sediment sizes in predicting the bed-material load for nonuniform sediments [J]. International Journal of Sediment Research, 2016, 31 (1): 79-86.

[45] Wu W, Wang S S Y, Jia Y. Nonuniform sediment transport in alluvial rivers [J]. Journal of Hydraulic Research, 2000, 38 (6): 427-434.

[46] Ariathurai R, Arulanandan. Erosion rate of cohesive soils [J]. Journal of the Hydraulics Division, 1978, 104: 279-283.

[47] Arulanandan K, Gillogly E, Tully R. Development of a quantitative method to predict critical shear stress and rate of erosion of natural undisturbed cohesive soils [R]. Technical Rep. GL-805, US Army of Engineers' Waterway Experiment Station, Vicksburg, Mississippi, 1980.

[48] Grabowski R C, Droppo I G, Wharton G. Erodibility of cohesive sediment: the importance of sediment properties [J]. Earth-Science Reviews, 2011, 105 (3): 101-120.

[49] Parchure T M, Mehta A J. Erosion of soft cohesive sediments deposits [J]. Journal of Hydraulic Engineering, 1985, 111 (10): 1308-1326.

[50] Krone R B. Flume estudies of the transport of sediment in estuarial shoaling processes [R]. Berkeley: University of California, 1962.

[51] Peixoto R D S, Rosman P C C, Vinzon S B. A morphodynamic model for cohesive sediments transport [J]. Brazilian Journal of Water Resources, 2017, 22 (57).

[52] Rouse H. Experiments on the mechanics of sediment suspension [C]. In Proceedings of the Fifth International Congress for Applied Mechanics, 1938, 550-554.

[53] Cao Z. Equilibrium near-bed concentration of suspended sediment [J]. Journal of Hydraulic Engineering, 1999, 125 (12): 1270-1278.

[54] 李昌华. 明渠水流挟沙能力初步研究 [J]. 水利水运科学研究, 1980 (3): 79-86.

[55] Ackers P. Flow formulae for straight two-stage channels [J]. Journal of Hydraulic Research, 1993, 31 (4): 509-531.

[56] Ackers P, White W R. Sediment transport: New approach and analysis [J]. Journal of the Hydraulics Division, 1973, 99: 621-625.

[57] Engelund F A, Hansen E. A monograph on sediment transport in alluvial streams [J]. Hydrotechnical Construction, 1967, 33 (7): 699-703.

[58] Krumbein W C. Shore currents and sand movement on a model beach [R]. U. S. Army Crops of Engineers, Beach Erosion Board, Technical Memorandum, 1944 (7).

[59] Watts G M. A study of sand movement at South Lake Worth Inlet, Florida [R]. U. S. Army Crops

of Engineers, Beach Erosion Board, Technical Memorandum, 1953 (42).
[60] U. S. Army Crops of Engineers. Shore protection manual [M]. Coastal Engineering Research Center, U. S. Army Waterways Experiment Station, Corps of Engineers, Vicksberg, MS, 1984.
[61] 刘家驹. 海岸泥沙运动研究及应用 [M]. 北京：海洋出版社，2009.
[62] Madsen O S, Tajima Y, Ebersole B A. Longshore sediment transport: a realistic order – of – magnitude estimate [C]. Proceedings of Coastal Sediments 03, CD – ROM World Scientific Corporation and East Meets West Productions. Corputs Christi, TX, 2003.

第三章 影响桩墩冲刷的底床形态与底床稳定性

底床和堤岸是水、沙运动的边界，边界发生变化则会引起水动力变化，从而改变泥沙的运动特性。一般而言，桩墩尺寸相对较小，桩墩的存在只会影响局部流场和局部地形变化，而对整个区域的水动力影响较小。在桩墩设计中，除桩墩自身的安全外，往往要求桩墩的建设对周围环境影响小。因此，首先需了解拟建桩墩附近底床和堤岸的演变规律。如桥梁的建设必须了解桥位所在河段的河道演变规律、发展趋势及河势稳定性，以避免桥梁建在不稳定的河道断面上。

第一节 底床的床面形态

一、底床床面形态的分类

底床的床面形态反映床面的不平整程度，有自然形成的，如沙波；也有人工建设的，如水下建筑物等。如图 3-1 所示，河道中床面的天然形态可分为沙纹、沙垄、动平整（包括过渡）、驻波逆行沙垄、水面出现破碎波的逆行沙垄、浅滩与深潭等。海洋中床面的天然形态主要有平整、沙纹、沙垄。床面上沙波的移动、演变对桩墩冲刷有重要的影响。

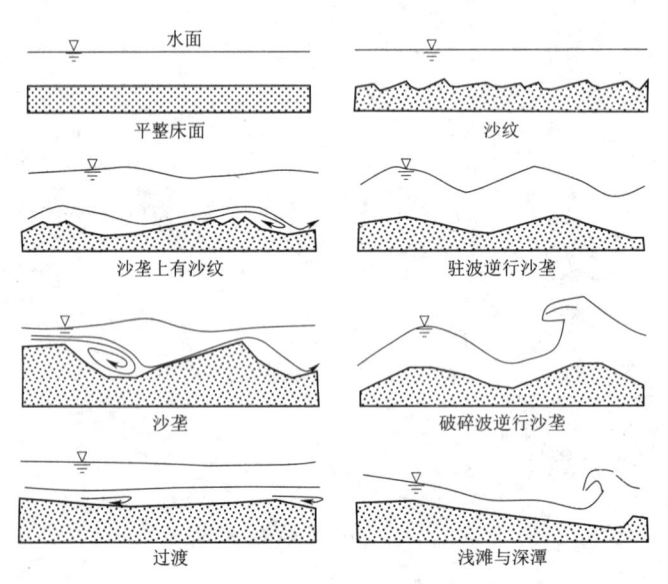

图 3-1 床面形态的基本类型

1. 沙纹

当水力强度超过泥沙运动的起动条件不多，床面上只有少量泥沙颗粒运动，这些运动的泥沙会逐渐堆积成一串串小丘，这些小丘以波的形式存在。在单向流环境下，其迎水面平坦，背水面较陡，通常迎水面比背水面长2～4倍，波高不超过5cm，波长小于30cm，沙纹的迁移时间尺度多为分钟量级。在波浪环境下，沙纹的对称性较好。

2. 沙垄

随水力强度的进一步增大，沙纹会发展成沙垄。沙垄的迎水面上有时甚至会出现沙纹。迎水面上发生冲刷，背水面的水体发生分离、泥沙不断淤积，波形因此而向下游传播。沙垄的迎水面平坦，背水面较陡，尺度随水力强度增大而增大，但随后又会减小。通常沙垄的波高超过5cm，最高可达10m，波长大于30cm。据探测，在水深12～18m的丹麦西海岸，存在平均波长约500m、高度1～3m的大型沙垄[1]。在海洋中，由于水深和水面宽度尺度大，波高达数米，波长可达几千米，容易误以为是平整床面。沙垄的迁移时间尺度多为小时量级，也可长达数年量级。

3. 动平整

随水流流速的进一步增大，沙垄的波高逐渐减小而消失，床面又变得平整，此时，输沙率很高，床面的水流阻力很小。

4. 逆行沙垄

逆行沙垄又称沙浪。当床面变得平整后，如果水流强度继续增大，达到急流状态时，床面会形成形态对称的沙垄，包括驻波沙垄和破碎波沙垄。与前面沙垄不同的是，水体不发生分离，波的低谷和背水面上发生冲刷，而迎水面上发生淤积，因此，沙波会向上游传播，故而被称为逆行沙垄。

5. 浅滩与深潭

浅滩与深潭是山区河床比降大时可能存在的一种特有现象。浅滩的流速大，而深潭的流速小。深潭和浅滩一般不会发生迁移。

二、沙波的几何尺寸

沙波的几何尺寸是指沙波的高度和长度。沙波的高度和波长通常随水力强度及沙波发展时间而变化[2-4]。虽然对沙垄尺度的研究较多[5-6]，但研究结果相差较大。必须注意的是，由于发展时间和泥沙输送的制约，野外的沙垄很少处于发展平衡状态，且沙垄的生长与衰退过程不同[7]。

对于沙垄的高度 Δ 和波长 λ，van Rijn[8] 提出计算公式如下

$$\frac{\Delta}{\lambda}=0.11\left(\frac{d_{50}}{h}\right)^{0.3}(1-e^{-0.5T})(25-T) \qquad (3-1)$$

$$\frac{\Delta}{\lambda}=0.015\left(\frac{d_{50}}{h}\right)^{0.3}(1-e^{-0.5T})(25-T) \qquad (3-2)$$

武汉水利电力学院根据水槽实验和野外实测资料得到如下公式[9]

$$\frac{\Delta}{h}=0.086Fr\left(\frac{h}{d}\right)^{1/4} \qquad (3-3)$$

第二节 堤岸的稳定性

堤岸可能因冲刷而崩塌，也可能因淤积而扩展，使其平面位置发生迁移。不管是河岸还是海岸的迁移，均可能会对附近水域的墩桩冲刷产生显著影响。

一、河道的稳定性

根据河道的形态及其演变规律，可将河道分为三种类型：顺直河道（顺直微弯型）、弯曲河道、分汊河道。

1. 顺直河道的稳定性

河流多为弯曲，顺直者在自然界很罕见。河道的弯曲率是其长度与直线距离之比，是衡量河道弯曲程度的指标。顺直河道的弯曲率为 1.0～1.3（图 3-2），不同的学者给出的划分标准有所不同[10-11]。顺直河道的形成主要受地质构造和基岩等制约，两岸组成物质的抗冲性较强，如非冲积河床、半冲积河床和可冲积的黏土，相对稳定而不易遭受破坏。此外，顺直河流的形成与河岸带的植被发育程度密切相关[12]。顺直河道在平原或山地都有分布，但平原区的顺直河道少，长度短。

图 3-2 顺直河道

2. 弯曲河道的稳定性

弯曲河道或分汊河岸的抗冲性小，是平原地区比较常见的河型，其弯曲率大于 1.5（图 3-3），如长江的上荆江为 1.7，下荆江为 2.84，南运河为 1.96，均属典型的弯曲河道。具有可动边界的顺直流路向曲流转化是必然的[13]。

图 3-3 弯曲河道

对于可冲刷的河道而言，在各种自然影响和地球偏转力的作用下，主流常会偏离河心而指向一边河岸，因冲刷而形成河湾；而上游河道一旦弯曲，下游水流便以之字形反复被折射，从而产生一连串河湾。在湾顶，因来水顶冲加剧冲刷而成深槽，水流出湾后分散，在两个相邻河湾之间的过渡段及湾顶的对岸发生泥沙沉积，形成河湾之间的浅滩和紧贴岸边的边滩。这样，深槽与浅滩交替分布，构成河道中的基本地貌。但在洪水期，由于主流走直,边滩泥沙向下游深槽推移,浅滩和深槽位置也可能随之向下游发展。因此,深槽、浅滩和边滩均不稳定,这对桩墩安全性带来不利影响。

3. 分汊河道的稳定性

河床中出现一个或几个江心洲,这种河道称为分汊河道(图 3-4)。分汊河道按其稳定性可分为相对稳定型和游荡型两大类。

(1) 稳定型汊道。江心洲的发育是稳定型汊道产生的地形标志。在洪水期由于水流往往居中走直,把凸岸伸出的边滩从根部切开而成为心滩,河道被分成两股而成双汊。江心洲两侧的汊道相对稳定,洪水退后,汊道因其比降较大而得到保持,有时洲头还因壅水作用使洪水泥沙淤落洲头,沙洲向上游伸展。这种汊道在我国的大河中分布较为普遍。

图 3-4 分汊河道

(2) 游荡型汊道。游荡型汊道是指河床中汊道密布,且汊道与汊道之间的洲滩经常发生位置和形态变化的河道,又称网状河道或辫状河道。其主要特点是:河汊密布,水系乱散,主支汊道的位置经常摆动,摆幅大且变化无常。

二、稳定性的判别

1. 河岸稳定性的判别

影响河岸稳定性的因素很多,从宏观上判别河段的河岸稳定性也存在很多方法。Rosgen[14] 认为河岸稳定性与河岸高度比 λ(河岸相对于最枯水位的高度与最大平滩水深之比)有关,当 $1 \leqslant \lambda \leqslant 1.05$ 时,河岸稳定性好;当 $1.05 < \lambda \leqslant 1.3$ 时,河岸为中度不稳定;当 $1.3 < \lambda \leqslant 1.5$ 时,河岸为不稳定;当 $\lambda > 1.5$ 时,河岸为极稳定。

从河流的游荡指标可大致评判其河岸的稳定性。对于冲积河流,钱宁等[15] 认为:当游荡指标 $\eta > 5$,为游荡型河流;$\eta < 2$,为非游荡型河流;$\eta = 2 \sim 5$,为过渡型河流。其中,游荡指标 η 的计算公式如下

$$\eta = \left(\frac{\Delta Q}{0.5 t Q_n}\right) \left(\frac{Q_{max} - Q_{min}}{Q_{max} + Q_{min}}\right)^{0.6} \left(\frac{hS_0}{d_{35}}\right)^{0.6} \left(\frac{b}{h}\right)^{0.45} \left(\frac{B}{b}\right)^{0.3} \quad (3-4)$$

式中:η 为游荡指标,1/d;h 为平滩流量下的平均水深,m;d_{35} 为床沙中以质量计35%较之为细的粒径,m;S_0 为比降;b 为历年最高水位下的水面宽度,m;B 为平滩流量下的水面宽度,m;ΔQ 为一次洪峰中的流量涨幅,m³/s;Q_n 为平滩流量,m³/s;Q_{max}、Q_{min} 分别为汛期最大日平均流量和最小日平均流量,m³/s;t 为洪峰历时,d。

Lane[16] 提出游荡型河流的临界方程为

$$\eta_L = 0.0041 Q_m^{-0.25} \quad (3-5)$$

系数 $\eta_L > 0.0041$ 的河流为游荡型河流,而弯曲型河流的临界方程为

$$\eta_L = 0.0007 Q_m^{-2.25} \quad (3-6)$$

系数 $\eta_L < 0.0007$ 的河流为弯曲型河流,介于两者之间的则为过渡未成型的河流。

2. 海岸稳定性的判别

同样的，海岸的稳定性会影响坐落在海岸线附近的桩墩稳定性。Johnson[17] 最早通过实验提出海滩剖面类型与波陡有关。通常，可用无因次沉速参数 $\Omega=H_b/(w_sT)$ 来判别海滩剖面的状态[18]。其中，w_s 为泥沙沉降速率；H_b 为破波波高；T 为波浪周期。海滩剖面状态根据 Ω 可分为三种情况：①$\Omega<1$ 时，滩面坡度较陡，海滩趋向于反射型；②$\Omega>6$ 时，滩面平缓，海滩趋向于消散型；③介于两者之间为过渡型海滩。砂村和堀川考虑了原始岸滩坡度的因素，通过实验资料的分析得出以下划分剖面类型的公式[19]

$$\frac{H_0}{L}=C(\tan\beta)^{-0.27}\left(\frac{D}{L}\right)^{0.67} \tag{3-7}$$

式中：H_0 为波高，m；L 为波长，m；D 为水深，m；β 为岸滩坡度因子。

根据上述参数 C 值可将海滩剖面的形成分为三类：①Ⅰ类：侵蚀型，$C\geq 8$，岸线后退，沉积物在离岸区堆积；②Ⅱ类：过渡型，$4\leq C<8$，沉积物在近岸区和离岸区堆积；③Ⅲ类：堆积型，$C<4$，沉积物在近岸区堆积，岸线淤进，离岸区侵蚀。

第三节　底床切应力与底床糙率

水流会对底床产生切应力，该底床切应力也是底床对水流运动产生的各种表面阻力和形状阻力的总和。它的大小决定了底床上泥沙颗粒是否运动，直接影响桩墩附近的冲刷强度。根据底床泥沙颗粒的稳定性不同，可分为定床切应力和动床切应力。动床切应力作用的底床泥沙颗粒发生运动，而定床切应力作用的底床泥沙颗粒静止不动。

底床切应力的大小直接取决于糙率系数。由于影响糙率系数的因素很多，且各因素之间往往相互作用，计算理论尚未完善，因此，糙率系数是水动力计算中一个最主要的不确定因素，常需要野外实测资料对糙率系数进行率定、验证。

对于河道水流，底床切应力 $\tau_0=\gamma RS_0$。河渠断面上的糙率系数 n 可采用一些经验方法进行估算，如可依据曼宁公式

$$n=\frac{1}{V}R^{2/3}S_0^{1/2} \tag{3-8}$$

式中：V 为平均流速，m/s；R 为水力半径或水深，m；S_0 为能坡，m/m。

如果式（3-8）中 V 为断面平均流速，R 为水力半径，则 n 是一维糙率系数，是一个综合值，往往反映的是沿河槽和（或）河滩的纵向河段上的综合水流阻力系数，反映了该河段的不同糙率单元，如河道弯曲率、断面的平面几何形态、底床的不平整度、底床和河岸河床质组成、植被及水工建筑物等对水流阻力的影响。对于综合糙率 n 的取值，Chow[20]、Henderson[21] 和 Streeter[22] 提出了一些指导方法。虽然对明渠水流的糙率系数进行了许多研究，但对于植被稠密覆盖底床的糙率的研究仍然有待深入开展。

水动力计算现在多采用二维或三维水动力模型，模型中的糙率应该是在相应的二维或三维概念基础上的糙率值，不同维数的水动力模型中已经不同程度地反映了各糙率单元的影响。因此，二维或三维水动力模型不应仍然采用一维糙率系数。理论上，一维糙率系数＞二维模型中的糙率系数＞三维模型中的糙率系数。

第三节 底床切应力与底床糙率

一、糙率单元及其糙率贡献值

不同的糙率单元对总糙率具有不同的贡献，总糙率是各糙率单元的贡献值之和。Aldridge 和 Garrett[23] 给出了河道中不同糙率单元的糙率贡献值（或称附加糙率）（表 3-1）。

表 3-1　　　　　　　　　不同糙率单元引起的糙率贡献值

河道条件	n 值	备　　注
堤岸不规则程度（n_1）		
均匀	0.000	均匀河道
轻微	0.001～0.005	河岸有轻微冲刷
中度	0.005～0.010	河岸有中度冲刷
剧烈	0.010～0.020	河岸被急剧冲刷
河道断面形状变化（n_2）		
渐进	0.000	河道断面形状和大小变化平顺
偶尔相间变化	0.001～0.005	大小断面偶尔相间出现，或主流偶尔相间从一侧流向另一侧
经常相间变化	0.010～0.015	大小断面经常相间出现，或主流常从一侧流向另一侧
阻水物体的影响（n_3）		
可忽略	0.00～0.004	很少且分散的阻水物体，所占面积小于断面面积的 5%，如泥石流沉积、树桩、暴露的树根、圆木、桥墩或孤石
轻微	0.004～0.020	分散的阻水物体所占面积为断面面积的 5%～15%
中度	0.020～0.030	分散的阻水物体所占面积为断面面积的 15%～50%
剧烈	0.030～0.150	分散的阻水物体所占面积大于断面面积的 50%
植被的影响（n_4）		
小	0.002～0.010	稠密软草其高度小于 1/2 平均水深。农作物的高度小于 1/3 平均水深
中	0.010～0.025	稠密软草其高度小于平均水深或 1/2 水深。农作物的高度小于 1/3～2/3 的平均水深。河岸上较稠密的 1～2 年的杨柳、灌木和农作物，河床没有植被，且水力半径大于 0.61m
大	0.025～0.050	稠密软草其高度等于平均水深。河岸上较稠密的 8～10 年的杨柳、灌木，河床没有植被，且水力半径大于 0.61m
很大	0.050～0.100	稠密软草其高度小于 1/2 平均水深。河岸上较稠密的 8～10 年的杨柳和灌木，中间有常年次生灌木，河床没有植被，且水力半径大于 0.61m
蜿蜒的影响因素（m）		
小	1.00	蜿蜒率大于 1.0 小于 1.2
适度	1.15	蜿蜒率大于 1.2 小于 1.5
剧烈	1.30	蜿蜒率大于 1.5

表 3-1 中糙率贡献值可能是动态变化的，各糙率单元的糙率贡献值计算方法如下。

1. 底床的基础糙率（n_b）

底床的基础糙率是底质对总糙率所产生的贡献值。不可冲积底床和可冲积底床的基础糙率变化规律不同。对于平整底床，可采用 Strickler 方程进行计算

$$n_b = \frac{d_{50}^{1/6}}{6.7\sqrt{g}} \tag{3-9}$$

或按 Manning – Strickler 方程进行计算

$$n_b = \frac{d_{50}^{1/6}}{26} \tag{3-10}$$

美国交通部的研究报告 HEC – 351 中推荐了此公式[24]。要特别注意的是，式（3-9）和式（3-10）仅适用于平整的底床。

对于不可冲刷河流，底床的基础糙率值可利用下式计算

$$n_b = Ck_s^{1/6} \tag{3-11}$$

式中：k_s 为有效表面糙率高度；C 为系数。

对于天然砂质底床，C 取 0.034，k_s 取床沙的中值粒径 d_{50}；对于卵石底床，C 取 0.034，k_s 取 d_{90}；对于宽级配床面，C 取 0.038，k_s 取床沙的 d_{90}。考虑到泥沙级配的影响，笔者建议采用 $k_s = \sigma_g^2 d_{50}$。

对于不便测量粒径的底床，底床的基础糙率值可参考表 3-2。

表 3-2　　　　　　　　　底床的基础糙率值

底床类型	底床的基础糙率值	底床类型	底床的基础糙率值
混凝土	0.011~0.018	砾石：中值粒径 2~64	0.024~0.035
岩石	0.025	卵石：中值粒径 64~256	0.030~0.050
坚硬土壤	0.020~0.032	顽石：中值粒径>256	0.040~0.070

对于可冲积底床，其床面会因为水力强度的增强而变得凸凹不平，基础糙率会随水力强度的变化而变化。在低能态区，底床形态可能是平整、沙纹和沙垄型；在高能态区，河床形态可能为平整的床面和沙浪型。如图 3-5 所示，河槽内不同底床形态相应的基础糙率变化规律不同。

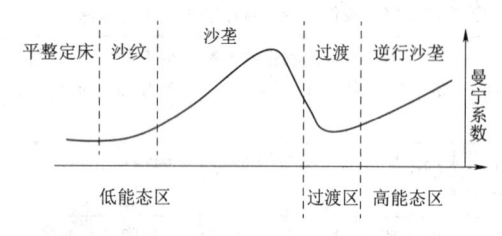

图 3-5　沙质河槽中底床形态与糙率

Brownlie[25] 根据大量的水槽实验和野外测量资料，分析得到低能态区的基础糙率为

$$n_b = 1.694 S_0^{0.1112} \sigma_g^{0.1605} d_{50}^{0.16} \left(\frac{R}{d_{50}}\right)^{0.1374} \tag{3-12}$$

高能态区的基础糙率为

$$n_b = 1.0213 S_0^{0.0395} \sigma_g^{0.1282} d_{50}^{0.16} \left(\frac{R}{d_{50}}\right)^{0.0662} \tag{3-13}$$

笔者[26]利用大量的水槽试验和野外观测资料分析得到底床基础糙率系数为

$$n_b = \frac{d_{50}^{1/6}}{6.7\xi\lambda\sqrt{g}} \tag{3-14}$$

第三节 底床切应力与底床糙率

其中

$$\xi = \begin{cases} 1 & h_b/d_{50} > 300\chi \\ \left(\dfrac{300\chi}{h_b/d_{50}}\right)^{0.1} & h_b/d_{50} \leqslant 300\chi \end{cases} \quad \chi = \ln(\theta/\theta_{cr}) \tag{3-15}$$

且对于低能态区

$$\lambda = -0.0044\chi^3 + 0.0661\chi^2 - 0.352\chi + 1.0 \quad 1 < \theta/\theta_{cr} < 250 \tag{3-16}$$

对于高能态区

$$\lambda = 0.0337\chi^3 - 0.4687\chi^2 + 1.916\chi - 1.644 \quad 7.5 < \theta/\theta_{cr} < 250 \tag{3-17}$$

其中，非黏性底床的临界希尔兹数为

$$\theta_{cr} = 0.056 - 0.033 e^{-0.0115 d_{gr}} + 0.1 e^{-0.25 d_{gr}} + e^{-2 d_{gr}} \tag{3-18}$$

如图 3-6 所示，静平整、沙纹和沙垄（低能态区）、动平整和逆行沙垄（高能态区）所遵循的水流阻力变化规律是不同的。

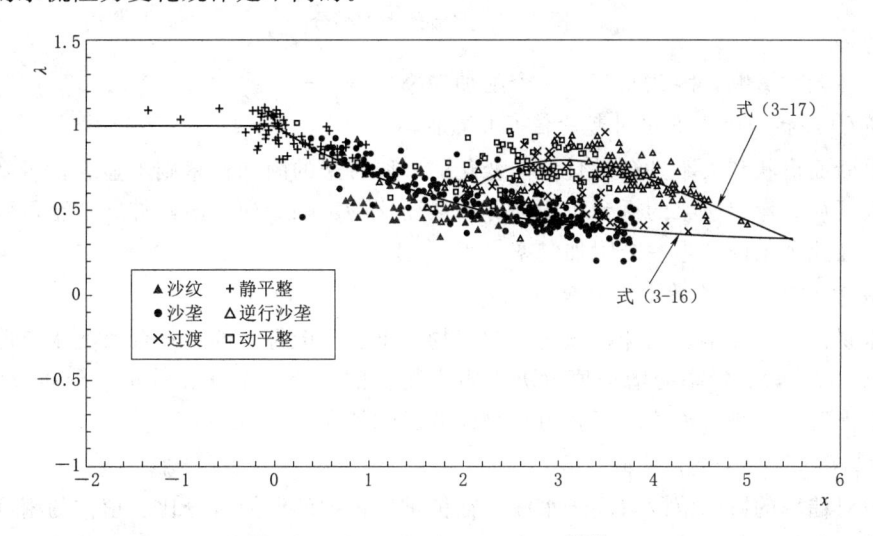

图 3-6 水流阻力的变化规律[26]

对于所对应能态的划分，如图 3-7 所示，可以表达为

$$1000 S q_*^{0.2} \sigma_g^{0.2} = \begin{cases} 0.241 d_{gr}^2 - 2.385 d_{gr} + 17.52 & d_{gr} < 14 \\ 3.805(d_{gr} - 14)^{0.2} + 30.44 & d_{gr} \geqslant 14 \end{cases} \tag{3-19}$$

式中：q_* 为无量纲单宽流量，$q_* = Q/\left[B\sqrt{(\gamma_s/\gamma - 1)g d_{50}^3}\right]$；$d_{gr}$ 为无量纲泥沙粒径，$d_{gr} = d_{50}[g(\gamma_s/\gamma - 1)/\nu^2]^{1/3}$。

因此，深度平均流速的计算公式为

$$U = 6.7\lambda \sqrt{g d_{50}} \left(\dfrac{h_b}{d_{50}}\right)^{2/3} S_0^{1/2} \tag{3-20}$$

需要注意的是，最难确定的是过渡区的基础糙率。在该水流范围内，糙率存在两个值，糙率的大小取决于洪水的涨落过程。但是，在自然界中这种高强度水流情况较少出现。

2. 堤岸不规则引起的糙率贡献值（n_1）

当宽深比较小时，堤岸的冲刷与崩塌、突出的丁坝和山岩，或沿岸暴露的树根可能会

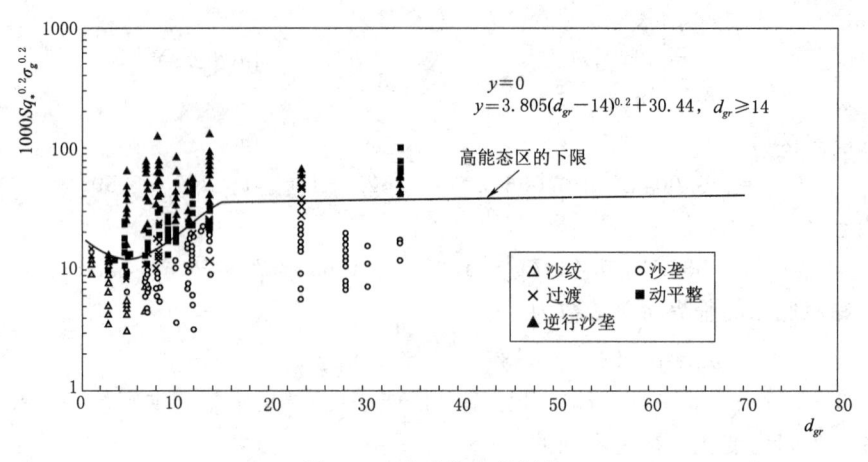

图 3-7 水流能态的划分

对糙率存在较大影响,因此而产生一个附加糙率(表 3-1)。

3. 断面形状和大小变化引起的糙率贡献值(n_2)

如果断面形状和大小是渐进且均匀变化的,所带来的附加糙率则不显著,否则,糙率变化较大,如急弯、桥梁的桥台、丁坝等突然变化的影响会向下游延伸,甚至可到几百米的范围,在此范围内产生一个附加糙率(表 3-1)。

4. 阻水物体引起的糙率贡献值(n_3)

阻水物体(如漂木、残株、顽石、漂浮物、梁和桥墩等)的存在会改变水流能态和增大糙率(表 3-1)。糙率的增加值取决于阻水物体的大小、形状、数量、分布及组合等,且受水流流速的影响。流速越高,阻水物体的影响越大。

5. 植被引起的糙率贡献值(n_4)

植被对糙率的影响范围取决于水深、被植被所占据的湿周百分比、植被的密度、植被的倒伏程度及植被与水流的交角等。表 3-1 中列举了河道宽深比较小的河道植被所对应的附加糙率值。当宽深比大、河床上无植被、河岸植被的影响较小时,糙率贡献值小于 0.005;如果河道相对较窄,河岸较陡且被周密植被覆盖,最大糙率贡献值可达 0.03。此外,植被引起的糙率贡献值可用植被-密度方法来计算。Petryk 和 Bosmajian[27] 提出用植被密度计算

$$n = n_0 \sqrt{1 + \frac{C_* \sum A_i}{2gAL}\left(\frac{1.0}{n_0}\right)^2 R^{4/3}} \quad (3-21)$$

其中

$$V_{egd} = \frac{\sum A_i}{AL} \quad (3-22)$$

式中:n_0 为不包括植被影响的基础糙率;C_* 为水流方向上植被的有效拖曳力系数;A_i 为河段上植被阻水的总迎水面积,m^2;g 为重力加速度,m/s^2;A 为过水断面面积,m^2;L 为河段的长度,m;R 为水力半径,m;V_{egd} 为断面上的植被密度。

因此,如果已知水流条件,则可反推植被密度

$$V_{egd} = \frac{C_* \sum A_i}{AL} = \frac{2g(n^2 n_0^2)}{1.49^2 R^{4/3}} \quad (3-23)$$

考虑到植被有效高度的影响,笔者[28]将方程(3-21)进一步完善为

$$V_{egd}=\frac{\sum A_i}{AL}=\frac{h_e\sum n_id_i}{hwl}$$ (3-24)

式中:n_id_i 为树木数目与直径乘积的总和,m;h 为河滩上的水深,m;h_e 为河滩上的有效树木高度,大于水深时取水深,小于水深时取树木高度,m;w 为样本面积的宽度,m;l 为样本面积的长度,m。

6. 河道分汊蜿蜒的影响系数（m）

河道蜿蜒的程度取决于河段的蜿蜒率,分汊和蜿蜒均会增加糙率,阻力计算时应考虑分汊和蜿蜒的附加糙率。

二、综合糙率的计算

对于河道综合糙率的计算,Cowan[29] 提出了经典的计算方法

$$n=m(n_b+n_1+n_2+n_3+n_4)$$ (3-25)

式中:n_b 为对于顺直、均匀河床的基础糙率;n_1 为河道平面不规则影响的糙率贡献值;n_2 为河道断面形状和大小变化影响的糙率贡献值;n_3 为河道中阻水物体影响的糙率贡献值;n_4 为植被影响的糙率贡献值;m 为河道弯曲、分汊的影响系数。

此外,也有学者按上述方法将河槽、河滩和河岸的糙率分开计算,分别得到河槽糙率 n_b、河滩糙率 n_p 和河岸糙率 n_w,然后利用河槽、河滩和河岸的湿周长度作为权重来计算河道的综合糙率 n,即

$$n=\frac{n_bL_b+n_pL_p+n_wL_w}{L_b+L_p+L_w}$$ (3-26)

式中:L_b 为河槽湿周;L_p 为河滩湿周;L_w 为河岸的总湿周长度。

对于海岸和湖泊水体的水力计算,一般采用二维或三维水动力模型,糙率主要是当地的底床基础糙率和植被影响的糙率贡献值的叠加,这种叠加可能不是线性的。由于糙率单元对水流影响的空间范围和程度目前尚不清楚,计算采用的糙率需要利用野外实测流速和水位资料进行率定、验证。

三、确定河道中河槽和河滩糙率的步骤和实例

为了进一步了解河槽和河滩糙率的确定方法,根据表 3-3 中假想断面的情况推求断面 2 上的综合糙率。

表 3-3　　　　　　　　确定河道中河槽和河滩糙率的步骤和实例

步骤	需要确定或计算项	确定因素的依据及其结果
		断 面 2
1	河段范围	从断面 1 和断面 2 的中间位置到断面 2 和断面 3 的中间位置
2	断面 2 的单元划分	水流在主槽中,无滩面水流,河槽由不同糙率的单元组成
3	河槽的类型	砂质型稳定河槽
	洪水时河槽条件	假设洪水时的河道条件与现有河槽条件相同
	可类比的河槽	无
4	糙率单元	①基岩;②河床组成的不同单元;③河段入口处河床上有孤石

续表

步骤	需要确定或计算项	确定因素的依据及其结果
5	糙率单元的划分	三个基本的单元：基岩带、砂带、砾石和卵石带
6	河床质类型和大小	基岩：轻微的不规则，最大突入水流高度约0.76cm； 砂：由砂分法确定其级配，得到中值粒径为0.80mm； 砾石和卵石：直接测量得粒径：50.8～205mm，中值粒径154mm
7	基础糙率	基岩：由表3-2查得0.035～0.050，取0.04； 砂：计算得0.025； 砾石和卵石：由表3-1查得0.030～0.050，因中值粒径较小，取0.030
8	单元的调整因素	无
9	糙率的权重	采用湿周作权重
10	权重和加权的糙率	基岩的湿周为3.04m，砂为9.14m，砾石和卵石为18.29m，因此，没有调整的糙率值为：$(0.1×0.040+0.3×0.025+0.6×0.030)/1.0=0.03$
11	对整个河槽进行糙率调整	河段入口处河床上的孤石，查表3-2，加0.002 河湾，查表3-2，加0.002 因此，$n=(n_b+n_1+n_2+n_3+n_4)m=(0.030+0.002+0+0.002+0)×1.0=0.034$
12	其他的类比河段	无
13	检查水流能态	不能提供足够的沙
断 面 3		
1	河段范围	从断面2和断面3的中间位置到断面3下游一倍河宽的位置
2	断面3的单元划分	存在漫滩水流。河槽由不同糙率的单元组成，单元1：水流通过河滩上树木；单元2：河槽水流；单元3：漫滩水流通过棉花地
河 槽 的 糙 率		
3	河槽的类型	坚硬的黏土型稳定河槽
3	洪水时河槽条件	假设洪水时的河槽条件与现有河槽条件相同
3	可类比的河槽	查看类似河槽，府河曾采用糙率0.026
4	糙率因素	沿岸的树木
5	糙率单元的划分	没必要
6	河床质类型和大小	坚硬的黏土
7	基础糙率	由表3-2查得0.020～0.030，取0.025
8	单元的调整因素	无
9	糙率的权重	不适应
10	权重和加权的糙率	不适应
11	对整个河槽进行糙率调整	阻水物体可忽略，沿岸的稀疏树木查表3-1，加0.002。 蜿蜒影响可以忽略，$m=1$。 因此，$n=(n_b+n_1+n_2+n_3+n_4)m=(0.025+0+0+0.003+0)×1.0=0.028$
12	其他的类比河段	查看类似河槽的照片，府河采用糙率0.026
13	检查水流能态	不适应

第三节 底床切应力与底床糙率

续表

步骤	需要确定或计算项	确定因素的依据及其结果
	河滩的糙率（单元1：树木）	
14	河滩的类型	轻微的不均匀，河滩上有硬质树木，无小草
	洪水时河滩条件	假设洪水时的河槽条件与现有河槽条件相同
	可类比的河滩	无
15	糙率的确定方法	使用植被密度法。需要确定边界糙率值
16	糙率单元的划分	没必要，河滩糙率单元均匀分布
17	糙率因素	树木为主，河滩表面不平整，存在一些阻水物体
18	基础糙率	由表3-2查得坚硬黏土的糙率为 0.020~0.030，取 0.025
19	单元的调整因素	非均匀性很小，河滩表面凸凹不平整，查表3-1得 0.005，存在暴露树根和分散的泥石流沉积物查表3-1得 0.004。 蜿蜒影响可以忽略，$m=1$
20	糙率 n_0	$n_0=(n_b+n_1+n_2+n_3+n_4)m=(0.025+0.005+0+0.004+0)\times1.0=0.034$
21	代表性采样区的植被密度	$V_{egd}=0.0115$
22	河滩单元1的糙率	$R=0.884\mathrm{m}, C^*=11.0$ $V_{egd}=0.0115$ $n=n_0\sqrt{1+V_{egd}C_*\left(\dfrac{1.0}{n_0}\right)^2\dfrac{1}{2g}R^{4/3}}$ $n=0.034\sqrt{1+0.0115\times11.0\times\left(\dfrac{1.0}{0.034}\right)^2\times\dfrac{1}{19.62}\times0.884^{4/3}}$
23	其他的类比河段	无
	河滩的糙率（单元3，棉花地）	
14	河滩的类型	轻微的不均匀，河滩上有完全生长好的棉花树
	洪水时河滩条件	假设洪水时的河槽条件与现有河槽条件相同
	可类比的河滩	无
15	糙率的确定方法	使用植被密度法。需要确定边界糙率值
16	糙率单元的划分	没必要，河滩糙率单元均匀分布
17	糙率因素	河滩表面不平整和植被
18	基础糙率	由表3-2查得坚硬黏土的糙率为 0.020~0.030，取 0.025
19	单元的调整因素	河滩表面中度凸凹不平整，查表3-1得 0.010，水流深度等于完全生长好的棉花树的高度，查表3-1得 0.040。 蜿蜒影响可以忽略，$m=1$
20	糙率 n_0	不适应
21	代表性采样区的植被密度	不适应
22	河滩单元3的糙率	$n=(n_b+n_1+n_2+n_3+n_4)m=(0.025+0.01+0+0+0.040+0)\times1.0=0.075$

第四节 底床的整体冲刷下切与淤积抬升

底床的整体冲刷下切与淤积抬升是一个大时间尺度的演变反映，是长时期内该区域底床在整体上发生普遍冲刷导致底床高程不断降低，或因不断淤积而使底床高程不断抬高。

一、底床的普遍冲刷

普遍冲刷（General Scour）是因区域水流、波浪的输沙能力长期得到提高而造成的底床普遍降低，是水力强度增加而发生的大范围冲刷。将"General Scour"翻译成"一般冲刷"也许不太妥当，"一般"反映的是程度，而此处的"General"反映的是范围。

对于河道，普遍冲刷来源于河道的自然弯曲蜿蜒迁移，是河道横向失稳引起的床面高程变化。如果桥位位于某个弯道附近，河流的弯曲蜿蜒迁移可能导致河床整体上升或下降。因此，该过程被视为泥沙冲刷的一个组成部分。因此，桥梁设计时需要论证河势是否稳定。

在沿海水域，潮汐汊道的不稳定性类似于河道横向迁移，从而影响汊道附近桥墩处河床高程的变化。一般而言，未经整治的河口（无防波堤的河口）不太稳定，容易发生更大和更频繁的横向位移。河口稳定性取决于沿岸泥沙输移的大小和变化、入射波、纳潮量、系统中的其他入口、附近的海岸结构等。

虽然整体下切是普遍冲刷持续发生的结果，但普遍冲刷过程的时间尺度较短，主要取决于洪水汇流（或波浪）的大小和历时。对于河流而言，其时间尺度从小流域的几个小时到大流域的几个星期不等；当河床高程长期（多年或几十年）下降时，这样的地貌变化过程称为底床退化，即河床发生长期的整体下切。例如，由于多沙河流上大型水库和引水工程的兴建，下游因下泄沙量减小而沿河段发生整体冲刷下切。

理论上讲，在计算普遍冲刷时，在给定初始条件和包含相关横截面的河段等边界条件下，需将含沙水流的水流连续性方程、动量方程和泥沙连续性方程通过数值方法求解。然而，这些数值模型的构建、率定和应用需要大量的现场信息。因此，发展基于半理论的快速估算方法来预测普遍冲刷是非常有意义的。

1. 仅考虑主槽的计算方法

该方法认为，极限冲刷深度往往发生在河道主槽中，当上游来清水时，主槽内流速大于床沙起动流速，河床发生冲刷，直到主槽流速小于起动流速时，冲刷才会停止。根据武汉水利电力学院编写的《河床演变及整治》中的计算方法，先推算出主槽内最大单宽流量

$$q_{max} = \frac{Q_c}{B_c}\left(\frac{h_{max}}{h_{pj}}\right)^{5/3} \tag{3-27}$$

式中：Q_c 和 B_c 分别为主槽通过的流量和主槽水面宽；h_{max} 为主槽内冲刷平衡后的极限水深；h_{pj} 为主槽平均水深。

对于无黏性床沙，河床表面泥沙颗粒的起动流速可用沙莫夫公式计算

$$V_c = 1.144\sqrt{gd\frac{\gamma_s - \gamma}{\gamma}}\left(\frac{H}{d}\right)^{1/6} \tag{3-28}$$

第四节 底床的整体冲刷下切与淤积抬升

或按张瑞瑾起动流速公式计算

$$V_c = \left(\frac{h}{d}\right)^{0.14}\left(17.6\frac{\gamma_s-\gamma}{\gamma}d+0.605\times10^{-7}\frac{10+h}{d^{0.72}}\right)^{1/2} \quad (3-29)$$

该式为我国相关规范的推荐公式，适用于黏性和非黏性泥沙。

然后，利用下式计算河道极限的冲刷深度

$$h_{\max}=\frac{q_{\max}}{V_c} \quad (3-30)$$

2. 按断面条块的计算方法

预测天然河道普遍冲刷深度时，需要考虑的因素之一是河道形态及其水流流态。例如，单一河槽的河流和辫状河应该分别对待。此外，对黏性泥沙（粉砂和黏土）和非黏性泥沙（砂和砾石）的处理方法应该不同。

该方法需要的基本数据有：河道几何断面形态、设计流量及其相关水深、河道糙率、河床质级配及其在覆盖层内的垂向分布。该方法的基本假设是平均流速等于泥沙起动流速，即对应于冲刷过程停止的时刻。

如图3-8所示，将河道断面划分为很多竖向条块，对每一个条块应用曼宁公式，因此，通过第i条块的流速则为

$$V_i=\frac{1}{n}h_i^{5/3}S_0^{1/2} \quad (3-31)$$

式中：V_i为第i条块的垂线平均流速，m/s；h_i为第i条块的水深，m；S_0为能坡。

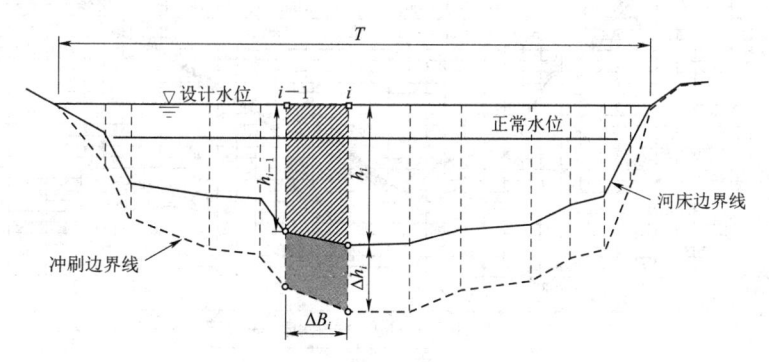

图3-8 天然河道中普遍冲刷计算的概念草图

假设在冲刷过程中，每个垂直条块的流量保持不变，即冲刷断面的宽度与原始断面相同，仅存在垂直变形。在冲刷达到平衡以后，通过第i条块的流速则为

$$V_{ei}=\frac{1}{n}h_{ei}^{5/3}S_0^{1/2} \quad (3-32)$$

式中：V_{ei}为达到冲刷平衡以后第i条块的垂线平均流速，m/s；h_{ei}为达到冲刷平衡以后第i条块的水深，m。

由式（3-31）和式（3-32）可得：$\Delta q_i=\Delta B_i\frac{1}{n}h_i^{5/3}S_0^{1/2}h_i=\Delta B_i V_{ei}h_{ei}$，整理得

$$V_{ei}=\frac{1}{n}\frac{h_i^{8/3}}{h_{ei}}S_0^{1/2} \quad (3-33)$$

对于冲刷平衡而言，自然界存在两种情况：一是上游来沙供应充沛、水体含沙量达到饱和，这种平衡是动平衡，即上游的持续来沙补偿了被冲刷的泥沙，因此可假设当河床达到冲刷平衡以后，每一个垂直条块中的水流流速会与维持河床上泥沙输移所需的平衡流速 V_e 相等；二是当上游来沙不饱和时，底床不断发生净冲刷，直至水流流速等于泥沙起动的临界流速 V_c。由能量损耗可知，维持河床上泥沙输移所需的平衡流速 V_e 大于泥沙起动的临界流速 V_c，两者之间的定量关系仍有待研究。从实际的角度来看，具体属于哪种情况取决于河道类型，基于泥沙起动临界速度者适用于河床质较粗（砾石、卵石、漂石）的河床，平衡速度概念更为合适于砂质河流。Farias 等[30] 采用了 Manning-Strickler、Brownlie、Karim-Kennedy、Peterson-Peterson、Farias-Pilan 等水流阻力公式与沙莫夫、美国联邦公路局（DoT-FWHA）、Maza-Echavarria、列维（Levi）、van Rijn、Lischtvan-Lebediev 的起动流速公式，分别对阿根廷的两条实测河流进行了分析计算（图 3-9、图 3-10），比较发现：Lischtvan-Lebediev 联合上述阻力公式计算的精度最高，其次是 Maza-Echavarria 的公式。这种分条块的计算方法除了上述两个假定外，还假定水流在冲刷前后的比降维持不变，即天然河道的变化中保持比降不变，每个断面的冲刷情况一样。

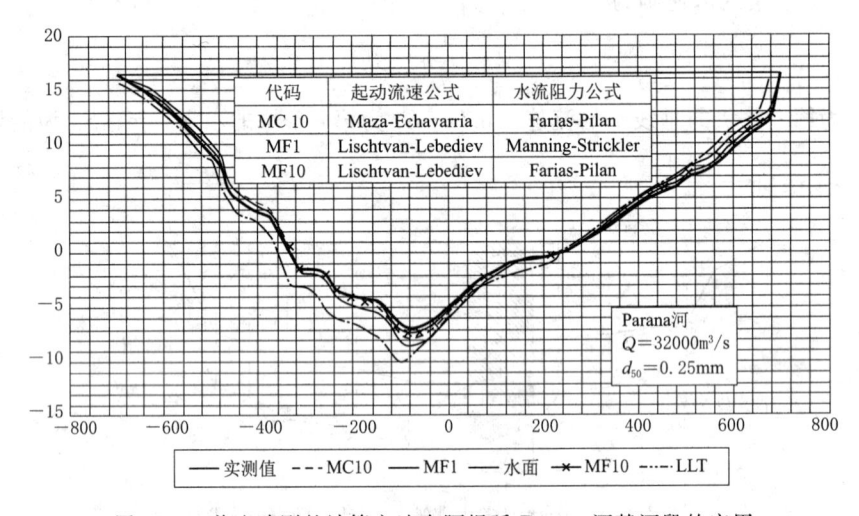

图 3-9 普遍冲刷的计算方法在阿根廷 Parana 河某河段的应用

以上是基于起动流速的普遍冲刷的计算方法。另外一种方法是基于泥沙的起动切应力，也同样存在两种不同的手段：

（1）主河槽计算方法：假设一个水深，计算主槽流量下的底床切应力，直至底床泥沙的起动切应力等于该水深下底床切应力的计算值，该水深即为普遍冲刷的极限水深，扣除原有水深即为普遍冲刷的极限冲刷深度。

（2）竖条分块计算方法：假设一个水位，将过水断面竖向划分为若干块，计算每一块的底床切应力，直至每一块底床泥沙的起动切应力等于该水深下底床切应力的计算值且过水断面流量达到设计流量，该水位对应的最大水深即为普遍冲刷的极限水深，扣除原有最大水深即为普遍冲刷的极限冲刷深度。

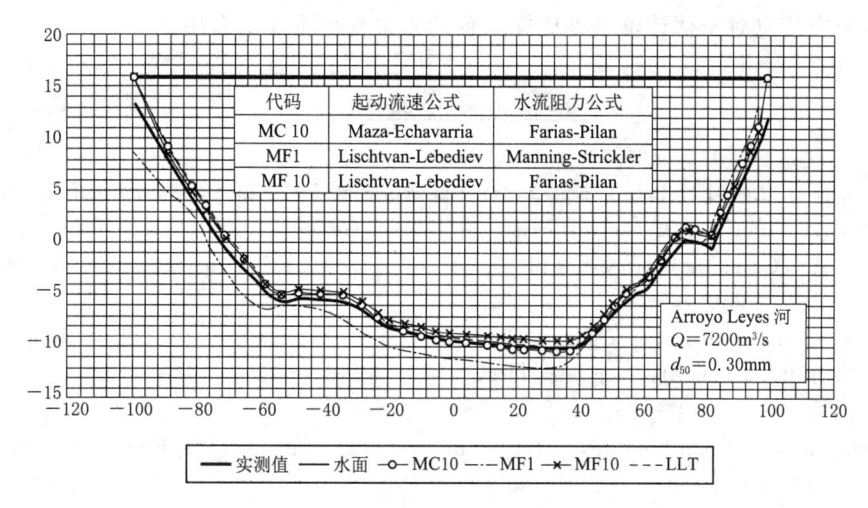

图 3-10 普遍冲刷的计算方法在阿根廷 Arroyo Leyes 河某河段的应用

对于过桥断面，基于底床切应力的普遍冲刷的极限深度计算公式为

$$h=\left[\frac{nQ}{W\sqrt{\theta_{cr}(\rho_s/\rho-1)D}}\right]^{3/7}-h_0 \tag{3-34}$$

式中：Q 为过水流量；W 为河槽宽度。

Froehlich 等[31] 考虑到非均匀沙床面的泥沙组成会随冲刷而变粗，建议底床泥沙的粒径 D 采用 $1.25d_{50}$ 或是建桥前床沙的 d_{85} 或 d_{90}。

同样的，上述方法均没有考虑主河槽位置及河岸位置的演变。另外，在计算过程中没有考虑边坡面的稳定性。事实上，随着河道的不断刷深，横断面上的坡度会不断增大，当某一条块的坡度大于底床泥沙的休止角时，底坡断面向会发生崩塌，从而影响邻近条块的稳定性，这种崩塌可能会首先发生于主槽边坡和堤岸边坡。

对于海床的普遍冲刷的极限深度，计算方法与上述类似，只是在底床切应力和泥沙起动切应力的计算中均需要考虑波浪、潮流的影响。

二、长期的整体淤积抬升

底床的整体抬升是底床发生普遍冲刷的反向情况，即来沙量长期大于本区域的水流输沙能力，本区域内发生不断淤积。任何改变河段泥沙供应的因素都会影响桥址处的河床高程，这些影响因素包括大坝的修建、上游流域特征的变化（如土地利用变化）、河道上游采砂等。对于堆积性河道，由于长期以来的泥沙淤积，河床整体抬高，建桥梁时桥下净空必须考虑河道淤积，否则会导致桥梁高度不足等问题。首先，河道的淤积会减少桥孔的泄洪能力，造成桥梁上游壅水程度增加，淹没面积扩大，过流情况与原桥梁设计计算得到的情况不同，洪水期桥梁的过流阻力增大，桥梁的受力增加。有坝引水工程和水库开始运行使用后，上游因堤坝对水位的抬高，库内和库尾会发生大范围的淤积；但随着上游坝前河段淤积的平衡，泥沙输往下游，因大量引水使下泄流量降低和相应的输沙能力降低，导致下游河段淤积。

潮汐水域中同样存在上述类似的过程，但由于水流和波浪边界的几何结构复杂、往复流动、气候的反复变化等，预测这些过程通常会遇到困难。有关该地点和影响该地区泥沙运动量的历史信息对于估计桩墩处底床高程的未来变化将非常有用。

参考文献

[1] Anthony D, Leth J O. Large-scale bedforms, sediment distribution and sand mobility in the eastern North Sea off the Danish west coast [J]. Marine Geology, 2002, 182 (3): 247-263.

[2] Yalin M S. Geometrical properties of sand waves [J]. Journal of the Hydraulics Division, 1964, 90 (5): 105-119.

[3] Ashley G M. Classification of large-scale subaqueous bedforms: A new look at an old problem - SEPM bedforms and bedding structures [J]. Journal of Sedimentary Petrology, 1990, 60: 160-172.

[4] Bradley R W, Venditti J G. Reevaluating dune scaling relations [J]. Earth-Science Reviews, 2017, 165: 356-376.

[5] Fredsoe J. Shape and dimensions of stationary dunes in rivers [J]. Journal of Hydraulic Engineering, 1982, 108 (8): 932-947.

[6] Reesink A J H, Parsons D R, Ashworth P J, et al. The adaptation of dunes to changes in river flow [J]. Earth-Science Reviews, 2018, 185: 1065-1087.

[7] Martin R L, Jerolmack D J. Origin of hysteresis in bed form response to unsteady flows [J]. Water Resources Research, 2013, 49 (3): 1314-1333.

[8] van Rijn L C. Sediment transport, Part Ⅲ: bed forms and alluvial roughness [J]. Journal of Hydraulic Engineering-ASCE, 1984, 110: 1733-1754.

[9] 武汉水利电力学院河流泥沙工程学教研室. 河流泥沙工程学 [M]. 北京: 水利电力出版社, 1981: 24-27.

[10] Galay V J, Kellerhals R, Bray D I. Didersity of river types in Canada [C]. in: Fluvial Processes and sedimentation, 9th Canading Hydrology Symposium, 1973: 217-293.

[11] Rust B R. A classification of alluvial channel systems [C]. in A. D. Miall (ed.): Fluvial sedimentology, Can. Soc. Petrol. Geol. Mem, 1978: 187-198.

[12] Brice G C. Channel pattern and terraces of the Loup Rivers in Nebraska [R]. U. S. Geol. Survey Prof. Paper, No. 422-D, 1964: 41.

[13] 倪晋仁. 不同边界条件下河型成因的试验研究 [D]. 北京: 清华大学, 1989.

[14] Rosgen D L. A stream channel stability assessment methodology [C]. In: Proceeding of 7th International Sedimentation Conference, Reno, Nevada March, 2001.

[15] 钱宁, 张仁, 周志德. 河床演变学 [M]. 北京: 科学出版社, 1987: 584.

[16] Lane E W. A study of the shape of channels formed by natural streams flowing in erodible material [R]. M. R. D. Sediment Series No. 9, U. S. Army Engineering Division, Missouri River, Corps of Engineers, 1957.

[17] Johnson J W. Scale effects in hydraulic models involving wave motion [J]. Transactions, American Geophysical Union, 1949, 30 (4): 517.

[18] Wright L D, Short A D. Morphodynamic variability of surf zones and beaches: A synthesis [J]. Marine Geology, 1984, 56 (1-4): 93-118.

[19] 严恺. 海岸工程 [M]. 北京: 海洋出版社, 2002.

[20] Chow V T. Open channel hydraulics [M]. New York: McGraw-Hill, 1959.

[21] Henderson F M. Open channel flow [M]. New York: The Macmillan Company, 1966: 522.

[22] Streeter V L. Unsteady flow calculations by numerical methods [J]. Pipe Flow, 1971, 94 (2): 457.

[23] Aldridge B N, Garrett J M. Roughness coefficients for streams in Arizona [R]. U. S. Geological Survey Open–File Report, 1973: 87.

[24] Department of Transportation. Evaluating scour at bridges [R]. Hydraulic Engineering Circular No. 18, report FHWA–IP–90–017, Federal Highway Administration. Washington, DC, USA, 1993.

[25] Brownlie W. Flow depth in sand–bed channels [J]. Journal of Hydraulic Engineering, 1983, 109 (7): 959–990.

[26] Yu G, Lim S. Modified manning formula for flow in alluvial channels with sand–beds [J]. Journal of Hydraulic Research, 2003, 41 (6): 597–608.

[27] Petryk S, Bosmajian G. Analysis of flow through vegetation [J]. Journal of the Hydraulic Division, 1975, 101 (7): 871–884.

[28] 赵东梁, 刘毅, 喻国良. 新型浮式植物体消浪试验 [J]. 水运工程, 2015, 8: 48–54.

[29] Cowan W L. Estimating hydraulic roughness coefficients [J]. Agricultural Engineering, 1956, 37 (7): 473–475.

[30] Farias H D, Pilan M T, Galvan L, et al. General scour in alluvial channels [J]. Theory and Applications. https://www.academia.edu/6552516/General_Scour_in_Alluvial_Channels._Theory_and_Applications.

[31] Froehlich, David C. Armor–limited clear–water contraction scour at bridges [J]. Journal of Hydraulic Engineering, 1995, 121 (6): 490–493.

第四章 过桥断面的流量和水位

在建桥前，必须认真研究计算桥位处各特征频率对应的洪峰流量，应分别弄清在设计洪峰流量下建桥前后桥位处的水位，探明洪水位对桥梁的影响及回水对上游的影响，包括在设计洪水下河道的行洪能力、流速分布、壅水淹没情况等。

第一节 河道的水位-流量关系曲线

水位-流量关系曲线是描述河道内水面高程与流量的变化关系。确定水位-流量关系曲线的方法有经验法和数值计算法。经验法包括能坡法和通用能量方程法（又称步进法）。

一、能坡法

采用能坡法计算水位-流量关系曲线的过程如下：

（1）选择一个假设的起始水深且画出该水深对应的过水断面，并依据糙率单元和地形变化将过水断面竖向划分为若干条块。

（2）计算面积、湿周、每个淹没单元的加权糙率。

（3）根据每一竖向分块的糙率、面积、湿周和能坡，利用曼宁公式计算该条块的流量。

（4）累计过水断面上每一条块的流量得到总流量。

（5）假设新的河槽水深，重复上述步骤，直到堤顶的水位为止。

（6）依据计算得到的水位和相应的流量值点绘水位-流量关系曲线。

河槽中均匀水流的流量计算公式为

$$Q = \frac{1}{n} A R^{2/3} S_0^{1/2} \tag{4-1}$$

式中：Q 为流量，m³/s；A 为水流断面面积，m²；R 为水力半径，m；S_0 为水力坡度；n 为曼宁糙率。

值得注意的是，均匀水流的曼宁公式是基于能坡线的坡度（即水力坡度），该坡度通常对应于河槽的平均坡度。然而，对于河流的某些河段，这两个坡度在洪水期可能差别较大。

在确定水位-流量关系曲线时，除检查其是否合理外，还必须仔细检查水位-流量图中是否具有如图 4-1 中的断面所示的"之"字特征，即计算流量随相应的水位或水深的增加反而减小。如果某一位置糙率发生较大变化，出现"之"字特征的原因可能是不适当的断面划分。此时，水深的微增长引起断面面积的微小增长，但湿周却增长很大，水力半径反而会减小，因此，使用较小的水力半径和稍微大一点的断面面积计算的流量将低于以前水深较浅时的流量。为了避免出现这种不合理的现象，应该将过水断面划分得更细，获得更多的竖向条块。通常，断面上的糙率和几何形态发生变化的地方要划分两个不同的条块。

需再次特别强调的是，在河滩较宽的复式河道中，当水流上滩时由于主槽和滩地上水流的相互作用，或因糙率的突然增大，河道的过流能力反而会减小，这样会出现如图

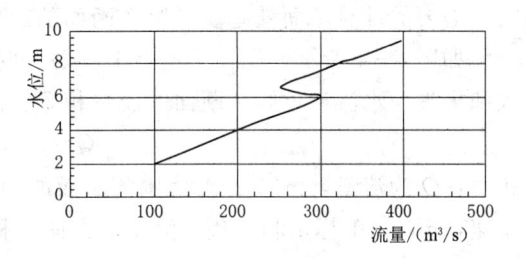

图 4-1 出现"之"字特征的水位-流量关系曲线

4-1中的"之"字现象；对于单一河槽，也可能是因为糙率的反复变化。如前所述，如黄河等河流当流量增大时，河床反而变得平整，输沙能力显著增强，此时底床糙率反而变小而导致流速增大，水位增长慢，甚至出现水位降低的情形。

然而，条块划分太多也会产生一些问题。图4-2展示了在划分中通常会产生问题的另一种断面形态，其主河槽水深（y_{max}）大于漫滩边沿处的水深（y_b）的两倍。由此可见，条块的合理划分非常重要。

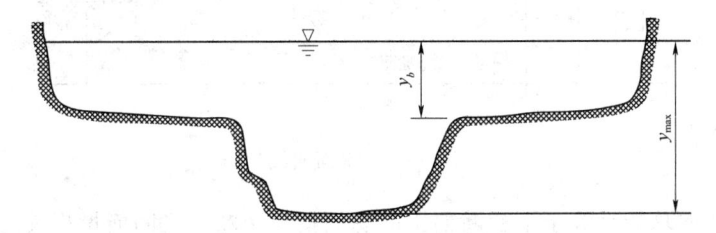

图 4-2 可能出现条块划分问题的过水断面

如图4-3所示，过水断面的分块主要是按几何形态的主要转折点来进行，但当糙率发生较大变化时，则应进一步按糙率单元细分。对于基本上为矩形、梯形、半圆形和三角形的部位都不必再细分，因为水流在这些基本形状内大致是均匀的。

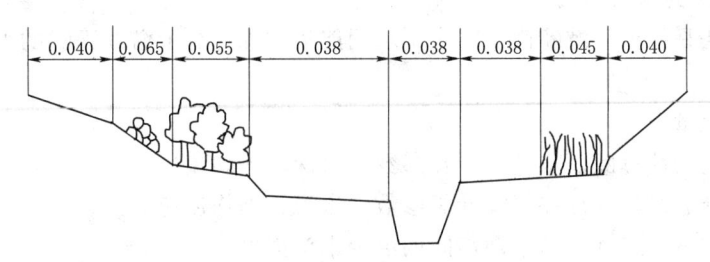

图 4-3 根据断面几何形态和糙率变化划分单元

二、通用能量方程法

通用能量方程法，有时又称标准步进法，它是利用能量方程逐步计算河道的水面曲线。当河槽断面形态或糙率分布非常不规则，或水工建筑物影响回水时，可采用该方法计算水位-流量关系曲线。

通用能量方程法至少要有三个计算断面。断面数取决于河段的不规则性，河段越不规

则，需要的计算断面就越多。整个断面的地形测量和糙率的评估要有系统性和一致性。

如图 4-4 所示，先在河道上下游划分两个断面①和②，两个断面之间没有流量的汇入和损失，水流通过两个断面的流量相等。因此，相应的连续方程为

$$Q = A_1 V_1 = A_2 V_2 \tag{4-2}$$

式中：Q 为流量，m^3/s；A 为水流断面的面积，m^2；V 为垂直流过过水断面的断面平均流速，m/s；下标 1 和 2 代表沿水流方向的相邻两断面。

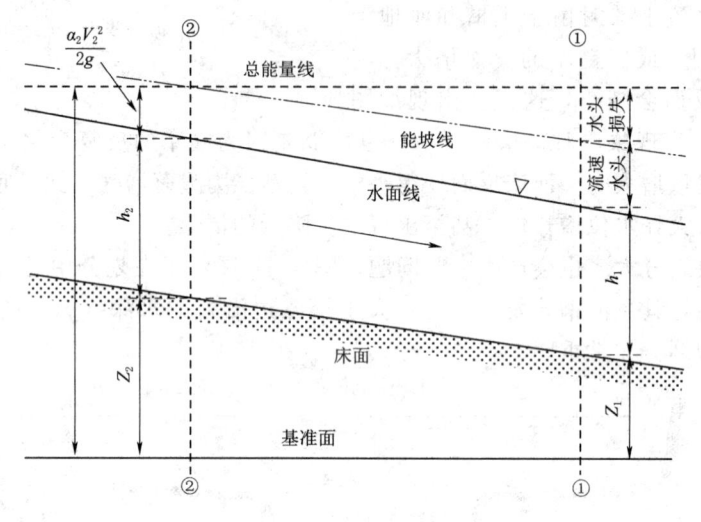

图 4-4 水面曲线

上游断面②的总能量等于下游断面①的总能量与两断面之间能量损失之和，其相应的能量方程为

$$Z_2 + h_2 + \frac{\alpha_2 V_2^2}{2g} = Z_1 + h_1 + \frac{\alpha_1 V_1^2}{2g} + h_f + h_c \tag{4-3}$$

式中：Z 为河床的水位，m；h 为水深，m；α 为动能修正系数；V 为平均流速，m/s；h_f 为上游到下游的水头损失，m。

能量方程法是根据下游断面①的水位利用能量方程计算上游断面②的水位，具体计算步骤如下：

(1) 给出流量。

(2) 给出初始计算断面①及其计算参数：水深、平均流速等。

(3) 假设断面②的水深并以此计算参数：水深、平均流速等。

(4) 采用如下公式计算两个断面间的沿程水头损失

$$h_f = \left(\frac{Q}{K_{ave}}\right)^2 L \tag{4-4}$$

其中

$$K_{ave} = \frac{K_1 + K_2}{2} \tag{4-5}$$

(5) 计算动能修正系数 K_1 和 K_2

$$K_1 = \frac{A_1 R_1^{2/3}}{n}, \quad K_2 = \frac{A_2 R_2^{2/3}}{n} \tag{4-6}$$

(6) 计算断面收缩和扩张损失

$$h_c = K_c \frac{\Delta V^2}{2g} \tag{4-7}$$

式中：对渐进式收缩，$K_c=0.1$；对突然式收缩，$K_c=0.3$；对渐进式扩张，$K_c=0.3$；对突然式扩张 $K_c=0.7$。

(7) 检查能量方程两边是否达到平衡

$$L = Z_2 + h_2 + \frac{\alpha_2 V_2^2}{2g} \tag{4-8}$$

$$R = Z_1 + h_1 + \frac{\alpha_1 V_1^2}{2g} + h_f + h_c \tag{4-9}$$

如果 $L=R$ 在容许误差范围之内，则假设水深为在断面①的计算水深。否则，回到步骤 (3)，假设不同的水深，重新计算到步骤 (7)。

(8) 确定过水断面的临界水深，并利用迭代法计算均匀水深。当计算水深大于临界水深时，水流为急流。对于急流，计算应该从上游断面向下游断面进行。

(9) 将步骤 (7) 的计算水深作为下游水位，下一个上游断面为断面②，重复以上步骤 (2)~(7)。

(10) 重复以上步骤，直至所有断面计算完毕。

第二节 过桥水力的计算

过桥水流往往非常复杂，通过桥梁的水力计算应根据过桥水流形式不同，分别按如下几种情况进行计算。

一、低水位通过

低水位通过是指水流从桥跨下以明渠流通过，此时的水面最高点比桥弦下缘的最高点低，属于无压明渠流。在桥梁的水力计算时，首先应该利用动量方程来判别水流的流态，即计算进出桥梁上下游两个断面的正常水深，将其中动量大的断面作为控制断面（即水流收缩最严重的断面）。如果两个断面的动量相同，则将桥梁的上游断面作为控制断面。然后，将控制断面在临界水深条件下的动量与桥梁下游（桥梁上游为急流）的水流动量进行比较，如果下游的动量大，则水流为缓流，定义为 A 型低位通过；如果下游的动量小，桥梁对水流的压缩将使得水流经过临界水深，在桥梁下游一定距离发生水跃，定义为 B 型低位通过；如果下游的动量小，水流经过桥梁时全部以急流形式通过，则定义为 C 型低位通过。不同的水流通过流态，其阻力与能耗不同，因此，水力计算方法也不一样。

（一）A 型低位通过情形

此时通过桥梁的水流完全是缓流，其水深大于临界水深。通过扩散段（断面 2 到断面 1）的能量损失包括摩擦损失和扩散损失。摩擦损失水头为流量加权平均的水力坡度乘以断面 2 到断面 1 之间的流量加权平均的河段长度。通过收缩段（断面 4 到断面 3）的能量损失包括摩擦损失和收缩损失。断面 4 到断面 3 之间的摩擦损失和收缩损失计算方法与断面 2 到断面 1 之间的摩擦损失和扩散损失的计算方法相同。

如图 4-5 所示，断面 3 到断面 2 之间的能量损失可采用如下三种方法计算：能量方程法、动量平衡计算法以及 Yarnell 公式法[1]。

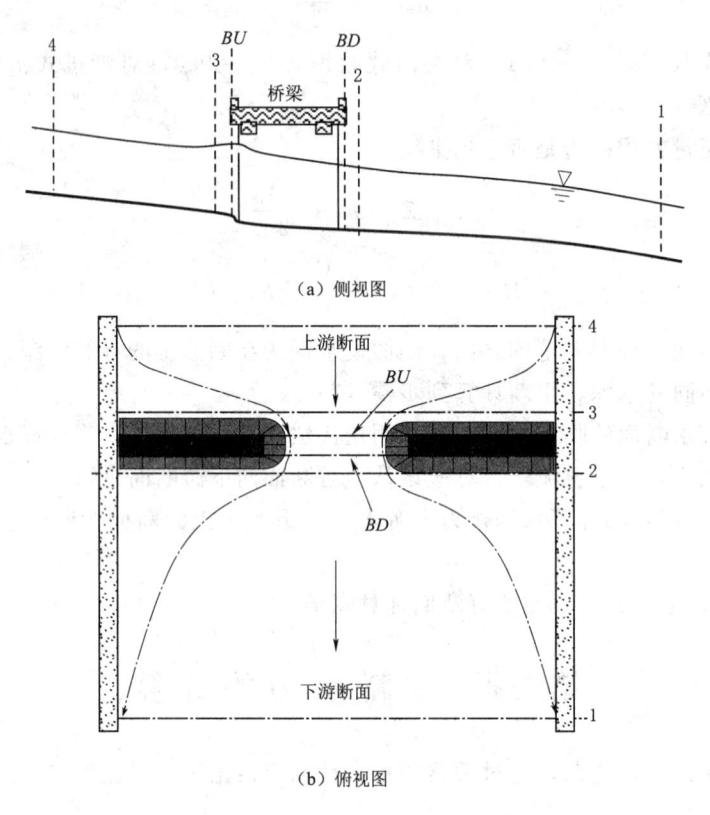

(a) 侧视图

(b) 俯视图

图 4-5　桥梁附近的 4 个过水断面

1. 能量方程法

能量方程法是将桥梁断面当作河道中的一个过水断面，不同的是应将总面积减去水面以下的桥梁面积，而湿周因为水与桥梁建筑物接触而得到增加。为将桥梁的几何尺寸与断面 3 和断面 2 处的水下地形相结合，引入了桥梁内的两个过水断面，即图 4-5 所示的桥梁上游断面 BU 和桥梁下游断面 BD。计算顺序为：从下游断面 2 到断面 BD，然后再从断面 BD 计算到断面 BU，最后从断面 BU 计算到断面 3。

2. 动量平衡计算法

动量平衡计算法是基于断面 3 到断面 2 之间的动量平衡计算，可分为三步。第一步是计算断面 3 到桥下断面 BD，其动量方程如下

$$A_{BD}H_{BD}+\frac{\beta_{BD}Q_{BD}^2}{gA_{BD}}=A_2H_2-A_{p2}H_{p2}+\frac{\beta_2 Q_2^2}{gA_2}+F_f-W_x \tag{4-10}$$

式中：A_2、A_{BD} 分别为断面 2 和断面 BD 的有效过水面积；A_{p2} 为下游侧的桥墩阻水面积；H_2、H_{BD} 分别为断面 2 和断面 BD 的水面到其过水面积 A_2、A_{BD} 的重心之间的垂直距离；H_{p2} 为水面到桥墩下游侧的湿周所围面积的重心之间的垂直距离；β_2、β_{BD} 分别为断面 2 和断面 BD 的流速加权系数；Q_2、Q_{BD} 分别为断面 2 和断面 BD 的流量；g 为重力

加速度；F_f 为摩擦力；W_x 为水流方向的水体重力的分力。

第二步是计算桥下断面 BD 到 BU 的动量平衡，方程如下

$$A_{BU}H_{BU}+\frac{\beta_{BU}Q_{BU}^2}{gA_{BU}}=A_{BD}H_{BD}+\frac{\beta_{BD}Q_{BD}^2}{gA_{BD}}+F_f-W_x \tag{4-11}$$

最后一步是计算桥下断面 BU 到断面 3 的动量平衡，方程如下

$$A_3H_3+\frac{\beta_3Q_3^2}{gA_3}=A_{BU}H_{BU}+\frac{\beta_{BU}Q_{BU}^2}{gA_{BU}}+A_{p3}H_{p3}+\frac{1}{2}C_D\frac{A_{p3}Q_3^2}{gA_3^2}+F_f-W_x \tag{4-12}$$

式中：C_D 为绕桥墩水流的拖曳力系数，其大小与雷诺数有关，可查阅相关资料获得。

3. Yarnell 公式法

Yarnell[1] 基于 2600 组反映桥墩形式、宽度、长度、水流攻角以及流量等因素影响的实验资料分析得到了一个用于计算水流通过桥梁在进出断面 2 到断面 3 之间产生的水位差公式如下

$$H_{3\text{-}2}=2K(K+10\omega-0.6)(\alpha+15\alpha^4)\frac{V_2^2}{2g} \tag{4-13}$$

式中：$H_{3\text{-}2}$ 为断面 3 到断面 2 之间的水位差；K 为 Yarnell 的桥墩形态系数；ω 为断面 2 处流速水头与水深的比值；V_2 为断面 2 处的流速；α 为桥墩阻塞面积除以总无障碍面积。

值得指出的是，计算得到的上游水面高程仅为下游水面高程加上 $H_{3\text{-}2}$。在已知上游水面的情况下，上游断面（断面 3）相应的流速水头和能量高程则可求得。此外，Yarnell 公式对桥墩形状（K 系数）、桥墩阻塞面积和水流速度敏感。该方法对桥孔形状、桥台形状或桥梁宽度不敏感。由于这些局限性，Yarnell 方法仅适合于能量损失主要是由桥墩造成的情况。

(二) B 型低位通过情形

B 型低位通过的情况可能发生于缓流，也可能出现于急流。对于缓流情况，能量方程法或动量平衡计算法均可用于计算上游断面 3 的水位（水深大于临界水深）和下游断面 2 的水位（水深小于临界水深）。对于急流情况，桥梁将上游水面高程控制在临界水深之上。能量方程法或动量平衡计算法均可以用于计算大于临界水深的上游水面和小于临界水深的下游水面。值得注意的是，计算过程中需要检查判别水流的流态，急流和缓流的计算方法是不同的。

(三) C 型低位通过情形

当水流为完全急流，以 C 型低位的形式通过桥梁时，无法采用一个经验公式计算流量与水位，桥梁附近的水面线计算需利用一维、二维甚至三维模型求解。对于一维模型，Brunner 和 Hunt[2] 利用美国的实测资料对 HEC-RAS[3]、HEC-2[4] 和 WSPRO[5] 模型进行检验发现：这三个模型计算出的水面线精度都较好，且每个模型的性能相当。下面就 WSPRO 模型进行介绍。

WSPRO 模型利用求解能量方程来计算水流通过桥梁的水面线，计算要求用户输入至少四个如图 4-6 所示的横断面，即过水断面 4、断面 3F、断面 3 和断面 1。断面 4、3F 和 1 为全河道断面，而断面 3 为桥孔断面。断面 2 表示计算中的附加控制位置，但不需要数据。假设断面 2 与断面 3 相同，除非用户为该位置单独输入断面。

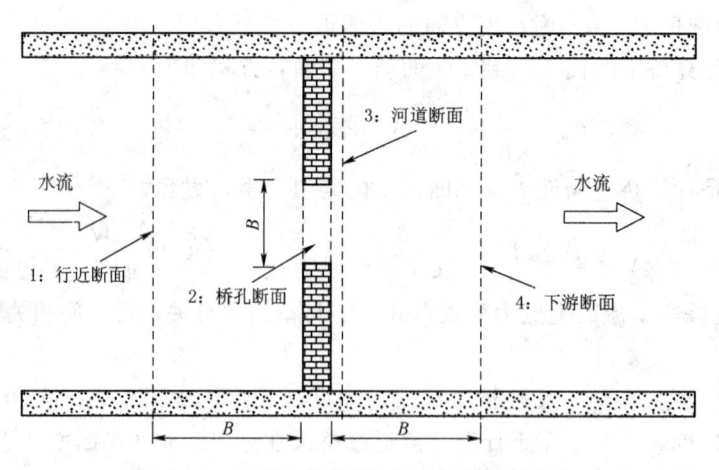

图 4-6 WSPRO模型的过水断面位置设定

WSPRO模型首先通过执行从断面4（下游断面）到断面3F（全河道断面）的标准步进计算，然后从断面3F到断面1（行近断面）的标准步进计算，计算无桥梁的水面线。然后，计算有桥梁的水面线。在此情况下，能量平衡计算从断面4到断面3（桥孔断面），然后从断面3到断面2，最后从断面2到断面1。从下游到行近断面的总能量方程为

$$h_1 + \frac{V_1^2}{2g} = h_4 + \frac{V_4^2}{2g} + h_{L(1-4)} \tag{4-14}$$

式中：h_1 为断面1处水面高程；V_1 为断面1处的流速；h_4 为断面4处的水面高程；V_4 为断面4处的流速；$h_{L(1-4)}$ 为断面1到断面4的能量损失。

从断面1到断面4河段的能量损失等于从断面1到断面4河段的摩擦损失和从断面3到断面4河段的扩大损失。损失的增量计算如下：

1. 从断面3到断面4

能量损失包括摩擦损失和扩大损失。摩擦损失是几何平均摩擦坡度乘以断面3到断面4之间的直线距离（图4-6中的距离B）。断面3到断面4的摩擦损失的计算公式为

$$h_{f(3-4)} = \frac{BQ^2}{K_3 K_4} \tag{4-15}$$

式中：K_3 及 K_4 分别为断面3及断面4的总输送量。从断面3到断面4的扩大损失由以下公式计算

$$h_e = \frac{Q^2}{2gA_4^2}\left[2\beta_4 - \alpha_4 - 2\beta_3\left(\frac{A_4}{A_3}\right) + \alpha_3\left(\frac{A_4}{A_3}\right)^2\right] \tag{4-16}$$

式中：α 和 β 分别为非均匀流的能量和动量修正系数。α_4 和 β_4 的计算如下

$$\alpha_4 = \frac{\Sigma\left(\dfrac{K_i^3}{A_i^2}\right)}{\dfrac{K_T^3}{A_T^2}} \tag{4-17}$$

$$\beta_4 = \frac{\sum\left(\dfrac{K_i^2}{A_i}\right)}{\dfrac{K_T^2}{A_T}} \qquad (4-18)$$

α_3 和 β_3 与桥梁几何结构有关，定义如下

$$\alpha_3 = \frac{1}{C^2} \qquad (4-19)$$

$$\beta_3 = \frac{1}{C} \qquad (4-20)$$

式中：C 为桥梁的经验流量系数[6]。

2. 从断面 2 到断面 3

从断面 2 到断面 3 段（通过桥梁）的能量损失仅为摩擦损失。下列方程式用于计算摩擦损失

$$h_{f(2-3)} = L_{(2-3)} \left(\frac{Q}{K_3}\right)^2 \qquad (4-21)$$

式中：$L_{(2-3)}$ 为桥段之间的距离；K_3 为桥内断面 3 处的输送量。

3. 从断面 1 到断面 2

从断面 1 到断面 2 的能量损失仅为摩擦损失。摩擦损失的计算公式如下

$$h_{f(1-2)} = \frac{L_{av} Q^2}{K_1 K_c} \qquad (4-22)$$

式中：L_{av} 为桥台河段的有效流长；K_c 为桥内输送量的最小值。有效流长计算可以取为 20 个输水流管的平均长度[5]。

二、压力流和堰流的计算

当水位很高、流量很大，水流通过桥梁时已经完全受阻，形成如图 4-7 和图 4-8 所示的情况，桥梁上游的水面已经高于桥梁下弦的最高点。此时的水力计算可以用能量方程法或使用有压孔口出流法和堰流法。

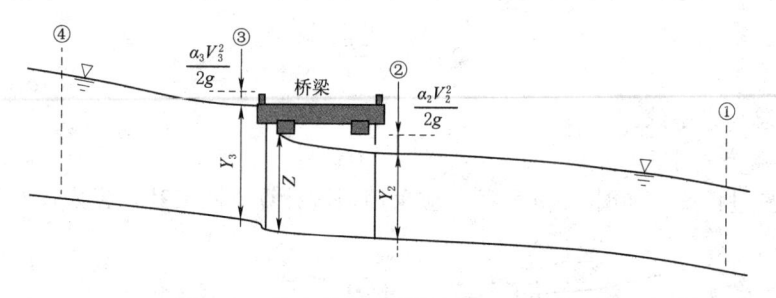

图 4-7 高水位通过桥梁的有压孔口过流

1. 有压孔口出流法

一旦水流与桥梁上游面接触出现孔口出流，计算必须分清两种孔口出流的情况：第一种是仅有桥梁的上游面与水流接触（图 4-7），第二种是整个桥梁都被淹没（图 4-8）。在计算过程中，一定要对水面线属于第一种情况还是第二种情况进行计算判别。当计算得

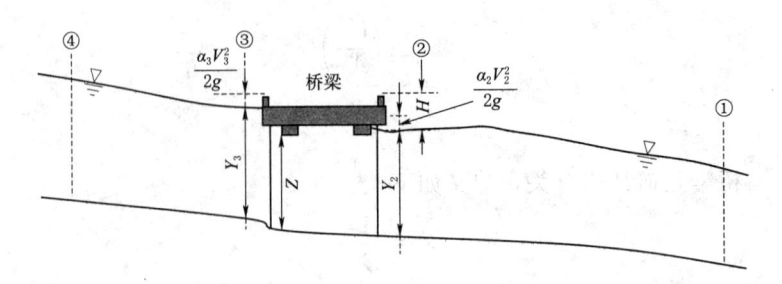

图 4-8 高水位通过的一种情形：全淹没的有压孔口过流

到的能坡线高于桥梁上游侧的最大下弦高度时，计算过程中应该检查压力流的可能性。

对于第一种情况，采用闸孔出流的计算公式

$$Q=C_d A_{BU}(2gH_3-gZ+\alpha_3 V_3^2)^{1/2} \qquad (4-23)$$

式中：Q 为通过桥孔的总流量；C_d 为有压孔口过流的流量系数；A_{BU} 为断面 BU 出桥孔的净过水面积；H_3 为断面 3 的水深；Z 为断面 BU 处桥梁下弦的最高点到平均床面的垂直距离。

流量系数 C_d 与上游水深有关，其取值为 0.3～0.5，可利用式（4-24）计算，通常 $H_3/Z>1.7$ 以后，C_d 可取 0.5。当 H_3/Z 在 1～1.1 区间时，为水流自由面变化到孔口出流的过渡区，式（4-24）不适用。

$$C_d=-1+1.947\left(\frac{H_3}{Z}\right)-0.627\left(\frac{H_3}{Z}\right)^2 \qquad (4-24)$$

对于第二种情况，桥梁的上游断面和下游断面均被淹没，如图 4-8 所示的淹没型孔口出流，其流量的计算公式如下

$$Q=CA\sqrt{2gH} \qquad (4-25)$$

式中：C 为淹没有压孔口出流的流量系数，变化范围为 0.7～0.9，通常取 0.8；A 为桥孔的净过水断面面积；H 为上游与下游水面之间的高差。

流量系数 C 与总损失系数有关，总损失系数来自孔口出流公式

$$Q=A\sqrt{\frac{2gH}{K}} \qquad (4-26)$$

式中：K 为总损失系数。

2. 有压堰流的计算

当水流漫过桥梁，如图 4-9 所示，应采用堰流计算方法，其计算公式如下

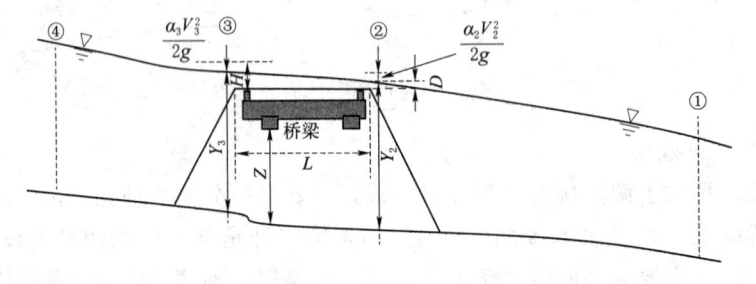

图 4-9 桥梁被全淹没的有压流和堰流情况

$$Q = \alpha C L H^{2/3} \quad (4-27)$$

式中：Q 为堰上的过流总单宽流量；α 为淹没系数，如图 4-10 所示，由 D/H 的大小确定；C 为有压堰流的流量系数；L 为堰的有效长度，由于过水断面可能为倒梯形，因此需要分块进行计算；H 为上游桥侧墙顶部处水位与上游桥侧墙顶部高程差；D 为下游桥侧墙顶部处水位与下游桥侧墙顶部高程差。

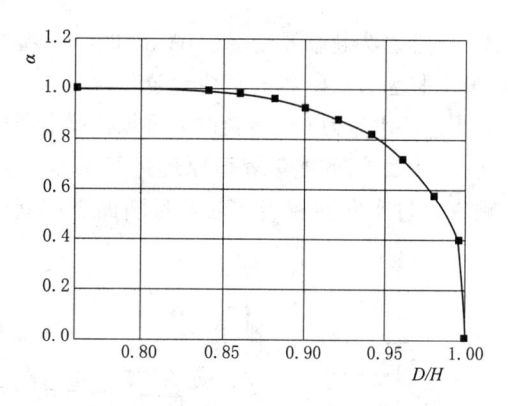

图 4-10 桥梁被全淹没时的淹没系数

第三节 桥前壅水高度与回水长度

在河流上建设单孔跨桥梁往往不是经济划算的，也常常是不必要的。在条件允许的情况下，通常将引堤（桥台）延伸至洪泛滩地以降低成本，虽会在洪水期降低行洪能力，但只要是在合理的范围内，还是可以接受的方案。

从防洪、通航角度出发，桥梁的梁底高程应满足：梁底高程≥设计水位＋水位壅高＋桥下净空安全值。

一、桥前壅水高度

如图 4-11 所示，桥台的存在导致水流收缩，直接产生能量损失，更大的能量损失部分发生在下游的水流再扩散中。图中，建桥造成水道收缩后的水面由实线表示，断面 1 处的水面上升用符号 H_{1b} 表示，称为桥梁回水高度或壅水高度。

桥台上下游的水面落差并不是由桥梁引起的回水，回水的幅度始终小于桥台上下游的水面落差。对于桥梁回水分析，无论采用何种计算方法，都不简单。对于野外桥梁，漫滩和主河道的糙率相差很大，且河道横截面不规则，则弗劳德数不再是一个有意义的参数，尤其是随着桥梁长度的增加。

根据过桥断面的临界水深，可将过桥水流分为三种不同的流态：Ⅰ型为亚临界流，是工程实践中经常遇到的情况；Ⅱ-A 型和Ⅱ-B 型为断面 1 的亚临界流，但均以临界水位跨越收

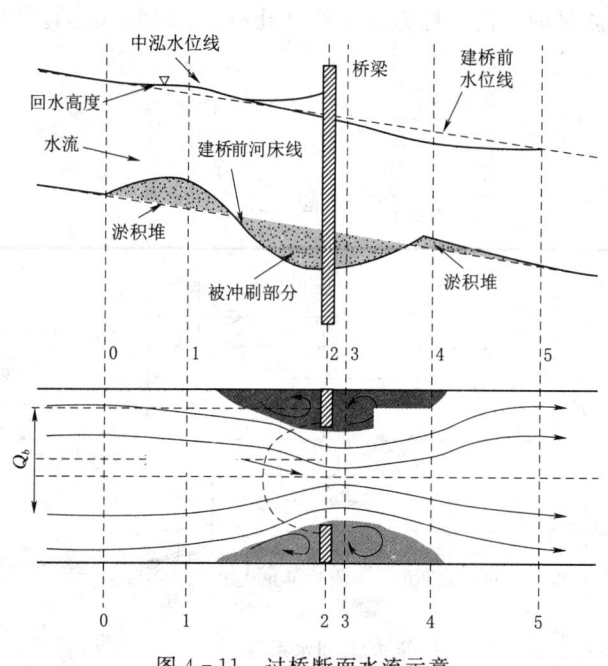

图 4-11 过桥断面水流示意

缩段；而Ⅲ型为超临界流。Ⅱ-A型和Ⅱ-B型的正常水位和临界水深的位置不同。

1. Ⅰ型（亚临界流）的过流情况

当过桥水流为亚临界流时，根据桥梁上游最大回水点和桥下游正常水位恢复点（图4-12的断面4）之间的能量守恒原理进行回水计算。Izzard和Bradley[7]假设桥附近的河道基本顺直，过水断面相当均匀，且断面1和断面4之间的河道底坡相同。

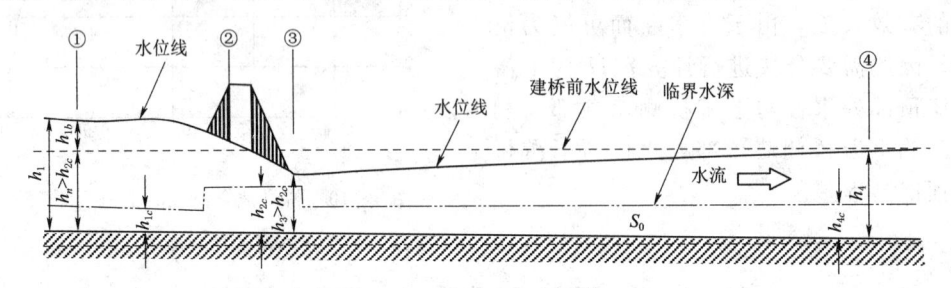

图4-12 Ⅰ型水流（亚临界流）

他们通过断面1和断面4之间的能量方程和连续方程（图4-12）得到总回水高度

$$h_{1b}=K_b\alpha_2\frac{V_{n2}^2}{2g}+\alpha_1\left[\left(\frac{A_{n2}}{A_4}\right)^2-\left(\frac{A_{n2}}{A_1}\right)^2\right]\frac{V_{n2}^2}{2g} \tag{4-28}$$

式中：h_{1b} 为总回水高度；K_b 为Ⅰ型水流的总回水系数；α_1 为断面1的流速水头校正系数；α_2 为收缩断面的流速水头校正系数；A_{n2} 为建桥前水位下收缩断面的总过水面积；V_{n2} 为建桥前水位下收缩断面的平均速度；A_1 为断面1的总过水面积（包括回水）；A_4 为断面4的过水面积。

Bradley[8] 针对不同桥台的台头进一步修正了Ⅰ型水流的总回水系数（图4-13）。图中 M 为桥孔通过的行近流量 Q_b 与总流量的比值，称为桥梁的开孔率，即 $M=Q_b/Q$（其定义请参见本章第四节）。

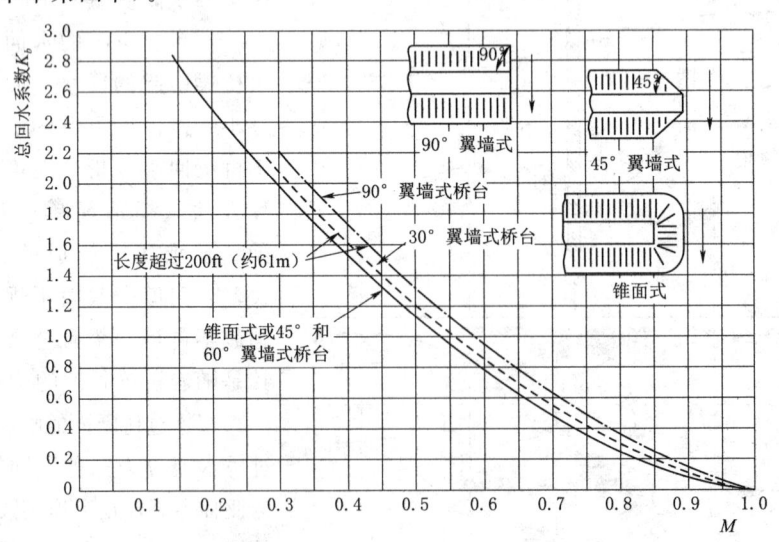

图4-13 考虑台头形式影响的Ⅰ型水流的总回水系数[8]

2. Ⅱ型（跨越亚临界流）的过流情况

水流一旦达到临界水深，收缩断面上游的水面不再受下游条件的影响。即使水面可能在收缩过程中低于临界深度 h_{2c}，然后返回到Ⅱ-A型的亚临界流（图4-14）。Ⅱ-B型的水流相似，只是水深不仅在 h_{2c} 以下，而且在 h_{4c} 以下。如图4-14和图4-15所示，这两种类型的水流都跨越临界水深。

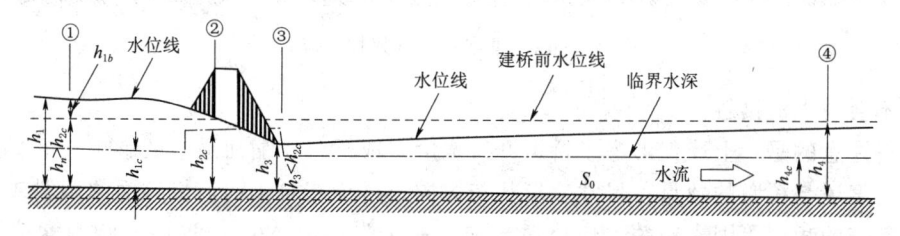

图4-14 Ⅱ-A型水流（跨越亚临界流）

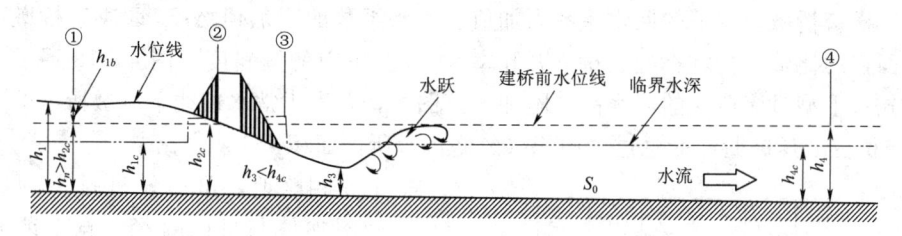

图4-15 Ⅱ-B型水流（跨越亚临界流）

通过将断面1和水面跨越临界水深 h_{2c} 的收缩点之间的能量平衡方程和连续方程，得到Ⅱ-A和Ⅱ-B型水流的总回水高度

$$h_{1b}=\alpha_2 \frac{V_{2c}^2}{2g}(C_b+1)+\alpha_1 \frac{V_1^2}{2g}+h_{2c}-h_n \tag{4-29}$$

式中：h_{1b} 为总回水高度；C_b 为Ⅱ型水流的总回水系数（仅为断面收缩造成的能量损失），依据野外资料得到图4-16；α_1 为断面1的流速水头校正系数；α_2 为收缩断面的流速水头校正系数；V_1 为过水断面1的平均流速；V_{2c} 为收缩断面的临界速度；h_{2c} 为收缩断面的临界水深；h_n 为正常水深。

3. Ⅲ型（超临界流）的过流情况

当桥下形成超临界流时，过流情况如图4-17所示。从理论上讲，Ⅲ型水流不会产生回水。桥梁收缩上游和下游都发生超临界流的情况非常罕见。如果设计洪水在建桥前以超临界速度流动，除非基础条件良好，否则是不应再压缩横断面的。此外，应提供足够的净空，以确保上部结

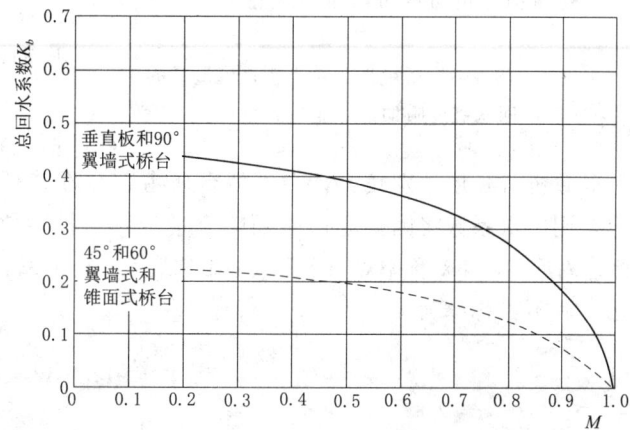

图4-16 Ⅱ型水流的总回水系数[8]

第四章 过桥断面的流量和水位

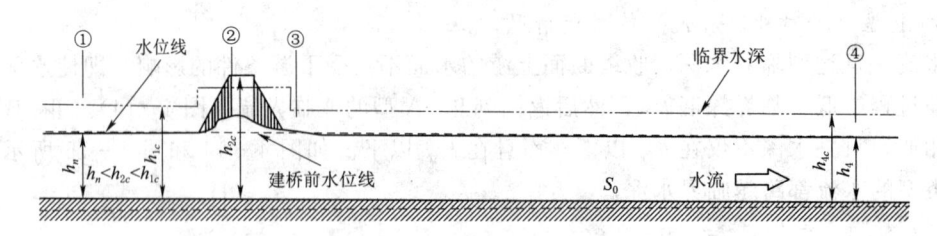

图 4-17 Ⅲ型水流（超临界流）

构永远不会与水流接触。

值得注意的是，上述仅考虑了桥梁开口宽度（或桥台压缩河道）的影响。事实上，桥前壅水高度还与桥墩的数量、尺寸、形状与方向、桥梁相对于河道横截面的偏斜或不对称布置、斜交的角度等因素有关，应该适当加上一个附加值 ΔK_p。这些影响因素造成的回水系数附加值分别如下：

（1）横跨桥墩影响下的回水系数附加值。回水系数的附加值 ΔK_p 取决于桥墩面积与桥孔总面积的比值、桥墩类型、桥梁开孔率 M 以及桥墩的倾斜度。图 4-18 展示了不同桥墩形式对Ⅰ型过流造成的回水高度附加值。图中，J 为正常水位线下桥墩所占的水域面积 A_p 与桥位处压缩断面的总过水面积（忽略桥墩所占面积）A_{n2} 之比。

粗略地，可假设桩排墩的回水系数附加值与桩的直径、宽度或间距无关，但如果其桩在5根以上，则应适当增加该值，如10根桩的桩排墩的回水系数附加值应比5根桩的桩排墩高出约20%。对于存在漂浮物的河道，在桩墩上会悬挂垃圾等漂浮物，建议使用较大的 J 值来计算回水系数附加值。因此，对于有桥墩的与河道水流垂直的横跨桥梁，其回水系数等于图 4-13 或图 4-16 中的回水系数加上图 4-18 中的回水系数附加值。

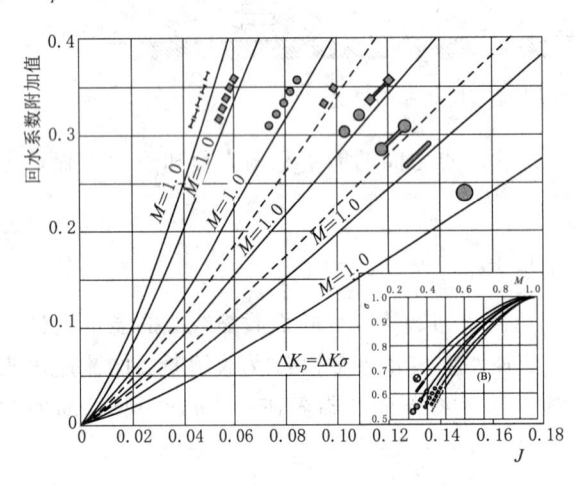

图 4-18 不同桥墩形式对Ⅰ型过流造成的回水高度附加值（亚临界流）[8]

（2）桥梁偏心影响下的回水系数附加值。如果河道的过水断面非常不对称导致桥台长度差别较大，左右桥台所占部分在建桥前相应的流量 Q_a、Q_c 相差20%以上，则回水系数将因偏心影响而略有增加，当桥梁位于仅一侧存在漫滩且偏心率为1.0的断崖附近时，不对称率对回水系数的影响最大。桥梁偏心引起的回水系数附加值如图 4-19 所示，其不对称率为

$$e = 1 - \frac{Q_c}{Q_a}, Q_c < Q_a \tag{4-30}$$

或

$$e = 1 - \frac{Q_a}{Q_c}, Q_c \geqslant Q_a \tag{4-31}$$

(3) 斜交桥墩影响下的回水系数附加值。有时候桥位并不与河道正交，而是斜交河道（图4-20），此时的桥墩壅水就会受到桥梁与河道夹角 ϕ 的影响。A_p 是每个桥墩在垂直于总水流方向的投影面积的总和，斜交河道收缩面积 A_{n2} 基于桥梁的投影长度 B_s 和 $\cos\phi$。总流向是指在建桥前河道中的洪水流向。同样的，A_{n2} 是一个总值，包括桥墩占用的面积。J 的值是垂直于总水流方向的桥墩总投影面积 A_p 除以垂直于总水流方向的桥梁收缩过水断面的总面积。M 取决于桥梁的投影长度，而不是沿桥位中心线的长度来计算的，M 可由图4-21确定。

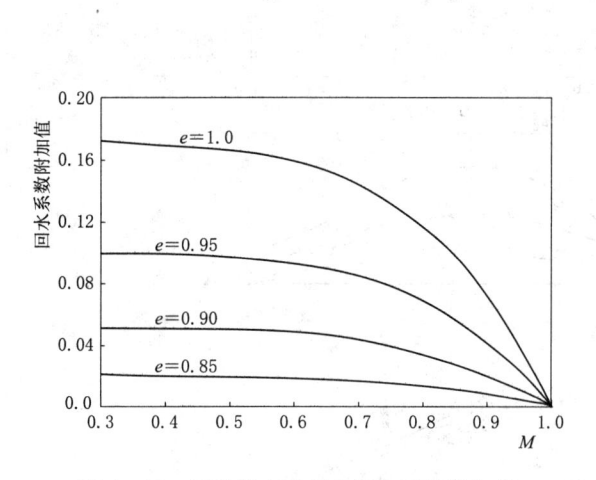

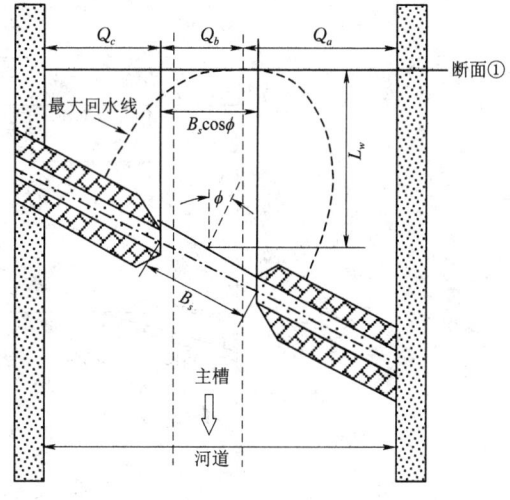

图4-19　桥梁偏心引起的回水系数附加值　　　　　图4-20　斜跨河道的桥梁

值得注意的是，回水系数附加值既可能是正的，也可能是负的。负值来自计算方法，并不一定表示桥梁采用斜交会减少回水。

图4-22是根据图4-21（a）中的桥梁，通过将斜角和投影值 M 输入该图，可以从纵坐标中读取比率 $B_s\cos\phi/B$。对于一个可比的正交桥梁，一旦知道 B 和 h_{1b}，就可以解出 B_s，即在设计流量下产生与正交相同回水量的斜交桥所需的过流宽度。

二、桥梁引起河道的回水长度

桥前壅水会引起河道回水，回水长度可按下式计算

$$L=\frac{2h_{1b}}{S_0} \tag{4-32}$$

式中：L 为回水长度，m；h_{1b} 为桥梁最大壅水高度，m；S_0 为河床比降。

值得注意的是，当桥梁位于河流入海口附近的感潮河段时，河道将受到洪水与潮汐的联合作用，水位变化情况十分复杂。因此，计算桥前壅水高度与河道回水长度要考虑潮汐影响，必要时须进行细致的水力水文计算。

三、桥梁对防洪的影响

（1）桥梁建成后，由于桥墩阻水，过水断面减少，行洪能力会降低。工程上常采用原设计水位不变情况下计算过桥洪水减少的流量与原设计流量的比值，以此来评价建桥对河道行洪能力的影响程度。

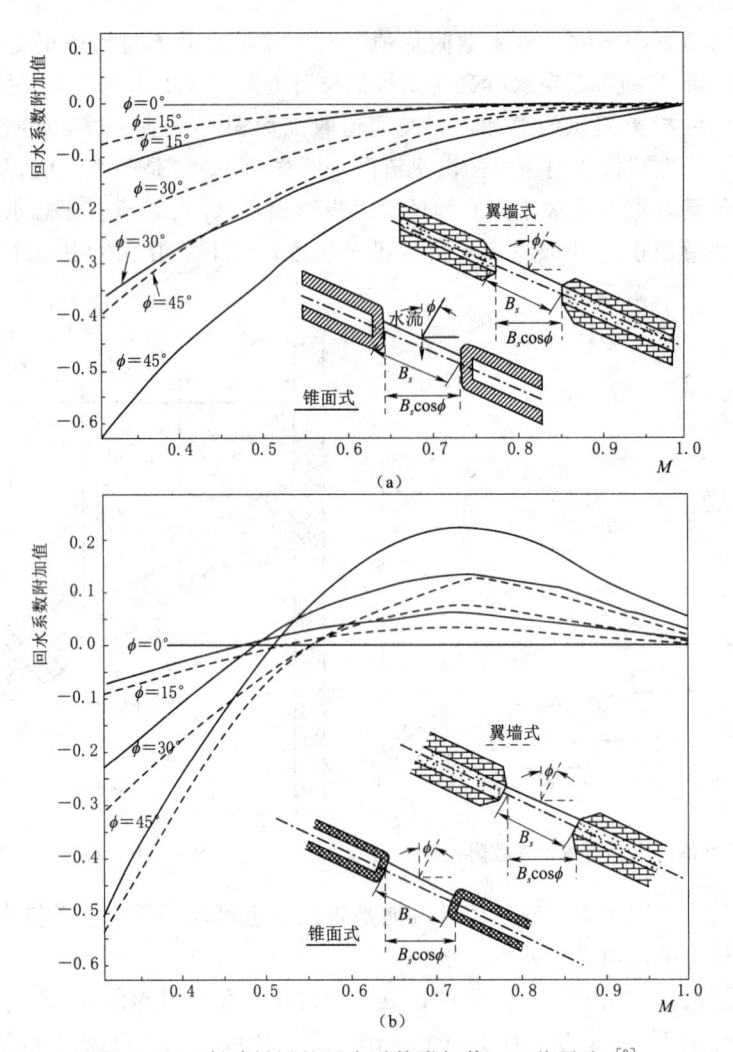

图 4-21　斜跨桥梁的回水系数附加值（亚临界流）[8]

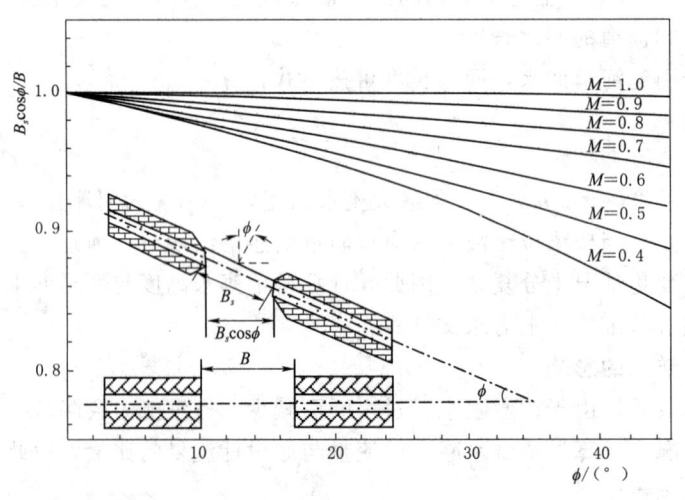

图 4-22　斜交桥等效回水计算中桥梁投影长度与正常长度之比

（2）计算建桥后的壅水高度及壅水影响范围，在壅水影响范围应校核堤防是否需要加高，评估淹没程度及堤防受损的可能性。

第四节　桥梁的净空与设计洪水

跨越水体的桥梁是连接两岸陆域的重要通道，在防洪、抢险与救灾工作中起支撑作用；但是，这些桥梁往往也对防洪产生不利影响。根据《中华人民共和国水法》《中华人民共和国防洪法》《中华人民共和国河道管理条例》等有关法律、法规，修建桥梁、码头和其他设施必须按照国家防洪标准所确定的河宽进行，不得缩窄行洪河道。桥梁和栈桥的梁底都必须高于设计洪水位，并按防洪和航运要求预留一定超高。

一、桥梁的净空

净空包括净高和净宽两部分，净高是指上部结构最低边缘至计算水位或通航水位间距离，而净宽则是两相邻桩墩的内侧之距。在通航水域上，桥下净空应符合通航标准。净空是计算水位或最高流冰水位加安全高度，而计算水位是在设计水位上加桥下壅水高、浪高等。通航水域的桥下净空，根据GB 50139—2014《内河通航标准》的有关规定，汇总于表4-1，通航海域的桥下净空可以参照此标准。如果工后的河床或海床可能出现淤高、水上有漂浮物及流冰阻塞等情况，则应适当考虑增加。非通航水域桥下净空主要考虑过流能力、结构稳定性和投资等因素。

表4-1　　　　　　　　　水上过河建筑物通航净空尺度

航道等级	天然及渠化河流/m				限制性航道/m			
	净高 H	净宽 B	上宽度 b	侧高 h	净高 H	净宽 B	上宽度 b	侧高 h
Ⅰ-(1)	24	160	120	7.0				
Ⅰ-(2)	18	125	95	7.0				
Ⅰ-(3)		95	70	7.0				
Ⅰ-(4)		85	65	8.0	18	130	100	7.0
Ⅱ-(1)	18	105	80	6.0				
Ⅱ-(2)		90	70	8.0				
Ⅱ-(3)	10	50	40	6.0	10	65	50	6.0
Ⅲ-(1)								
Ⅲ-(2)		70	55	6.0				
Ⅲ-(3)	10	60	45	6.0	10	85	65	6.0
Ⅲ-(4)		50	40	6.0		50	40	6.0
Ⅳ-(1)		60	50	4.0				
Ⅳ-(2)	8	50	41	4.0	8	80	66	3.5
Ⅳ-(3)		35	29	5.0		45	37	4.0
Ⅴ-(1)	8	46	38	4.0				
Ⅴ-(2)	8	38	31	4.5	8	5～7	62	3.5

续表

航道等级	天然及渠化河流/m				限制性航道/m			
	净高 H	净宽 B	上宽度 b	侧高 h	净高 H	净宽 B	上宽度 b	侧高 h
V-(3)	8.5	28~30	25	5.5、3.5	8.5	38	32	5.0、3.5
Ⅵ-(1)					4.5	18~22	14~17	3.4
Ⅵ-(2)	4.5	22	17	3.4				
Ⅵ-(3)	6	18	14	4.0	6	25~20	19	3.6
Ⅵ-(4)						28~30	21	3.4
Ⅶ-(1)					3.5	18	14	2.8
Ⅶ-(2)	3.5	14	11	2.8		18	14	2.8
Ⅶ-(3)	4.5	18	14	2.8	4.5	25~30	19	2.8

注 1. 在平原河网地区建桥遇特殊情况时，可按具体条件研究确定。
2. 桥墩（或墩柱）两侧有显著的紊流时，通航孔桥墩（或墩柱）间的净宽值应为本表的通航净宽加两侧紊流区的宽度。
3. 当不得已将水上过河建筑物建在通航条件较差或弯曲的河段上，其净宽应在表列数值基础上，根据船舶航行安全的需要适当放宽。无铰拱的拱脚可被设计洪水淹没，但不宜超过拱圈高度的2/3，且拱顶底面至计算水位的净高不得小于1.0m。

二、设计洪水

根据桥梁的等级决定桥梁的设计洪水频率，永久性桥梁设计洪水频率规定见表4-2。二级公路的特大桥及三级、四级公路的大桥，在水势猛急、河床易于冲刷的情况下，必要时可提高一级洪水频率验算基础冲刷深度。

表4-2　　　　　　　　桥梁设计洪水频率

建筑物 \ 公路等级	高速公路	一	二	三	四
特大桥	1/300	1/300	1%	1%	1%
大、中桥	1%	1%	1%	2%	2%
小桥	1%	1%	2%	4%	4%
涵洞及小型排水建筑	1%	1%	2%	4%	无规定

三、桥梁的开孔率

桥梁的开孔率 M 反映建桥所造成的来流被收缩的程度，表示为可以畅通无阻通过桥梁的流量 Q_b 与河流总流量 Q 的比率，即

$$M=\frac{Q_b}{Q_a+Q_b+Q_c} \tag{4-33}$$

天然河流中通常横截面不规则和横截面内边界粗糙度不均匀，这会导致河流流速在横断面上分布不均匀，如图4-23中的流管所示。桥梁开孔率 M 容易用流量来解释，但通常由输水关系来确定。假设各部分具有相同的能坡，M 也用流量模数来表示为

$$M=\frac{K_b}{K_a+K_b+K_c}=\frac{K_b}{K} \tag{4-34}$$

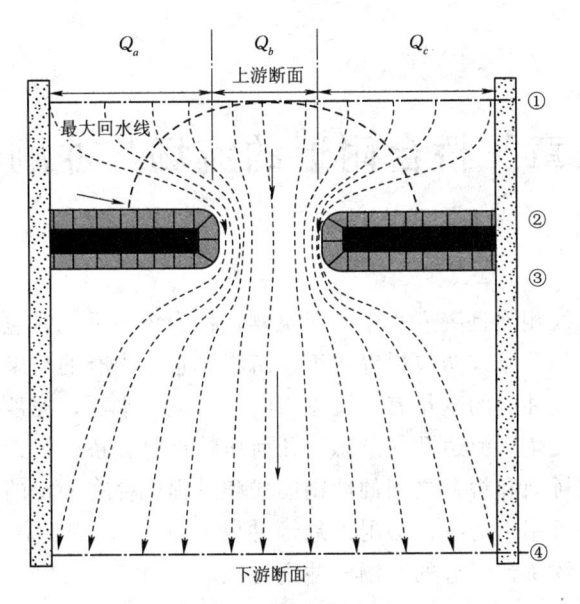

图 4-23 典型横跨桥梁附近的流线

参考文献

[1] Yarnell D L. Bridge piers as channel obstruction [M]. Washington: U. S. Department of Agriculture, 1934.
[2] Brunner G W, Hunt J H. A comparison of the one-dimensional bridge hydraulic routines from: HEC-RAS, HEC-2 and WSPRO [R]. US Army Corps Enginner, Hydrology Engineering Center, RD-41, September, 1995.
[3] Hydrologic Engineering Center. HEC-RAS, River Analysis System [M]. User's Manual, U. S. Army Corps of Engineers, Davis CA, 1995.
[4] Hydrologic Engineering Center. HEC-2, Water Surface Profiles [M]. User's Manual, U. S. Army Corps of Engineers, Davis CA, 1992.
[5] FHWA. User's Manual for WSPRO—A computer model for water surface profile computations [M]. Federal Highway Administration, Publication No. FHWA-IP-89-027, 1990, 177.
[6] Kindsvater C E, Carter R W, Tracy H J. Computation of peak discharge at contractions [R]. U. S. Geological Survey, Circular, 1953.
[7] Izzard C F, Bradley J N. Field verification of model test s on flow through highway bridges and culverts [C]. Proceedings of 7th Hydraulic Conference. ASCE, Iowa, USA, 1958: 225-243.
[8] Bradley J N. Hydraulics of bridge waterways [M]. US Dept. of Transportation, Federal Highway Administration, 1973.

第五章 桥台附近的流场与冲刷特性

长度较短、与岸线相连且突入水中的建筑物，称为短突堤，它包括桥梁的桥台、河道与海岸整治工程的丁坝及岸式防波堤等水工建筑物。它们中有的与岸线垂直，有的向上游或下游斜交。影响突堤冲刷的变量有：过流历时、流速、水深、泥沙级配、突堤长度、突堤形状、突堤与水流夹角、河道几何形态、几何压缩比等。桥台附近的冲刷和丁坝附近的冲刷现象相同，且在桥墩和桥台之间的冲刷模式和过程也存在一定的相似性[1]，丁坝附近局部冲刷的研究成果可用于解决桥台附近局部冲刷问题[2-3]。因此，本章以桥台为短突堤的主要代表，重点介绍桥台附近的流场和冲刷特性。

第一节 单一河槽中桥台附近的流场与局部冲刷

桥台（包括路堤）的基本形式可分为图 5-1 所示的三种：直立墙式、翼墙式和锥面式（或称穿通式）。由于桥台阻挡上游的来流，在其附近形成特有的水流结构，这种特殊的流场直接影响来流中物质输运、泥沙淤积和桥台附近的底床冲刷及堤岸冲刷。对于翼墙式或直立墙式桥台，冲击墙体的水流会产生下潜流，从而在墙体处挖掘冲刷坑；而对于锥面式桥台，下潜流强度低，下潜流对冲刷的影响较小。

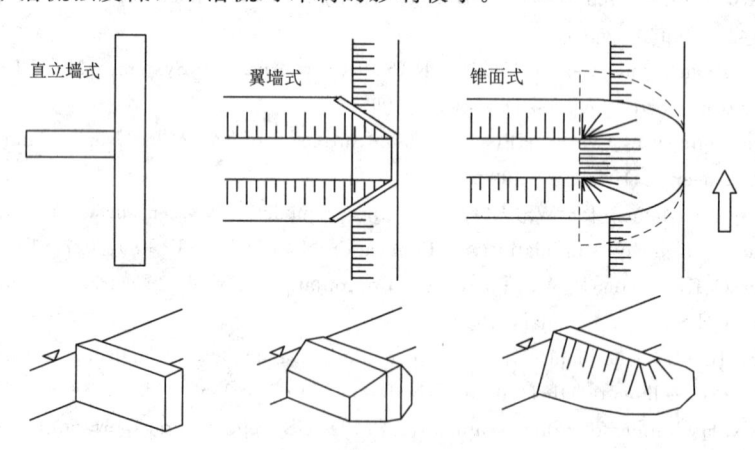

图 5-1 桥台的三种基本形式

在过去的几十年里，学者们对非黏性床沙上桥台和丁坝周围的最大平衡冲刷深度进行了不少研究[2-19]，但对于黏性（淤泥质）沉积层上桥台周围冲刷的研究则相对较少[20-23]。Nasrallah 等[24] 研究了桥台护圈对桥梁结构局部冲刷深度的影响。有关早期的研究成果，Barbhuiya 和 Dey[25] 进行了较好的评述。

一、单一河槽中桥台附近的流场特征

20 世纪 90 年代以前,绝大多数桥台冲刷实验研究都是在矩形水槽中进行的,断面上的水流速度和床面切应力为均匀分布。由于大范围三维流速测量的困难,以往对桥台附近流场特性的研究比较少[9,16,22,25-26]。

单一河槽中与河道正交的直立墙式桥台(桥基台)附近存在的主要拟序结构、螺旋流以及底沙运动路径如图 5-2 所示,桥台附近存在临底螺旋流运动。在桥台的上下游均存在大尺度的回流区,其旋转轴竖直向上,下游回流区尺度往往比上游的大。当通过的流速较大时,桥台下游甚至可能出现多个回流区。这些立轴回流如果遇到可冲刷的堤岸,因其流速相对较大,可能会引起堤岸的局部冲刷。在桥台头部的上游边缘,一个个立轴漩涡不断产生,这些漩涡基本上沿着同一条线向下游滚动,涡体尺度不断发展扩大,但旋转频率不断降低,直至涡体消亡。

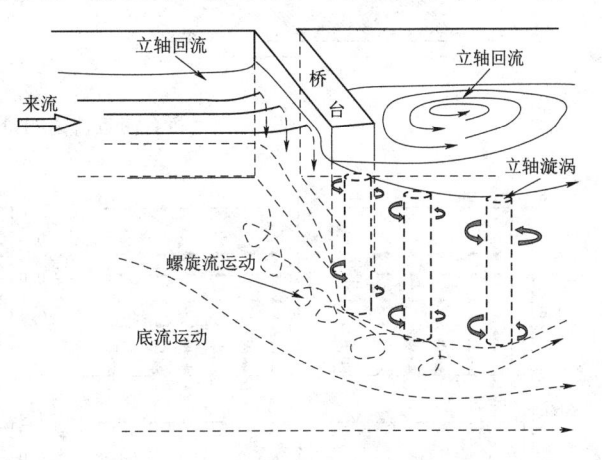

图 5-2 正交直立墙式桥台附近存在的主要拟序结构、螺旋流以及底沙运动路径

产生临底螺旋流的原因是,上游来流受桥台的阻碍,造成桥台上游的迎水面壅水,在桥台迎水面形成一股下潜流,这股下潜流与来流相结合,在立轴漩涡的下部形成螺旋流。

临底螺旋流的产生显著增大了床面切应力,这是造成桥台冲刷的主要原因。Ahmed 和 Rajaratnam[16] 实验发现,桥台头附近的床面切应力是建桥前的 3.63 倍,Ettema[26] 和 Kothyari 等[28] 则认为是建桥前的 4 倍。对于丁坝,建设前后的最大床面切应力相差 5 倍。

图 5-3 为不同水深的涡量等值线图,反映了桥台附近不同高度存在不一样的漩涡。

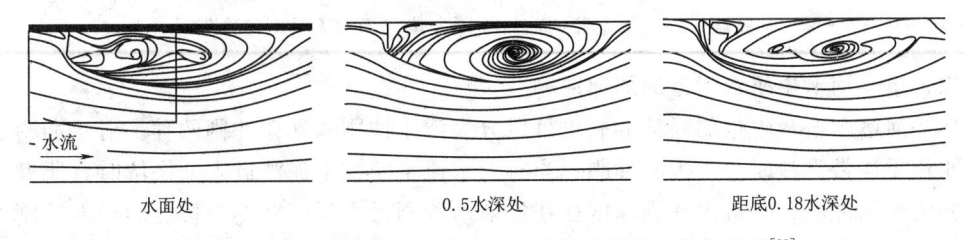

图 5-3 正交直立墙式桥台附近不同深度的涡量等值线图[28]

桥台附近冲刷前后的流场变化较大。对于翼墙式桥台冲刷坑发展前后的紊流流场,Barbhuiya 和 Dey[25] 在清水冲刷条件下测量了桥台附近 6 个不同断面上(位置如图 5-4 所示)的流速分布,对比图 5-5(a)和(b)可见,冲刷前后的流速分布变化较大,且底部漩涡得到发展。图中:$\bar{x}=x/l$,$\bar{y}=y/l$ 和 $\bar{z}=z/l$。

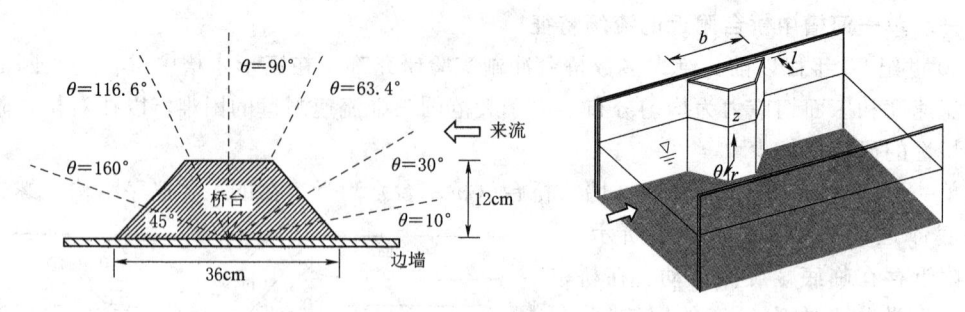

图 5-4 桥台附近流速测量实验构架[25]

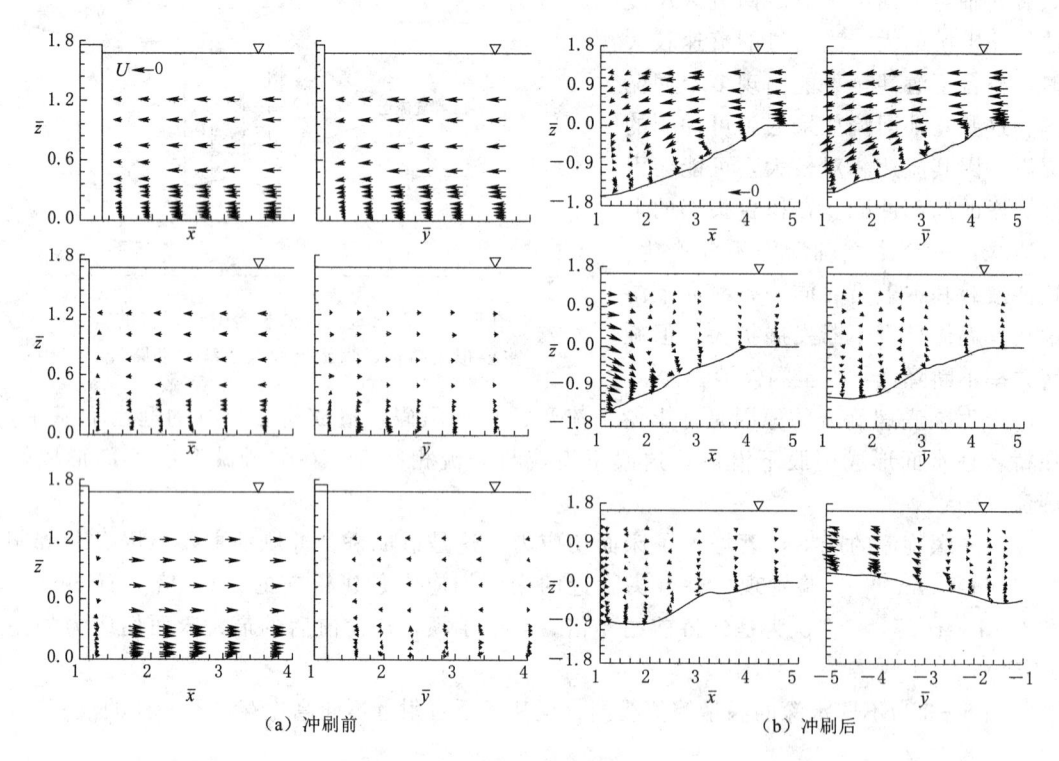

(a) 冲刷前　　　　　　　　　　　　　　(b) 冲刷后

图 5-5　45°翼墙式桥台周围冲刷前后不同方位截面的无量纲速度矢量分布[25]

二、单一河槽中桥台附近的局部冲刷

单一河槽中桥台附近的局部冲刷也可以分为清水冲刷和动床冲刷两种。清水冲刷是指行近水流无挟带泥沙时所发生的冲刷；当行近水流不断挟带泥沙进入冲刷坑时，所发生的冲刷则为动床冲刷，其最大冲刷深度往往比清水冲刷最大深度略低。桥台的局部冲刷主要发生在桥头周围，冲刷坑的最大深度位于桥台断面的下游稍许位置（图 5-6）。

对单一河槽中桥台附近局部清水冲刷的研究，先后有 Liu 等[5]、Garde 等[6]、Cunha[30]、Gill[8]、Zaghloul[31]、Wong[32]、Rajaratnam 和 Nwachukwu[9]、Kwan[33]、Tey[10]、Kandasamy[34]、Dongol[13]、Lim[14] 等学者开展了大量研究，提出了许多最大冲刷深度的计算公式，Ettema 等[35] 对此进行了回顾。下面将介绍一些有代表性的研究成果。

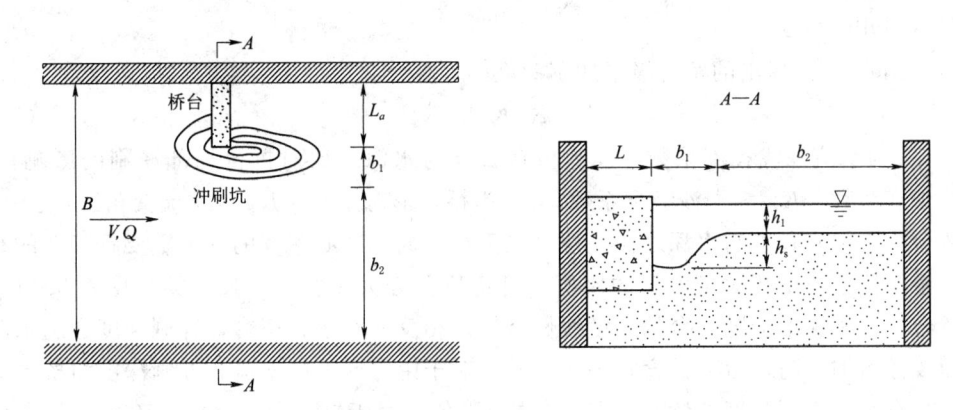

图 5-6 直立墙式桥台在单一河槽中的冲刷

1. Laursen 方法

Laursen[36] 提出的桥台最大冲刷深度计算公式为

$$h_s = 1.93\sqrt{h_{f0}L_a} \qquad (5-1)$$

式中：h_{f0} 为河滩上桥台的行近水深，m；L_a 为桥台长度，m。

2. Liu 方法

Liu 等[5] 认为桥台长度与正常水深的比值、均匀流的弗劳德数 Fr_0 是影响无因次冲刷深度的两个主要因素，该正常水深由桥台建设前的平衡输沙确定，并提出动床平衡冲刷深度公式如下

$$\frac{h_s}{h_0} = 2.15\left(\frac{L_a}{h_0}\right)^{0.4} Fr_0^{1/3} \qquad (5-2)$$

式中：h_0 为桥台建设前平衡输沙情况下的正常水深，m；L_a 为桥台长度，m。

3. Gill 方法

Gill[8] 对丁坝周围沙层冲刷的实验结果分析发现，最大冲刷深度与几何收缩比 m、泥沙粒径与水深之比有关，提出桥台最大冲刷深度计算公式

$$\frac{h_s}{h_0} = 8.38\left(\frac{d_{50}}{h_0}\right)^{1/4} m^{-6/7} - 1 \qquad (5-3)$$

4. Froehlich 方法

Froehlich[11] 依据 164 组桥台和丁坝周围的清水冲刷实验资料，利用回归分析得到最大冲刷深度计算公式

$$\frac{h_s}{h_0} = 0.78 K_1 K_2 \left(\frac{L_a}{h_0}\right)^{0.63} \left(\frac{h_0}{d_{50}}\right)^{0.43} F_0^{1.16} \sigma_g^{-1.87} + 1 \qquad (5-4)$$

式中：K_1 为桥台的几何形状系数；K_2 为桥台与水流夹角影响系数；σ_g 为泥沙级配的均方差。

5. Melville 方法

Melville[1,2,37] 提出的桥台极限冲刷深度的计算公式为

$$h_s = K_L K_I K_d K_s K_\theta \tag{5-5}$$

式中：K_L 为水流深浅程度系数，反映桥台长度与水深之比对桥台局部冲刷的影响；K_I 为水流强度系数；K_d 为泥沙级配系数；K_s 为桥台形态系数；K_θ 为水流交角系数。

桥台（丁坝）长度与水深之比是桥台（丁坝）局部冲刷深度的一个重要且复杂的影响因素。根据桥台长度相对于水深的比值，可将桥台分为短、中、长三类，见表 5-1。对于短桥台，冲刷深度会随桥台的长度线性增加。相反，对于长桥台，冲刷深度会随水深的增加而线性增加，与桥台的长度相关度低。而对于中等深度的水流，冲刷深度与桥台的长度和水深有关。不同长度的桥台具有不同的 K_s 值，对于短桥台 $L_a/h_0 < 10$ 时，桥台形态系数 K_s 见表 5-2。

表 5-1 按桥台长度与水深之比进行的桥台分类

桥台类型	短桥台	中桥台	长桥台
L_a/h_0	<10	10~25	>25

表 5-2 短桥台的桥台形态系数

桥台形态	直立墙		翼墙	锥面		
	直立头	半圆头	45°	坡度(0.5:1)	坡度(1:1)	坡度(1.5:1)
K_s	1.0	0.75	0.75	0.60	0.50	0.45

对于中桥台 $10 \leq L_a/h_0 \leq 25$，桥台形态系数应对表 5-2 中的值进行修正

$$K_s = K_{s*} + 0.667(1 - K_{s*})\left(0.1\frac{L_a}{h_0} - 1\right) \tag{5-6}$$

对于长桥台 $L_a/h_0 > 25$，桥台形态系数 $K_s = 1$。

水流深浅程度系数 K_L 的确定如下：

当 $L_a/h_0 \leq 1$ 时，$\quad K_L = 2L_a \tag{5-7}$

当 $1 < L_a/h_0 < 25$ 时，$\quad K_L = 2\sqrt{L_a h_0} \tag{5-8}$

当 $L_a/h_0 \geq 25$ 时，$\quad K_L = 10h_0 \tag{5-9}$

水流强度系数 K_I 的确定：该系数反映行近断面上泥沙的运动状态，清水冲刷的深度与动床冲刷的深度不同。

当 $\dfrac{V-(V_a-V_c)}{V_c} < 1$ 时，$\quad K_I = \dfrac{V-(V_a-V_c)}{V_c} \tag{5-10}$

否则，$K_I = 1$。

泥沙级配系数 K_d 的确定：当 $L_a > 25d_{50}$，$K_d = 1$；否则

$$K_d = 0.57\lg(2.24L_a/d_{50}) \quad (5-11)$$

水流交角系数 K_θ 的确定：对于较长桥台，桥台与水流交角的影响系数 $K_{\theta*}$ 见表 5-3，但随着桥台的减短，桥台与水流交角对冲刷的影响减小，由此需要修正。

表 5-3　　　　　　　　　短桥台受水流交角的影响系数

$\theta/(°)$	30	60	90	120	150
$K_{\theta*}$	0.9	0.97	1.0	1.06	1.08

对于不同长度的桥台，桥台与水流交角的影响系数可以统一写为

当 $\dfrac{L}{h_0} \geqslant 3$ 时，$\qquad K_\theta = K_{\theta*}$ （5-12）

当 $1 < \dfrac{L}{h_0} < 3$ 时，$\quad K_\theta = K_{\theta*} + (1-K_{\theta*})\left(1.5 - 0.5\dfrac{L}{h_0}\right)$ （5-13）

当 $\dfrac{L}{h_0} \leqslant 1$ 时，$\qquad K_\theta = 1.0$ （5-14）

6. Lim 方法

Lim[14] 根据连续方程、冲刷坑的几何形状及假设冲刷坑内流速仍为对数流速分布，提出了均匀沙质单一河道中正交直立墙式桥台周围的清水冲刷最大深度计算公式

$$\frac{h_s}{h_0} = K_s(0.9X - 2), \quad X > 2.22 \quad (5-15)$$

其中 $\qquad X = \theta_c^{-0.375} F_0^{0.75}\left(\dfrac{d_{50}}{h_0}\right)^{0.25}\left[0.9\sqrt{\dfrac{L}{h_0}} + 1\right]$

式中：K_s 为 Melville[1] 提出的桥台形态系数。

对于动床情况下，Lim 和 Cheng[38] 提出了正交桥台在均匀床沙河道中平衡冲刷深度的计算公式

$$\left(1 + \frac{h_s}{2h_0}\right)^{4/3} = \frac{1 + 1.2\sqrt{\dfrac{L_a}{h_0}}}{\sqrt{\dfrac{u_{*c}^2}{u_{*1}^2} + \left(1 + \dfrac{L_a\tan\varphi}{h_s}\right)^{2/3}\left(1 - \dfrac{u_{*c}^2}{u_{*1}^2}\right)}} \quad (5-16)$$

笔者曾用 Garde 等[6]、Gill[8]、Zaghloul[31] 的 252 组清水冲刷资料对上式进行检验，发现上式的计算值多数偏大。鉴于天然床沙多为非均匀沙，冲刷深度公式宜考虑床面粗化的影响，因此提出修正公式为

$$\frac{h_s}{h_0} = K_s(0.9X_a - 2) \quad (5-17)$$

$$X_a = \theta_c^{-0.375} F_0^{0.75}\left(\frac{d_{50a}}{h_0}\right)^{0.25}\left(0.9\sqrt{\frac{L}{h_0}} + 1\right) \quad (5-18)$$

$$d_{50a} = \sigma_g^2 d_{50} \quad (5-19)$$

$$F_{oa} = V_o/\sqrt{(S-1)gd_{50a}} \quad (5-20)$$

式中：S 为泥沙的相对比重 γ_s/γ。

7. Richardson 方法

Richardson 等[39] 提出的正交直立墙式长桥台最大冲刷深度的计算公式为

$$\frac{h_s}{h_0} = 4K_1 Fr^{0.33} \tag{5-21}$$

式中：h_0 为桥台处的水深；Fr 为桥台附近的水深和流速计算得到的弗劳德数。该公式在美国联邦公路管理局水利工程第 18 号通告中曾被 Richardson 和 Davis[40] 推荐。

8. Briaud 方法

对于黏性底床，假设上游水深等于收缩断面处水深，Briaud 等[41] 提出了与河道正交直立墙式桥台冲刷极限深度的计算公式[42]

$$\frac{h_s}{h_0} = 0.94 \left(\frac{1.83 V_2}{\sqrt{gh_0}} - \frac{\sqrt{\frac{\tau_c}{\rho_w}}}{gnh_0^{1/3}} \right) \tag{5-22}$$

式中：h_0 为上游平均水深，m；V_2 为收缩段的平均流速，m/s；τ_c 为临界剪应力，Pa；n 为曼宁糙率。

9. Debnath 方法

Debnath 等[43] 针对黏性底床上与河道正交桥台的最大冲刷深度，在考虑底床含水率 W_c 及黏粒含量 C（按 $d \leq 63 \mu m$ 的黏粒所占比例）基础上得到

当 $W_c \leq 0.197 \sim 0.233$、$0.35 \leq C \leq 1$ 时，$\frac{h_s}{L} = 3.02 Fr_a^{0.66} C^{-0.27} W_c^{0.03} \theta^{-0.26}$ (5-23)

当 $W_c \leq 0.245 \sim 0.442$、$0.35 \leq C \leq 0.5$ 时，$\frac{h_s}{L} = 2.37 Fr_a^{0.68} C^{-1.24} W_c^{0.25} \theta^{-0.41}$ (5-24)

当 $W_c \leq 0.245 \sim 0.442$、$0.35 < C \leq 1$ 时，$\frac{h_s}{L} = 4.31 Fr_a^{0.87} C^{0.79} W_c^{0.41} \theta^{-0.07}$ (5-25)

式中：$Fr_a = U/\sqrt{gL}$ 为桥台弗劳德数；L 为桥台在垂直于来流方向上的投影长度；$\theta = \tau_s/(\rho U^2)$ 为无量纲的底床切应力。

第二节 复式河槽中桥台附近的流场与局部冲刷

一、复式河槽中桥台附近的流场特征

桥台附近的流场在复式河槽中与在单一河槽中不同。在洪水期，水位往往会升到复式河槽的河滩上。如图 5-7 和图 5-8 所示，桥台附近的流场明显会受到远场的影响。整体的流场复杂，桥台附近和通往桥梁的行近水流中存在不同尺度的湍流，从上游行近到桥台跟部或其下游某处最收缩横截面的水流先加速，然后减速；在桥台上游和下游可能形成一个水体分离点和

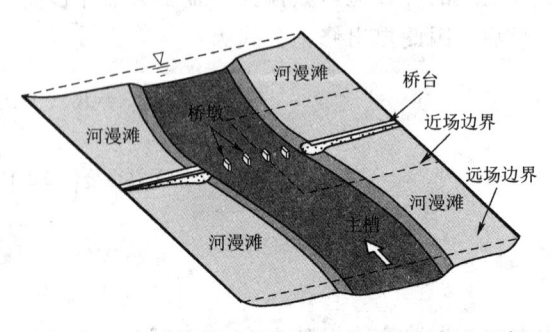

图 5-7 复式河槽中桥台附近的流速近场和远场

一个竖轴环流区域,在桥台头附近形成大尺度湍流和涡流,由于这些大尺度漩涡在滩槽交界处存在横向动量的传递,造成横断面上水流速度和床面切应力重新分配,主槽的床面切应力小于$\gamma h S_0$,而河滩面上的实际切应力会大于$\gamma h S_0$。当滩面水深小于主槽水深的45%时,这种再分配非常明显[44-46]。通常水流漫滩后,主槽的流速和床面切应力将相对于单一河槽减小,而滩面上的流速与床面切应力则变大。当然,该百分数45%还会因断面形态和糙率分布不同而有所变化。

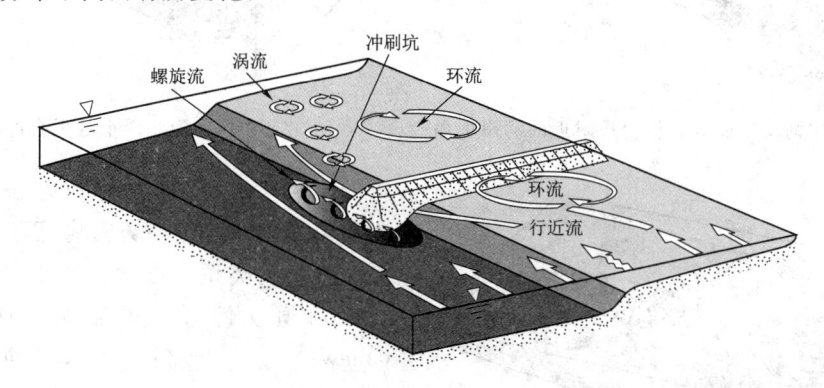

图 5-8 复式河槽中翼墙式桥台附近的流速近场特征

桥台的局部冲刷在复式河槽中与单一河槽中也有所不同。在复式河槽中,桥梁桥台的局部冲刷有其独特性,单一河槽的桥台局部冲刷公式不再适用,尤其是当桥台延伸到滩槽交界处附近,桥台附近的局部冲刷计算应考虑复式河槽中水流和切应力再分配的影响。

桥台附近的流场对桥台的几何形状及桥台在复式河槽中的位置非常敏感。此外,桥台冲刷也会改变流场分布。值得注意的是,对于如图 5-7 和图 5-8 所示的复式河槽,河床质组成的河漫滩在侵蚀行为上与河床质组成的主槽可能不同,漫滩上往往含有更多的细颗粒泥沙(粉粒和黏粒),而主槽泥沙则相对较粗,糙率组成单元也可能不一样。

由于桥台附近流场、河床质的复杂性,因此,工程实际中有多种冲刷类型导致桥台破坏。根据桥台伸入河道中的相对长度,可将桥台分为四类:

(1) 桥台突入主河槽中,直接受到主河床冲刷威胁(图 5-9),冲刷来源于局部冲刷和束水冲刷的共同作用。

(2) 桥台突入主河槽岸边,引起主河床冲刷而受到主河岸坍塌的威胁(图 5-10),冲刷来源于局部冲刷和束水冲刷的共同作用。

(3) 桥台止于河漫滩中,受到漫滩冲刷的威胁(图 5-11)。

(4) 桥台受到路堤冲刷的威胁(图 5-12)。

二、复式河道中桥台附近的冲刷计算

1. Melville 公式

Melville[2] 在 Wong[32]、Tey[10]、Kwan[33]、Kandasamy[34] 和 Dongol[13]

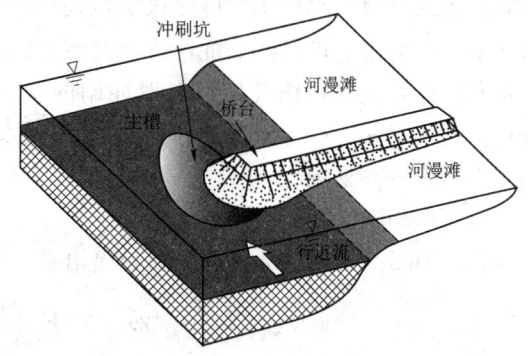

图 5-9 主河床冲刷对桥台的威胁

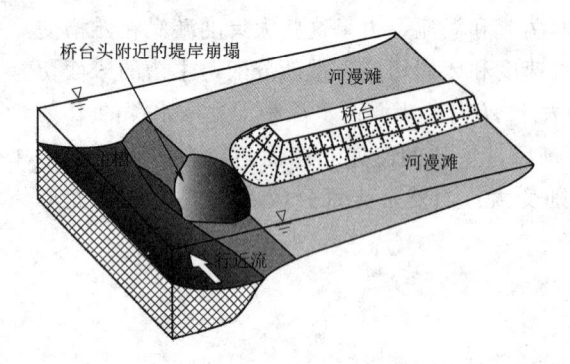

图 5-10　由主河槽冲刷导致桥台头附近的河岸坍塌

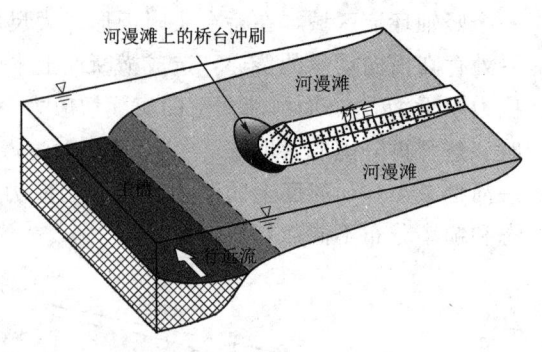

图 5-11　河漫滩上的桥台冲刷

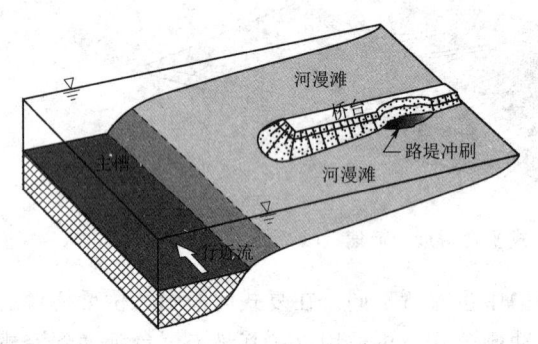

图 5-12　路堤冲刷对桥台的威胁

等的研究基础上，提出了确定桥台冲刷深度的包络曲线法，该方法考虑了水深和强度、基础的类型、形状、尺寸和交角以及行近河道几何形状的影响。Melville 和 Chiew[47] 进一步将矩形河道中桥台冲刷的研究结果[1,37]进行适当的转化，修正了式（5-5），得到了复式河道中桥台局部冲刷平衡深度 h_s 的计算公式

$$h_s = K_L K_I K_d K_s K_\theta K_G \quad (5-26)$$

式中：K_G 为河道几何形态修正系数；K_L、K_I、K_d、K_s 和 K_θ 的计算方式分别与式（5-6）～式（5-14）相同。

河道几何形态修正系数 K_G 被定义为：位于复合河道中给定桥台处的冲刷深度与位于与复式河道主槽相同宽度和深度的矩形河道中相同桥台位置的冲刷深度之比，可表达为

$$K_G = \sqrt{1 - \frac{L_*}{L_a}\left[1 - \left(\frac{h_*}{h_0}\right)^{5/3}\frac{n}{n_*}\right]} \quad (5-27)$$

式中：L_* 为河滩部分的宽度；h_* 为河滩部分的水深；n 和 n_* 分别为主河槽和河滩面的曼宁糙率系数。

值得注意的是，当河滩糙率大于主槽糙率、河滩上水深较小且桥台延伸到主槽的边坡时，从上式计算得到的 K_G 可能很小，式（5-26）的计算结果可能严重偏小。Cardoso 和 Bettess[48] 利用复式河槽中桥台位于河滩上的冲刷深度资料对上述 Melville[2] 的设计外包线进行检验，发现河槽几何形态对冲刷的影响比 Melville 公式的计算结果要小得多。另外，有研究显示，45°交角的相应冲刷深度最大[49]，因此，桥台与水流的夹角对冲刷的影响也有待进一步研究。

2. Froehlich 公式

Froehlich[11] 针对动床上的桥台提出最大冲刷深度计算公式为

$$\frac{h_s}{h_a} = 2.27 K_1 K_2 \left(\frac{L}{h_a}\right)^{0.43} Fr^{0.61} + 1 \quad (5-28)$$

式中：h_a 为桥台上游漫滩的平均水深；K_1 为桥台形状的修正系数，参见表 5-4；K_2 为

桥台与来流交角影响的无量纲修正系数;L 为桥台投影到与水流垂直方向的长度;Fr 为桥台上游来流的弗劳德数,定义为:$Fr=V_e/\sqrt{gh_a}$,V_e 为桥台上游的平均流速,$V_e=Q_e/A_e$,其中,Q_e 为桥台阻塞的流量;A_e 为桥台阻塞水流的面积。

表 5-4　　　　　　　　　　　　桥台形状的修正系数

桥台形状	直立墙桥台	翼墙直立墙桥台	溢流式桥台
K_1	1.0	0.82	0.55

3. HIRE 公式

桥台冲刷计算可用美国陆军工程兵团基于密西西比河丁坝末端冲刷实测资料获得的公式[50],Briaud 等[41] 对此进行了修订,修订后的公式被称为 HIRE 公式,适用于桥台长度大于 25 倍水深的情况,计算公式如下

$$\frac{h_s}{h_a}=7.27K_1K_2Fr^{0.33} \tag{5-29}$$

式中:h_a 为漫滩或主河道桥台处的水流深度;Fr 为桥台上游的流速和水深的弗劳德数;K_1 为桥台形状的修正系数,根据表 5-4 确定;K_2 为桥台与来流交角影响的无量纲修正系数,$K_2=\left(\frac{\theta}{90}\right)^{0.13}$。

4. NCHRP 桥台冲刷方法

美国国家公路合作研究项目 NCHRP[51] 在考虑了桥台的类型、桥台位置、水流条件和泥沙输移条件后提出了包含束水冲刷的桥台最大总冲刷深度计算公式。这些公式使用束水冲刷作为桥台冲刷的初始计算结果,然后用一个因子来反映桥台附近发展的大尺度涡流的影响。束水冲刷计算时重点考虑了桥台收缩断面上非均匀流速分布的影响。图 5-13 反映了三种不同的冲刷情况:位于或靠近主槽的桥台冲刷;桥台在河滩发生的冲刷;路堤破坏的桥台冲刷。

对于动床和清水两种冲刷情况,计算公式如下

$$h_{\max}=\alpha_a h_c \text{ 或 } h_{\max}=\beta_b h_c \tag{5-30}$$

$$h_s=h_{\max}-h_0 \tag{5-31}$$

式中:$h_{\max}$ 为桥台冲刷产生的最大水深;h_c 为含动床或清水束水冲刷时的水深;α_a 为动床条件下的放大系数;β_b 为清水条件下的放大系数;h_s 为桥台冲刷深度;h_0 为冲刷前的水深。其定义如图 5-14 所示。

(1) 冲刷情况 (a)。当桥台在水流方向的投影长度 L 大于或等于河滩长度的 75%[图 5-13 (a)],束水冲刷计算应按动床冲刷进行。束水冲刷公式为

$$h_c=h_1\left(\frac{q_2}{q_1}\right)^{6/7} \tag{5-32}$$

式中:h_c 为包含动床束水冲刷的水深;h_1 为上游水深;q_1 为上游单宽流量;q_2 为过桥断面上因河道断面收缩导致流速分布不均的单宽流量,其值大约为桥孔的总流量除以桥孔宽度。

使用 h_c 来计算式 (5-30) 中桥台附近的最大总水深,其中,贯通式(锥面式)桥台

（a）

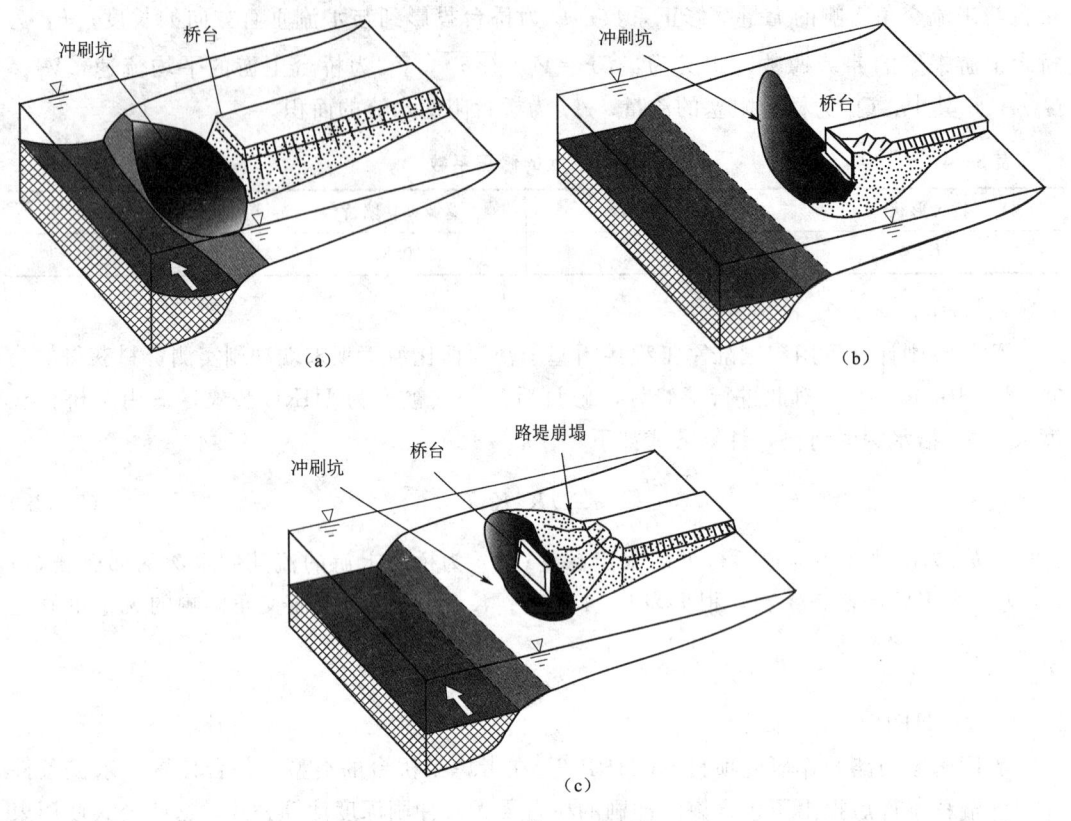

（b）

（c）

图 5-13 桥台冲刷情况

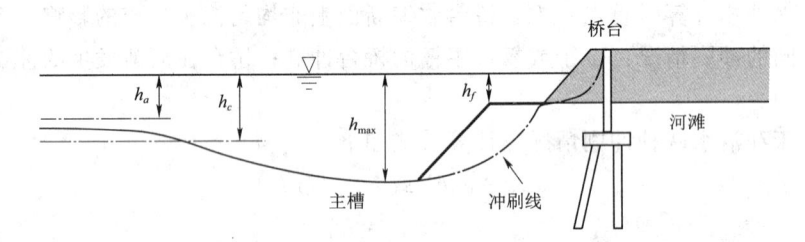

图 5-14 桥台冲刷断面示意图[51]

的 α_a 值由图 5-15 确定，翼墙式桥台的 α_a 值由图 5-16 确定。设计时应使用图中的实线，图中虚线代表的理论结果尚待实验性验证。对于较小的 q_2/q_1，束水冲刷较小，但放大系数较大，因为此时的水流分离和紊流控制着桥台冲刷过程。当 q_2/q_1 较大时，束水冲刷在桥台冲刷过程中占主要因素，放大系数较小。

（2）冲刷情况（b）。当桥台在水流方向的投影长度 L 小于河滩长度的 75%，即图 5-13（b）中的冲刷情况，束水冲刷计算应按清水进行。清水束水冲刷公式也使用单宽流量 (q)，即流量除以宽度或速度和深度的乘积。需采用两个清水束水冲刷公式。第一个公式是根据泥沙粒径计算

$$h_c = \left(\frac{q_{2f}}{6.19 d_{50}^{1/3}}\right)^{6/7} \tag{5-33}$$

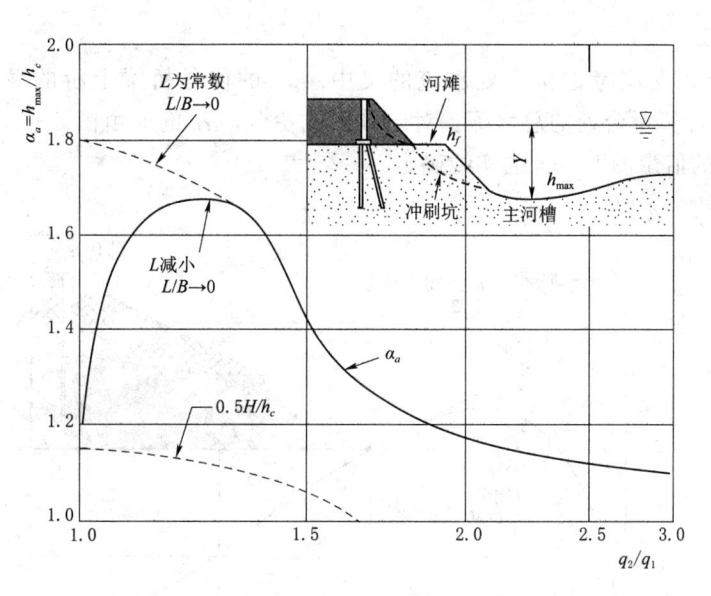

第二节　复式河槽中桥台附近的流场与局部冲刷

图 5-15　动床情况下锥面式桥台的冲刷放大系数[51]

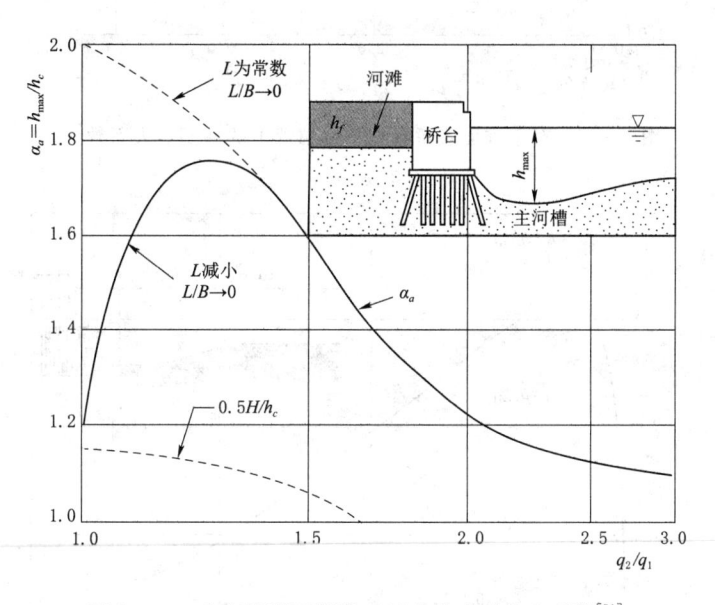

图 5-16　动床情况下翼墙式桥台的冲刷放大系数[51]

式中：h_c 为包含清水冲刷的水深；q_{2f} 为过桥断面上因河道断面收缩导致流速分布不均的单宽流量；d_{50} 为中值粒径，即粒径分布曲线上小于该粒径的泥沙质量占泥沙总质量的 50% 对应的粒径。

值得注意的是，式（5-33）的使用范围是床沙粒径大于 0.2mm。如果河滩上的临界剪应力已知，则可使用另一个清水冲刷公式

$$h_c = \left(\frac{\gamma}{\tau_c}\right)^{3/7} (nq_{2f})^{6/7} \tag{5-34}$$

式中：n 为桥下河滩的曼宁糙率系数；τ_c 为河滩泥沙的临界剪应力，Pa；γ 为水的单位重

量，N/m³。

在估算 q_{2f} 值时应考虑桥台处水流的集中。q_f 的值是桥梁上游的漫滩流量。h_c 为式（5-19）中计算桥台处的总水深。对于锥面式桥台，α_b 的值由图 5-17 确定；对于翼墙式桥台，α_b 的值由图 5-18 的实线确定。

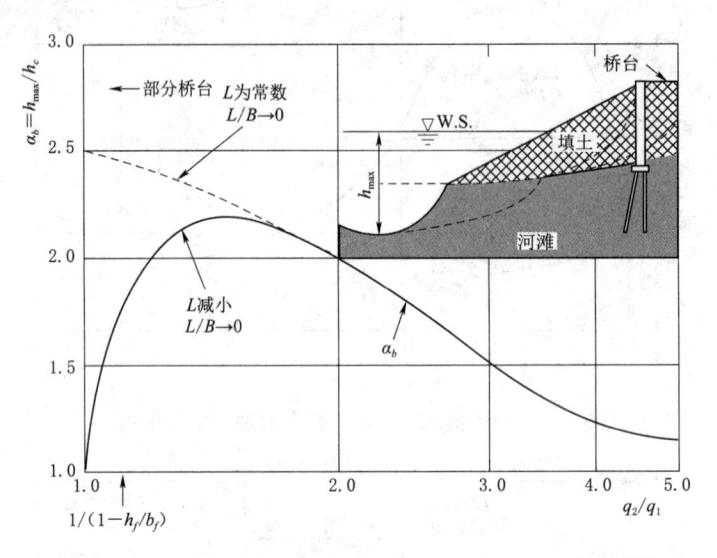

图 5-17　对于锥面式桥台在清水情况下的冲刷放大系数[51]

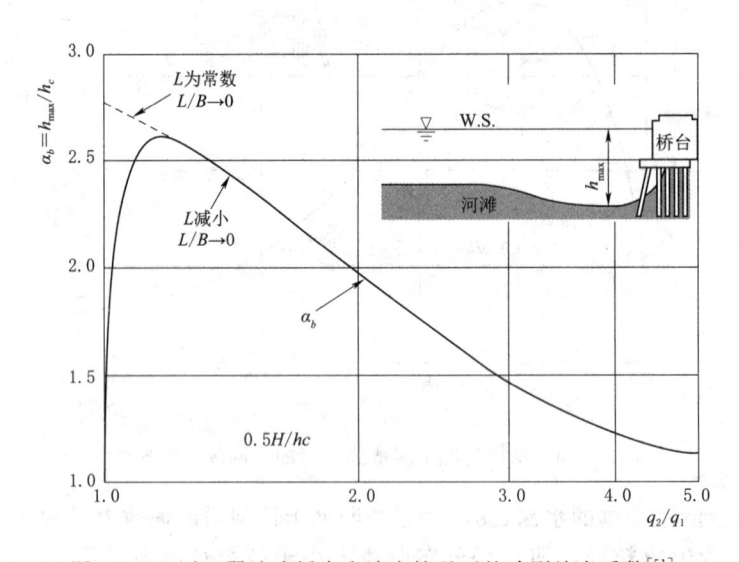

图 5-18　对于翼墙式桥台在清水情况下的冲刷放大系数[51]

对于冲刷情况（a）或（b）的冲刷估算，还应考虑河堤或桥台的稳定性。在确定桥台冲刷计算公式中的变量时存在许多不确定性，如河滩上泥沙粒径或临界剪应力、桥台附近的单宽流量值。利用二维水动力数值模型比利用一维模型计算得到的单宽流量更可靠，因此，桥台冲刷流速和单宽流量推荐采用二维水动力数值模型计算确定。如果使用一维模型，速度和单宽流量估算如下：确定各桥台的阻挡率。阻挡率（SBR）是桥台阻挡长度与主河道水深的比率,而阻挡长度是桥台坡脚到主槽最近边缘的距离。

(1) 当两个桥台的 SBR<5 时(图 5-19),根据整个桥洞的收缩断面计算水流速度 Q/A,Q 为扣除越堤后的上游总流量,主槽内的单宽流量是流速与主槽水深的乘积,桥台处的单宽流量是河滩上流速与滩面水深的乘积。

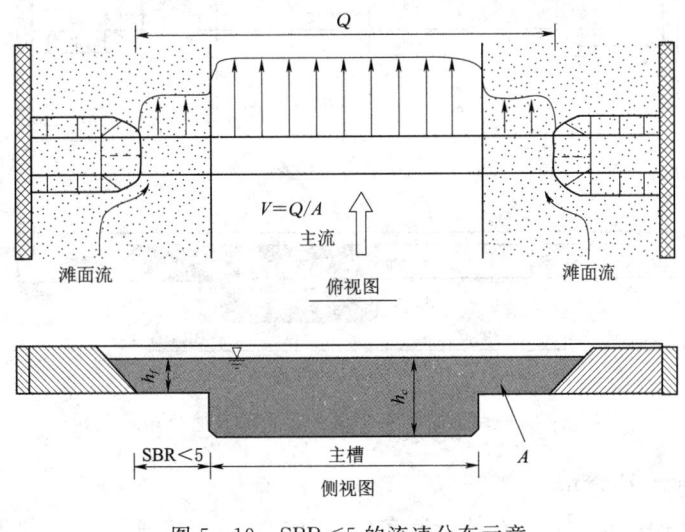

图 5-19 SBR<5 的流速分布示意

(2) 如果两个桥台的 SBR≥5(图 5-20),则仅计算相应的漫滩流量。假设整个上游漫滩流通过桥孔停留在漫滩断面上,桥台处的单宽流量则为漫滩流速乘以漫滩水深。

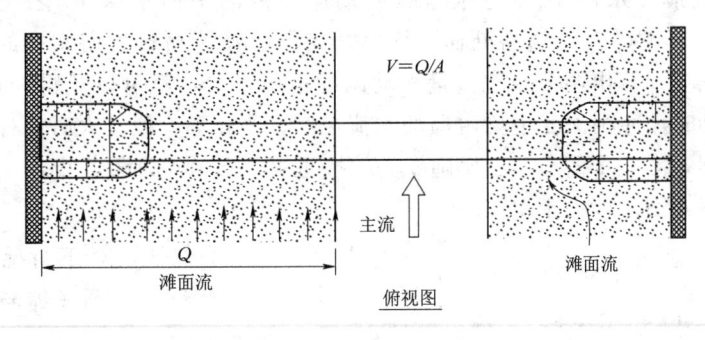

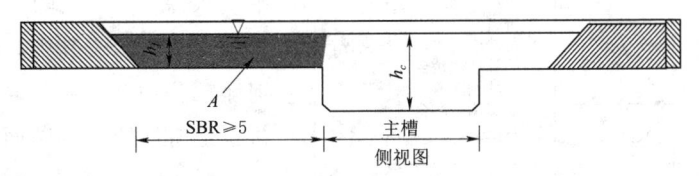

图 5-20 SBR≥5 的流速分布示意

(3) 如果桥梁一个桥台的 SBR<5,另一个桥台的 SBR≥5(图 5-21),SBR<5 的桥台的流速应基于以桥台到主槽对岸为界的过流面积,而相应的流量则是上游主槽流量加上与桥台有关的上游漫滩流量。主槽的单宽流量为计算的速度乘以主槽水深,桥台处的单宽流量等于计算的流速乘以漫滩水深。数值实验证明,当估计的速度不超过主槽中的最大速

度时，上述方法非常适合于估计在桥台处的速度。

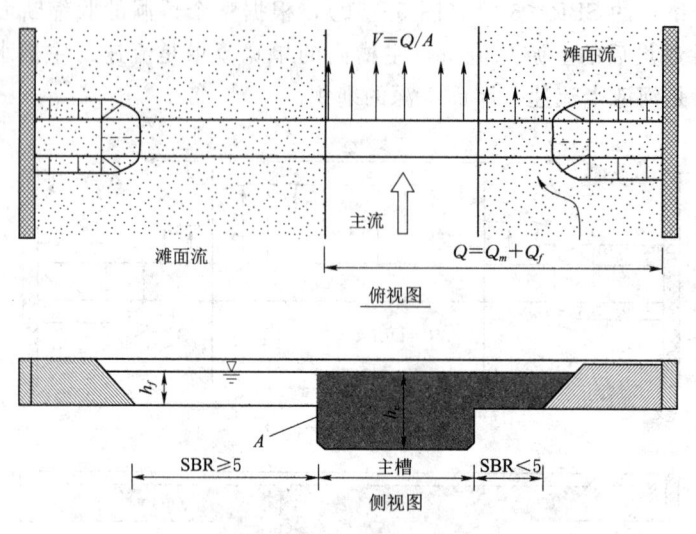

图 5-21 两个阻挡率不同的桥台的流速分布示意

5. Yorozuya 和 Ettema 方法

Yorozuya 和 Ettema[52] 针对桥台所在位置（如图 5-13 所述的 3 种不同情况）进行实验与分析，对于情况（a）和（b）的冲刷计算方法，已经纳入美国设计指南 HEC-18[42]。对于情况（a），作者将可以冲刷河滩和不可冲刷河滩两种情况的实验成果整理归纳得到：冲刷坑最大水深 Y_{max} 与压缩断面动床水流的平衡水深 Y_c 之比随 q_2/q_1 的变化（图 5-22）。其中，q_2 为过桥断面平均单宽流量，q_1 为桥位上游主槽的断面平均单宽流量。因此，只要计算出两个单宽流量和动床的平衡水深，就可以获得冲刷的最大深度。当 q_2/q_1 值较小时，冲刷深度主要由局部水流控制；当 q_2/q_1 值较大时，冲刷深度主要由水流收缩所控制，因此 Y_{max}/Y_c 之比随 q_2/q_1 接近略高于 Y_c 的渐近线，是桥台周围水流产生的紊流使得冲刷深度大于 Y_c。

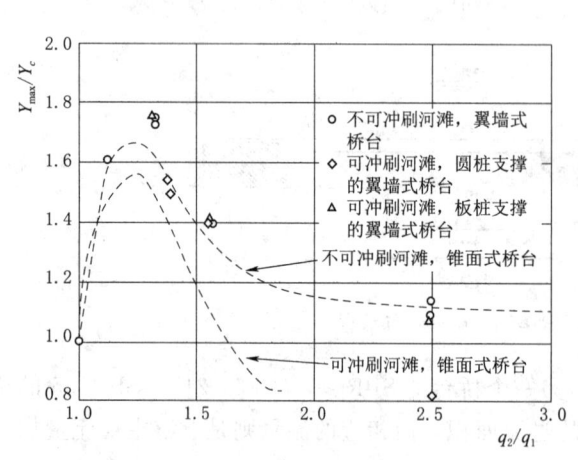

图 5-22 翼墙式和锥面式桥台在情况（a）的 Y_{max}/Y_c 随 q_2/q_1 的变化

类似地，对于情况（b），冲刷坑最大水深 Y_{max} 与压缩断面动床水流的平衡水深 Y_c 之比随 q_{f2}/q_f 的变化如图 5-23 所示。其中，q_{f2} 为过桥断面河滩部分的断面平均单宽流量，q_f 为桥位上游河滩上的断面平均单宽流量。

对于情况（c），冲刷由充分发展的三维流场所控制，冲刷深度须用桥墩冲刷的半经验方法估算。然而，河流中的水流往往不是恒稳的，流量变化非常迅速，此外，许多河流的河床具有多层地质条件[53]。

6. 《公路工程水文勘测设计规范》方法

JTG C30—2015《公路工程水文勘测设计规范》规定，桥台最大冲刷深度应结合桥位河床特征、压缩程度等情况，分析、计算比较后确定。对于非黏性河床桥台局部冲刷最大深度，可分河槽、河滩按下列公式计算。

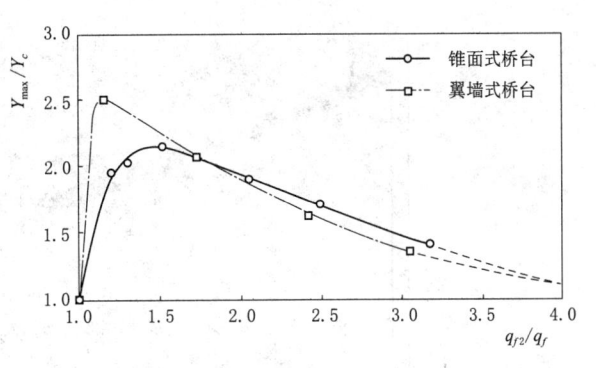

图 5-23 翼墙式和锥面式桥台在情况（b）的 Y_{max}/Y_c 随 q_{f2}/q_f 的变化

桥台位于河槽时

当 $\dfrac{h_p}{d} \leqslant 500$ 时 $\quad h_s = 1.17 k_\varepsilon k_a k_p \left(\dfrac{l}{h_p}\right)^{0.6} \left(\dfrac{\overline{d}}{h_p}\right)^{-0.15} \left[\dfrac{(V-V_c)^2}{gh_p}\right]^{0.15}$ (5-35)

当 $\dfrac{h_p}{d} > 500$ 时 $\quad h_s = 1.17 k_\varepsilon k_a k_p \left(\dfrac{l}{h_p}\right)^{0.6} \left(\dfrac{\overline{d}}{h_p}\right)^{-0.10} \left[\dfrac{(V-V_c)^2}{gh_p}\right]^{0.15}$ (5-36)

$$k_a = \left(\dfrac{\alpha}{90}\right)^{0.2}, \alpha \leqslant 90° \quad (5-37)$$

式中：h_p 为桥下河槽部分普遍冲刷后的水深，m；k_ε 为台型系数，可按表 5-5 选用；α 为桥（台）轴线与水流夹角，桥轴线与水流垂直时，$\alpha = 90°$；k_a 为桥台与水流交角系数；l 为垂直于水流流向的桥台和路堤长度，或称桥台和路堤阻挡过流的宽度，m，使用范围为 $\dfrac{l}{h_p} = 0.16 \sim 8.80$；$\overline{d}$ 为河槽泥沙平均粒径，m；V 为普遍冲刷后台前行近流速，m/s；V_c 为台前泥沙始冲流速，m/s。

表 5-5 台型系数 k_ε 值

桥台形式	k_ε	桥台形式	k_ε
埋置式直立桥台	0.39～0.42	埋置式肋板桥台	0.43～0.47
重力式 U 形桥台	0.92		

桥台位于河滩时，局部冲刷深度仍可按式（5-35）～式（5-37）计算，但其中水、沙变量均取河滩上的相应值。

三、桥台局部冲刷最大深度计算实例

为冲刷评估和保护对策设计，根据以下条件确定桥台附近的最大冲刷深度。如图 5-24 所示，桥位与河道的夹角为 70°，桥台结构为带翼墙的直立墙，右桥台（包括引堤）的投影长度为 24m，左侧桥台工程位于 240m 漫滩上，投影长度为 240m。

（1）已知：对于右桥台，右漫滩阻塞流量为 26.7m³/s，堤岸上游漫滩流平均水深为 1.1m。求：右桥台冲刷深度。

解：$L = 24\cos(90° - 70°) = 22.6$ (m)。$h_a = 1.1$m。所以，$L/h_a = 22.6/1.1 = 20.5 < 25$，使用 Froehlich[11] 针对动床上桥台提出的式（5-28），查表得 K_1 为 0.82。$K_2 = \left(\dfrac{\theta}{90}\right)^{0.13} =$

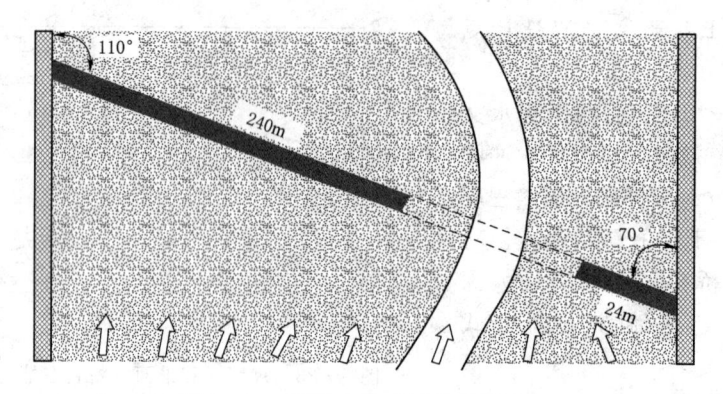

图 5-24 桥梁在复式河道中的示意

$\left(\dfrac{70}{90}\right)^{0.13}=0.97$。

$A_e=h_a L=22.6\times 1.1=24.86(\text{m}^2)$，$V_e=Q_e/A_e=26.7/24.86=1.074(\text{m/s})$。

$$Fr=\frac{V_e}{\sqrt{gh_a}}=\frac{1.074}{\sqrt{9.8\times 1.1}}=0.327$$

依据二维水流计算，桥台头上游的流速 $V=1.4\text{m/s}$，水深为 1.5m，单宽流量 $q_e=1.5\times 1.4=2.1(\text{m}^2/\text{s})$。因此，右桥台阻挡水流的长度为

$$L'=\frac{q_b}{q_e}=\frac{26.7}{2.1}=12.71(\text{m})$$

因此，代入式（5-28）可得：$h_s=4.78\text{m}$。

（2）已知右桥台头部的水深为 1.9m，桥台头部的速度 $V_1=3.0\text{m/s}$。求：右桥台冲刷深度。

解：
$$L=240\cos(110°-90°)=225.5(\text{m})$$
$$h_1=1.9\text{m}$$

$L/h_1=118.7>25$，因此使用 HIRE 公式

$$Fr_1=\frac{V_1}{\sqrt{gh_1}}=\frac{3}{\sqrt{9.8\times 1.9}}=0.7$$

查表得 K_1 为 0.82。$K_2=\left(\dfrac{\theta}{90}\right)^{0.13}=\left(\dfrac{110}{90}\right)^{0.13}=1.03$，依据式（5-29）：

$$\frac{h_s}{h_a}=7.27K_1K_2Fr^{0.33}=7.27\times 0.82\times 1.03\times 0.7^{0.33}=5.46$$

所以，$h_s=5.46\times 1.9=10.37(\text{m})$。

第三节 桥台冲刷最大深度的位置与冲刷范围

为了制定桥台的防冲刷保护方案，除需要知道最大冲刷深度外，还需要确定最大冲刷深度的位置。图 5-25 为理想化的位于复式河道内较宽河滩上的桥台。通常，河滩天然植

被的保护使河滩免受侵蚀，洪水期间滩面来流水流条件可视为"清水"。锥面式桥台的冲刷坑中心的位置由桥台头到冲刷坑最深处的距离 R、夹角 α 及冲刷坑边缘离桥台所在河岸的最大距离 b 确定，Melville 等[54]对实验数据回归分析发现，这些变量依赖于桥台（包括路堤）长度 L 和护坦保护宽 W。而 α 被发现总是约为 30°，R 和 b 建议由下式确定

$$\frac{R}{h_f}=C_1\left(\frac{L}{h_f}\right)^{0.2}\left(1+\frac{W}{h_f}\right)^{\varphi} \tag{5-38}$$

$$\frac{b}{h_f}=C_2\left(\frac{L}{h_f}\right)^{0.7}\left(1+\frac{W}{h_f}\right)^{\beta} \tag{5-39}$$

式中：h_f 为行洪河槽的水深；C_1、C_2、φ 和 β 取决于护坦保护类型，对于抛石，$C_1=C_2=4$，$\varphi=0.4$，$\beta=0.1$；而对于缆系块，$C_1=1.0$，$C_2=2.2$，$\varphi=0.9$ 和 $\beta=0.4$。

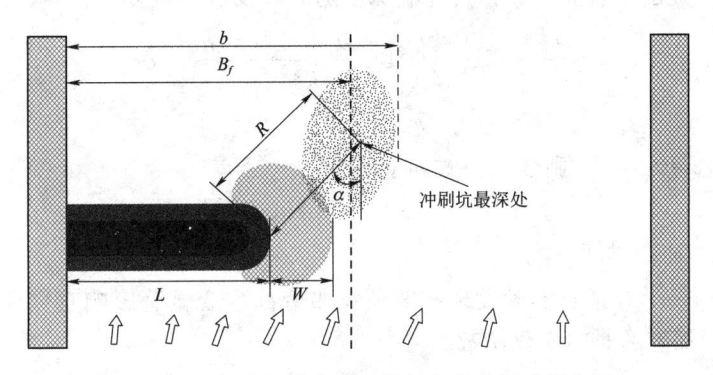

图 5-25 复式河道内锥面式桥台的最深冲刷位置

桥台越长，L 越大，冲刷坑越深，R 和 b 相应增加。随着 W 的增加，冲刷坑偏离桥台端部的距离进一步增加，即 R 和 b 增加。与同等抛石护坦相比，缆系块保护的桥台冲刷坑更靠近桥台。也就是说，抛石防护的 R 和 b 大于缆系块。随着抛石护坦边缘的冲刷发展，外缘的石块被移动并滚入冲刷坑，从而保护冲刷坑内的底床免受进一步冲刷，并使冲刷区偏离桥台更远。缆系块垫则防止了这类情况的发生。

现行美国设计规范将抛石护坦从桥台坡脚外伸直到水深 2 倍[49,55,56]之处。如图 5-26 所示，锥面式桥台头到冲刷坑最深处的距离 R 随桥台长度 L、h_a 及 B_f 变化，可表达为

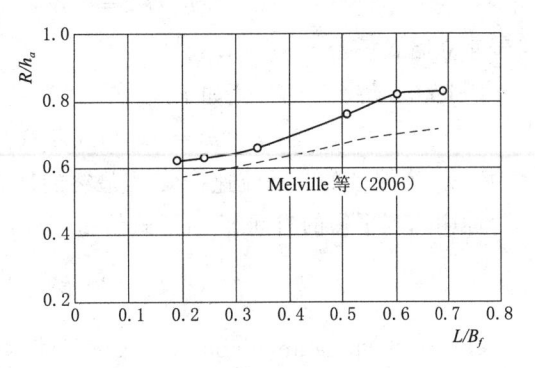

图 5-26 锥面式桥台头到冲刷坑最深处的距离变化

$$R=4h_a L^{0.2} B_f^{0.2} \tag{5-40}$$

式中：h_a 为桥台头处的水深。

第四节 桥台局部冲刷随时间的变化规律

当桥台附近的底床冲刷随着时间的推移不断发生变化，冲刷范围和冲刷深度不断增加，冲刷坑随时间不断发展直至稳定。对冲刷深度随时间变化的研究已有很多，部分学者认为冲刷深度随时间的变化是一种对数关系[8,9,19,52,57]，也有学者认为是指数关系[4,34,47,58-60]，而 Breusers[61] 和 Cunha[29] 却认为是幂律关系。目前，反映桥台冲刷深度随时间变化的公式较少。

Ahmad[4] 给出了丁坝冲刷深度随时间变化的计算式

$$h_{st} = h_s(1 - m e^{-nt}) \tag{5-41}$$

式中：h_{st} 为冲刷时间 t 对应的冲刷深度；h_s 为最大冲刷深度；m、n 为常数。

Laursen[36] 提出了直立墙式桥台冲刷深度随时间发展的微分方程

$$\frac{x_d^{3.5}}{1 - x_d^{1.5}} \mathrm{d}x_d = 0.48 \frac{(d/h)^{1.5}(g/h)^{0.5}}{(1/h)^2 (\tau_0/\tau_c)^{1.5}} \mathrm{d}t \tag{5-42}$$

其中
$$x_d = h_{st}/h_s$$

Cardoso 和 Bettess[48] 则建议公式如下

$$h_{st}/h_s = 1 - \exp[-1.025(t/T_e)^{0.35}] \tag{5-43}$$

式中：T_e 为平衡冲刷时间。

Kohli 和 Hager[62] 通过实验发现密度颗粒弗劳德数会显著影响直立墙式桥台的冲刷深度，提出冲刷深度的时间变化函数为

$$h_{st} = (F_d^2/10)(hL/\cos\theta_a)^{0.5} \lg[t(\Delta g d_{50})^{0.5}/10h] \tag{5-44}$$

Oliveto 和 Hager[18] 进行了试验，研究了圆形桥墩和直立墙式桥台冲刷深度的时间发展。他们提出的清水冲刷深度公式如下

$$h_s/L_R = 0.068 N_s \sigma_g^{-0.5} F_d^{1.5} \lg T_R \tag{5-45}$$

对于直立墙式桥台，$N_s = 1.25$。

Coleman 等[19] 的公式如下

$$h_{st}/h_s = \exp\{-0.07(V_c/V)[\ln(t/T_e)]^{1.5}\} \tag{5-46}$$

式中：V_c 为泥沙的起动流速；h_s 为最终的最大冲刷深度。

冲刷达到平衡的时间 T 由下式给出：

$$T_e = 20.83 \frac{L}{V} \left(\frac{V}{V_c}\right)^3 \left(\frac{h}{L}\right)^{0.8} \tag{5-47}$$

Ghani 和 Mohammadpour[63] 探讨了清水条件下复式桥台的局部冲刷的时间变化过程。该复式桥台是在一个较大的矩形基础上建立的矩形桥台，基础的顶面位于初始床面下。他们的试验表明，冲刷会快速达到基础顶面，然后这个基础使得冲刷发展迟缓一段时间，迟缓滞后的时间长短取决于桥台的尺寸、基础尺寸和基础高程。比较复式桥台和桥墩的冲刷过程发现，桥台瞬时冲刷深度的变化趋势与桥墩非常相似。此外，基础高程、尺寸和速度比（U/U_c）是影响最大冲刷深度和滞后时间的主要因素。

参考文献

[1] Melville B W. Pier and abutment scour: integrated approach [J]. Journal of Hydraulic Engineering, 1997, 123 (2): 125-136.

[2] Melville B W. Local scour at bridge abutments [J]. Journal of Hydraulic Engineering, 1992, 118 (4): 615-631.

[3] Kothyari U C, Raju K G. Scour around spur dikes and bridge abutments [J]. Journal of Hydraulic Research, 2001, 39 (4): 367-374.

[4] Ahmad M. Experiments on design and behavior of spur dikes [C]. Proceedings of 5th IAHR, 1953: 145-159.

[5] Liu H K, Chang F M, Skinner M M. Effect of bridge constriction on scour and backwater [R]. Colorado State University. Department of Civil Engineering; United States. Bureau of Public Roads, 1961.

[6] Garde R J, Subramanya K, Nambudaripad K D. Study of scour around spur dikes [J]. Journal of the Hydraulics Division, 1961, 87 (6): 23-27.

[7] Laursen E M, Toch A. Scour around bridge piers and abutments [M]. Iowa Highway Research Board, Bulletin No. 4, 1956.

[8] Gill M A. Erosion of sand beds around spur dikes [J]. Journal of the Hydraulics Division, 1972, 98 (9): 1587-1602.

[9] Rajaratnam N, Nwachukwu B A. Flow near groin-like structures [J]. Journal of Hydraulic Engineering, 1983, 109 (3): 463-480.

[10] Tey C B. Local scour at bridge abutments [R]. Report No. 329, School of Engineering, University of Auckland, Auckland, New Zealand, 1984.

[11] Froehlich D C. Local scour at bridge abutments [C]. Proceedings of the National Conference on Hydraulic Engineering, New Orleans, LA, ASCE, 1989: 13-18.

[12] Kwan T F, Melville B W. Local scour and flow measurements at bridge abutments [J]. Journal of Hydraulic Research, 1994, 32 (5): 661-673.

[13] Dongol D M S. Local scour at bridge abutments [R]. Report No. 544, School of Engineering, University of Auckland, Auckland, New Zealand, 1994.

[14] Lim S Y. Equilibrium clear-water scour around an abutment [J]. Journalof Hydraulic Engineering, 1997, 123 (3): 237-243.

[15] Kouchakzadeh S, Townsend R D. Maximum scour depth at bridge abutments terminating in the floodplain zone [J]. Canadian Journal of Civil Engineering, 1997, 24 (6): 996-1006.

[16] Ahmed F, Rajaratnam N. Observations on flow around bridge abutment [J]. Journal of Engineering Mechanics, 2000, 126 (1): 51-59.

[17] Melville B W, Coleman S E. Bridge scour [M]. Water Resources Publications, Fort Collins, Co., 2000.

[18] Oliveto G, Hager W H. Temporal evolution of clearwater pier and abutment scour [J]. Journal of Hydraulic Engineering, 2002, 128 (9): 811-820.

[19] Coleman S E, Lauchlan C S, Melville B W. Clear-water scour development at bridge abutments [J]. Journal of Hydraulic Research, 2003, 41 (5): 521-531.

[20] Abou-seida M M, Elsaeed G H, Mostafa T M, et al. Local scour at bridge abutments in cohesive soil [J]. Journal of Hydraulic Research, 2012, 50 (2): 171-180.

[21] Briaud J L, Chen H C, Chang K A, et al. Abutment scour in cohesive materials: National Cooperative Highway Research Program, Transportation Research Board, Washington, D. C., 2009, 435 p.

[22] Molinas A, Reiad-Yakoub N G, Jones S. Effect of cohesion on abutment scour [C]. Proceedings of International Conference of Water Resources Engineering, ASCE, Reston VA, 1998, 1: 252-257.

[23] Reaid-Yakoub N G. Effect of cohesion on bridge abutment scour [D]. PhD Thesis, Civil Engineering Department, Colorado State University, Fort Collins, Co., 1995.

[24] Nasrallah T H, Moussa Y A, Abdelaal G M, et al. Experimental and numerical simulation of scour at bridge abutment provided with different arrangements of collars [J]. Alexandria Engineering Journal, 2016, 55 (2): 1455-1463.

[25] Barbhuiya A K, Dey S. Local scour at abutments: A review [J]. Sadhana-academy Proceedings in Engineering Sciences, 2004, 29 (5): 449-476.

[26] Ettema R, Nakato T, Muste N. Estimation of scour depth at bridge abutments: National Cooperative Highway Research Program, Transportation Research Board, Washington, D. C., 2010, 436p.

[27] Kwan T F. A study of abutment scour [R]. Report No. 451, School of Engineering, University of Auckland, Auckland, New Zealand, 1988.

[28] Kothyari U C, Garde R J, Ranga Raju K G. Temporal variation of scour around circular bridge piers [J]. Journal of Hydraulic Engineering, 1992, 118 (8): 1091-1106.

[29] Koken M, Constantinescu G. An investigation ofthe flow and scour mechanisms around isolated spur dikes in a shallow open channel: 1. Conditions corresponding to the initiation of the erosion and deposition process [J]. Water Resources Research, 2008, 44: W08407.

[30] Cunha L V. Time evolution of local scour [C]. Proceedings of 16th Conference of the International Association for Hydraulic Research (Delft: IAHR), 1975: 285-299.

[31] Zaghloul N A. Analytical and experimental investigations of flow around of a spur-dike [D]. University of Windsor, 1974.

[32] Wong W H. Scour at bridge abutments [R]. Report No. 275, School of Engineering, University of Auckland, Auckland, New Zealand, 1982.

[33] Kwan T F. Study of abutment scour [R]. Report No. 328, School of Engineering, The University of Auckland, New Zealand, 1984.

[34] Kandasamy J K. Abutment scour [R]. Report No. 458, School of Engineering, The University of Auckland, New Zealand, 1989.

[35] Ettema R, Yoon B, Nakato T, et al. A review of scour conditions and scour-estimation difficulties for bridge abutments [J]. Journal of Civil Engineering, KSCE, 2004, 8 (6): 643-650.

[36] Laursen E M. An analysis of relief bridge scour [J]. Journal of the Hydraulics Division, 1963, 92 (3): 93-118.

[37] Melville B W. Bridge abutment scour in two-stage channels [J]. Journal of Hydraulic Engineering, 1995, 121 (12): 863-868.

[38] Lim S Y, Cheng N S. Prediction of live-bed scour at bridge abutments [J]. Journal of Hydraulic Engineering, 1998, 124 (6): 635-638.

[39] Richardson E V, Simons D B, Julien P Y. Highways in the river environment [R]. Report No. FHWA-HI-90-016, Federal Highway Administration, USDOT, Washington, D. C., 1990: 650.

参 考 文 献

[40] Richardson E V, Davis S R. Evaluating scour at bridges [R]. ReportNo. FHWA - IP90 - 017, Federal Highway Administration Hydraulic Engineering Circular, USDOT, Washington, DC, 1995: 204.

[41] Briaud J L, Chen H C, Chang K A, et al. The sricos - EFA method [R]. Summary Report, Texas A&M University, 2011.

[42] Arneson L A, Zevenbergen L W, Lagasse P F, et al. Evaluating scour at bridges fifth edition [R]. Hydraulic Engineering Circular No. 18, Publication No. FHWA - HIF - 12 - 003, 2012.

[43] Debnath K, Chaudhuri S, Manik M K. Local scour around abutment in clay/sand - mixed cohesive sediment bed [J]. ISH Journal of Hydraulic Engineering, 2014, 20 (1): 46 - 64.

[44] Knight D W, Yuen K W H, Alhamid A A I. Boundary shear stress distributions in open channel flow [M]. Physical mechanisms of mixing and transport in the environment, Beven, K., Chatwin, P., Millbank, J., eds., Wiley, New York, 1994: 51 - 87.

[45] Knight D W, Shiono K. River channel and floodplain hydraulics [M]. Floodplain processes, Anderson, Walling, and Bates, eds., Wiley, New York, 1996: 139 - 181.

[46] Yang K, Cao S, Knight D W. Flow patterns in compound channels with vegetated floodplains [J]. Journal of Hydraulic Engineering, 2007, 133 (2): 148 - 159.

[47] Melville B W, Chiew Y M. Time scale for local scour at bridge piers [J]. Journal of Hydraulic Engineering, 1999, 125 (1): 59 - 65.

[48] Cardoso A H, Bettess R. Effect of time channel geometry on scour at bridge abutments [J]. Journal of Hydraulic Engineering, 1999, 125 (4): 388 - 399.

[49] Kuhnle R A, Alonso C V, Shields F D. Local scour associated with angled spur dikes [J]. Journal of Hydraulic Engineering, 2002, 128 (12): 1087 - 1093.

[50] FHWA (Federal Highway Administration). Bridge scour and stream instability countermeasures: Experience, selection and design guidance [R]. HEC - 23, U. S. DOT, Washington, D. C., 2009.

[51] National Cooperative Highway Research Program (Sheppard D M, Melville B W, Deamir H). Scour at wide piers and long skewed piers [R]. NCHRP Report 682, National Academy of Science, Washington, D. C., 2011.

[52] Yorozuya A, Ettema R. Three abutment scour conditions at bridge waterways [J]. Journal of Hydraulic Engineering, 2015, 141 (12).

[53] Ettema R E. Scour at bridge piers [R]. Report No. 236. School of Engineering, The University of Auckland, New Zealand, 1980.

[54] Melville B, Van Ballegooy S, Coleman S, et al. Countermeasure toe protection at spill - through abutments [J]. Journal of Hydraulic Engineering, 2006, 132 (3): 235 - 245.

[55] Morales R, Ettema R, Barkdoll B. Large - scale flume tests of riprap - apron performance at a bridge abutment on a floodplain [J]. Journal of Hydraulic Engineering, 2008, 134 (6): 800 - 809.

[56] Lagasse P F, Schall J D, Zevenbergen L W, et al. Bridge scour countermeasures [R]. Rep. No. FHWA NHI 01 - 003, Federal Highway Administration, Washington, D. C., 2001.

[57] Oliveto G, Hager W H. Temporal evolution of clearwater pier and abutment scour [J]. Journal of Hydraulic Engineering, 2002, 128 (9): 811 - 820.

[58] Franzetti S, Larcan E, Mignosa, P. Influence of tests duration on the evaluation of ultimate scour around circular piers [C]. International Conference on the Hydraulic Modeling of Civil Engineering Structures, Paper G2, U. K., 1982.

[59] Ballio F, Orsi E. Time evolution of scour around bridge abutments [J]. Water Engineering Re-

search, 2001, 2 (4): 243-259.
[60] Whitehouse R J S. Scour at marine structures: a manual for engineers and scientists [R]. Research Report SR417, HR Wallingford Limited, Wallingford, UK, 1997.
[61] Breusers H N C. Time scale of two-dimensional local scour [C]. Proceedings of 12th Congress IAHR, 1967, 3: 275-282.
[62] Kohli A, Hager W H. Building scour in floodplains [C]. Proceedings of the Institution of Civil Engineers-Water and Maritime Engineering, London, 2001, 148: 61-80.
[63] Ghani A A, Mohammadpour R. Temporal variation of clear-water scour at compound Abutments [J]. Ain Shams Engineering Journal, 2016, 7 (4): 1045-1052.

第六章　桩墩冲刷的类型与束水冲刷

在洪水过程中，河流上的桥墩经常受到低流量的清水冲刷、高流量的动床冲刷。早期冲刷加深了冲刷坑，然后又会被重新淤积，遇到新的洪水又被重新冲刷，如此经历几次洪水后桥墩局部冲刷才可能达到最大值。在潮流和波浪环境中的桩墩冲刷也类似。虽然最大的局部清水冲刷比动床的平衡冲刷深大约10%[1]，但桥梁冲刷引发的事故大多数是因动床冲刷[2]。对于广义的桩墩冲刷而言，实验室内遇到的都是局部冲刷，自然界中存在不同的冲刷类型，甚至几种类型的冲刷共同作用。

桩墩局部冲刷深度直接影响摩擦桩墩基础承载力，冲刷最深时可达一二十米，结果导致桩周总摩擦力显著减小，基础的上部结构处于不安全的状态。对桥梁安全危害最大的是桥台及桥墩周围的冲刷。此外，最低冲刷线也是海洋中桩墩防腐保护的重要技术参数。因此，必须准确计算桩墩的最大冲刷深度。

第一节　桩墩冲刷的类型

桩墩冲刷可分为：普遍冲刷、底床的整体冲刷下切与淤积抬升、束水冲刷和局部冲刷。此外，底床上沙波的传播也可能影响桩墩冲刷。普遍冲刷的概念在第三章第四节已经介绍，是桩墩附近区域底床质被不断冲走使整个床面降低；底床的整体冲刷下切与淤积抬升是一个大时间尺度的演变反映，是长时期内该区域底床在整体上发生普遍冲刷导致底床高程不断降低，或因不断淤积而使底床高程不断抬高；束水冲刷是桩墩压缩了过水断面，增加整个过流断面的流速，从而冲走底床质使床面降低；局部冲刷是指桩墩的阻水作用形成下潜流，冲走底床质使床面降低，局部冲刷仅发生在桩墩附近的局部底床上。建桥后，上述所有组成部分的总和决定了桥墩或桥台的总冲刷深度。尽管这些过程大多同时发生，但现有的桩墩局部冲刷计算公式多是建立在不发生普遍冲刷、没有长期的整体下切或淤积抬升和没有束水冲刷基础上的。因此，在计算桩墩局部冲刷之前，必须计算可能的普遍冲刷、整体下切或淤积抬升和束水冲刷幅度，再以此调整底床高程，然后计算桩墩的局部冲刷。

在受限水域修建桩墩，将会减小过流断面、压缩水流，改变水流流态，从而可能产生束水冲刷。如图6-1所示，桥梁修建在一个由主槽和河滩组成的复式河道上，建桥后由于过水断面的减小，流速增加，发生束水冲刷，导致河床降至虚线位置。在桥墩和桥台附近，由于桥墩和桥台对局部水流的改变，河床继续冲刷降低，形成局部冲刷坑。

根据冲刷发生的范围，通常将桥墩附近的冲刷分为桥墩附近的普遍冲刷、束水冲刷和局部冲刷。局部冲刷仅发生在桥墩或桥台附近的局部河床上，而束水冲刷则可能发生在整

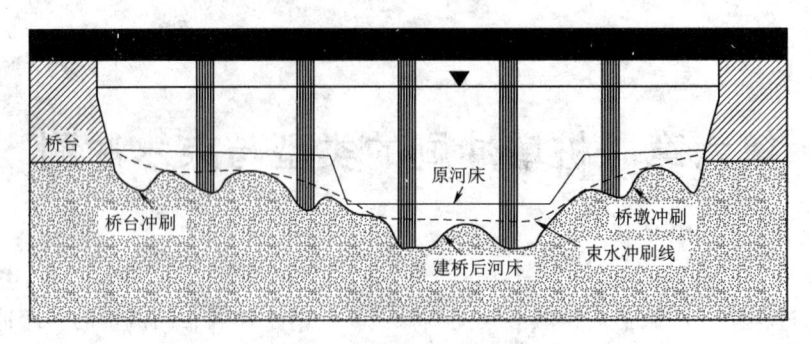

图 6-1 桥梁断面上的冲刷

个过桥断面上。束水冲刷在以下两个条件满足时停止：

(1) 进入桥孔的泥沙输移量等于被搬出桥孔的输移量（动床冲刷）。

(2) 泥沙有效平均粒径的临界起动速度（或临界起动切应力）等于水流的平均速度（或床面切应力）（清水冲刷）。

桥墩附近的冲刷，按上游是否有来沙补给情况又可分为清水冲刷和动床冲刷。清水冲刷与动床冲刷的划分通常是依据行近流速相对于泥沙起动流速的大小。清水冲刷发生的条件是行近流速小于床沙中值粒径的起动流速。在清水冲刷情况下，桥墩附近的泥沙被水流搬运，形成冲刷坑，搬运出冲刷坑的泥沙不能被水流带走而沉积在冲刷坑的下游，形成淤积丘。随冲刷时间的推移，冲刷强度不断减小，越来越少的泥沙被搬运出冲刷坑外。当没有泥沙被搬运出冲刷坑时，冲刷达到平衡，冲刷坑底床上没有泥沙运动或有少量颗粒做来回运动，此后冲刷深度不再增加。

动床冲刷发生的条件是行近流速大于床沙中值粒径的起动流速。在动床冲刷情况下，桥墩附近的泥沙被水流搬运，形成冲刷坑，搬运出冲刷坑的泥沙被水流带走，而在冲刷坑下游的泥沙淤积丘较小或不存在。随冲刷时间的推移，冲刷强度不断减小，越来越少的泥沙被搬运出冲刷坑外，当上游泥沙来量等于被搬运出冲刷坑外的沙量时，冲刷达到平衡，虽然冲刷床面上可能仍有泥沙运动，但冲刷深度不再增加。

对于桥梁，当洪水位超过桥梁下弦以后，过桥水流受桥板等上部结构的挤压不再为明渠流，而是一种受压流，影响束水冲刷的因素发生变化。此外，复式河槽中的束水冲刷也有别于单一河槽中的束水冲刷。

第二节 桩墩引起的束水冲刷

由前述可知，在受限水域修建桩墩可能会引起束水冲刷。同样的，开阔水域修建的密集桩墩也会引起束水冲刷。束水冲刷深度的计算对桩墩设计非常重要，高估冲刷深度会导致不必要的建设成本，而低估则可能导致桥梁损毁。

迄今普遍认为，行近水深、行近流速、垂直于水流方向的桥台长度、平行于水流方向的桥台宽度、收缩断面宽度是影响束水冲刷深度的主要因素[2-10]。尽管在一些早期的研究中，收缩率（收缩断面宽度与横断面宽度之比）被认为是影响冲刷过程的主要因素[5,11-13]，但其他许多有关束水冲刷的研究则忽略了收缩率的影响[14-17]。甚至有研究表明，当收缩率小于0.35时，收缩率对束水冲刷深度的影响较弱[18]。此外，桥孔内流态及冲刷深度受收缩长度和偏角的影响[19]。一些学者建议使用过流阻塞百分比而非收缩面积来预测最大冲刷深度[20-21]。

除通过水动力数值模拟[22-24]和物理模型实验[25]获得束水冲刷深度外，束水冲刷深度的计算公式多数是基于清水冲刷稳定假定或动床冲刷稳定假定，主要计算方法分述如下。

一、清水情况下的束水冲刷深度

当来流为清水，桥梁断面上束水冲刷率为零时，清水冲刷达到平衡的条件为[26]

$$\tau_0 = \tau_c \tag{6-1}$$

式中：τ_0 为收缩断面上的平均床面切应力；τ_c 为泥沙起动的临界切应力。

收缩断面上的平均床面切应力计算式为

$$\tau_0 = \frac{\rho g n^2 V^2}{h^{1/3}} \quad \text{或} \quad \tau_0 = \rho g h S_0 \tag{6-2}$$

$$V = \frac{1}{n} h^{2/3} S_0^{1/2} \quad \text{或} \quad S_0 = \frac{n^2 V^2}{h^{4/3}} \tag{6-3}$$

式中：V 为水流流速，m/s；ρ 为水的密度，kg/m³；n 为曼宁糙率系数；h 为水深，m；S_0 为水力坡降。在清水冲刷下床面无沙波，曼宁糙率系数可以采用

$$n = \frac{d^{1/6}}{21} \tag{6-4}$$

式中：d 为床沙的代表粒径，mm。

泥沙起动的临界切应力为

$$\tau_c = \theta_c (\rho_s - \rho) g d \tag{6-5}$$

式中：τ_c 为泥沙起动的临界切应力，Pa；θ_c 为泥沙起动临界希尔兹数；ρ_s 为泥沙颗粒密度，kg/m³。

从而可以求得泥沙起动时的水深

$$h = \left[\frac{n^2 V^2}{\theta_c (\rho_s/\rho - 1) d} \right]^{3/7} \tag{6-6}$$

或用流量 Q 表示，即

$$h = \left[\frac{n^2 Q^2}{\theta_c (\rho_s/\rho - 1) d B^2} \right]^{3/7} \tag{6-7}$$

式中：B 为桥孔总宽度，m。

因此，束水冲刷深度 h_s 为

$$h_s = \left[\frac{n^2 Q^2}{\theta_c (\rho_s/\rho - 1) d B^2} \right]^{3/7} - h_0 \tag{6-8}$$

式中：h_0 为冲刷前桥位处的原始水深，m。

值得注意的是，天然河床往往由非均匀沙组成。对于非均匀沙床面，冲刷坑内泥沙组成会随冲刷过程而不断变化，平均粒径大于原始河床的平均粒径，床面逐步形成粗化层，抑制冲刷发展。不同学者采用不同的粗化粒径，如 Richardson 和 Davis[27] 建议 d 采用

$1.25d_{50}$，笔者建议采用 $\sigma_g^2 d_{50}$。另外，如果底床是黏性泥沙，还需要考虑泥沙颗粒间的黏结强度，起动临界希尔兹数公式建议如下：

$$\theta_{cr}=(0.056-0.033e^{-0.0115D_*}+0.12e^{-0.25D_*}+0.48e^{-3.8D_*})$$
$$\times[e^{9.8\times10^{-4}\tau_r\exp(-0.4D_*)}] \qquad(6-9)$$

式中：θ_{cr} 为起动希尔兹数；D_* 为无量纲的泥沙尺寸参数，$D_*=d_{50}[(\rho_s-\rho)/\rho(g/v^2)]^{1/3}$；$\tau_r$ 为无量纲的屈服应力参数，$\tau_r=\tau_y/[\rho_s(vg)^{2/3}]$，$v$ 为水的运动黏度，τ_y 为屈服应力。

Straub 等[28] 则提出

$$h_s=0.94h_1\left(\frac{1.83V_2}{\sqrt{gh_1}}-\frac{\sqrt{\tau_c/\rho}}{gnh_1^{1/3}}\right) \qquad(6-10)$$

式中：h_s 为桥梁束水的最大冲刷深度；h_1 为上游平均水深（或主航道水深）；V_2 为河道收缩断面的平均流速（在桥墩未建前的桥墩位置）；τ_c 为泥沙的起动切应力；n 为曼宁糙率系数；g 为重力加速度。

类似地，Ghazvinei 等[29] 提出的最大束水冲刷深度计算公式为

$$h_{sc}=0.55h_1\left(\frac{1.97V_1b_1}{b_2\sqrt{gh_1}}-\frac{\sqrt{\tau_c/\rho}}{gnh_1^{1/3}}\right) \qquad(6-11)$$

式中：b_1 为非收缩（假设无桥梁）河道宽度；b_2 为收缩河道宽度。

二、动床情况下的束水冲刷

Richardson 和 Davis[27] 对 Laursen[26] 的束水冲刷深度计算方法进行了修正，得到

$$\frac{h_2}{h_1}=\left(\frac{Q_2}{Q_1}\right)^{6/7}\left(\frac{W_1}{W_2}\right)^{k_1} \qquad(6-12)$$

$$h_s=h_2-h_0 \qquad(6-13)$$

式中：h_1 为主槽上游的平均水深，m；h_2 为收缩断面的平均水深，m；W_1 为主槽上游的平均底宽，m；W_2 为扣除桥台、桥墩后收缩断面的平均底宽，m；Q_1 为上游输送泥沙的流量，m³/s；Q_2 为收缩断面的流量，m³/s；k_1 为系数，取值见表 6-1。表 6-1 中，V_* 为上游断面的摩阻流速，m/s；ω 为泥沙粒径 d_{50} 的沉降速度，m/s。

表 6-1　系数 k_1 的取值

V_*/ω	k_1	泥沙输移强度
<0.50	0.59	推移质为主
0.50~2.0	0.64	推移质和悬移质并重
>2.0	0.69	悬移质为主

需要特别注意的是：

(1) 复式河槽中主槽和河滩的划分，滩槽的水力要素应分别计算。

(2) 判别主槽和河滩的不同位置为清水冲刷还是动床冲刷。

(3) 主槽和河滩上水深及流量的确定，可以利用经验或水动力数值模型计算。

(4) 床沙组成分层时，要针对床沙的不同层逐步进行计算，先按第一层床沙算出冲刷深度，判别冲刷是否会发展到下一层；即当计算得到的冲刷深度大于该层的厚度，则冲刷会发展到下一层床沙。然后，按下一层的床沙级配重新计算冲刷深度，依次进行，直至某一层不会被冲刷穿透，最后根据最终水深计算出冲刷的总深度。

第三节 受压流引起的束水冲刷

当过流能力不足而洪水从桥面上通过时（图 6-2），桥面下的水流为受压水流。过桥总流量由桥上和桥下的流量组成，即

$$Q_\text{总} = Q_\text{堰} + Q_\text{淹} \quad (6-14)$$

式中：$Q_\text{总}$ 为总流量；$Q_\text{堰}$ 为通过桥上的流量；$Q_\text{淹}$ 为通过桥下的流量。

根据质量守恒，有

$$V_a h_a B = V_a w B + V_c (h_0 + h_s) B \quad (6-15)$$

式中：w 为桥面至水面的高度；B 为桥孔断面宽度。

式（6-15）假定桥面上的流速约等于行近速度 V_a，且在冲刷平衡状态下桥下的流速约等于行近流的泥沙起动流速 V_c。简化和重新排列上式可得

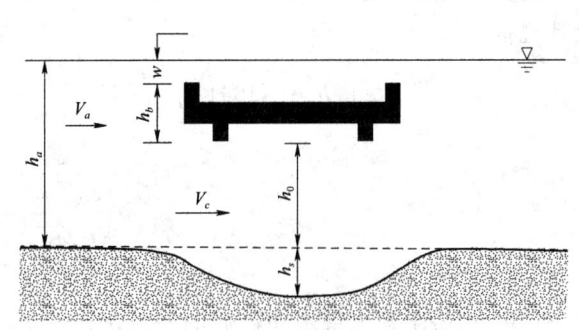

图 6-2 漫桥水流

$$h_0 + h_s = \frac{V_a}{V_c}(h_a - w) \quad (6-16)$$

将式（6-16）除以行近深度得到以下无量纲表达式：

$$\frac{h_0 + h_s}{h_a} = \frac{V_a}{V_c}\left(1 - \frac{w}{h_a}\right) \quad (6-17)$$

其中，对于流量不超过桥面的情况，$w=0$。

Umbrell 等[30] 利用实验资料进行回归分析，修正式（6-17）得到

$$\frac{h_0 + h_s}{h_a} = 1.12\left[\frac{V_a}{V_c}\left(1 - \frac{w}{h_a}\right)\right]^{0.603} \quad (6-18)$$

则最大束水冲刷深度可以表达为

$$h_s = h_a \left\{1.12\left[\frac{V_a}{V_c}\left(1 - \frac{w}{h_a}\right)\right]^{0.603}\right\} - h_0 \quad (6-19)$$

当计算值出现负值时，可认为是没有受压流冲刷。式（6-19）中，泥沙起动流速 V_c 可采用 Richardson 等[31] 提出的公式计算

$$V_c = 1.58\sqrt{(\rho_s/\rho - 1)g d_{50}}\left(\frac{h_0}{d_{50}}\right)^{0.167} \quad (6-20)$$

第四节 复式河槽的束水冲刷

一、非黏性底床上桥下束水冲刷深度的计算

对于复式河槽，非黏性底床上桥下束水冲刷最大深度应该按河滩、河槽分别计算。单一河槽是复式河槽的特殊情况，其河滩宽度为 0。

(一) 64-Ⅱ简化式

64-Ⅱ简化式依据桥下河槽断面推移质输沙量的平衡条件推导得到,原始形式在1964年我国"桥渡冲刷计算学术会议"上被推荐试用,常称为64-Ⅱ式,因系数计算烦琐而很少使用,后经过西安交通学院(今长安大学)于1989年5月提出64-Ⅱ简化式,将原来的变系数、变指数修改为定系数、定指数[32],并列入JTGC30—2015《公路工程水文勘测设计规范》。

$$h_p = 1.04\left(A_d \frac{Q_2}{Q_m}\right)^{0.90}\left[\frac{B_m}{\mu(1-\beta)B_{mg}}\right]^{0.66} h_{mm} \quad (6-21)$$

$$Q_2 = \frac{Q_m}{Q_m + Q_{o1}} Q_p \quad (6-22)$$

$$A_d = \left(\frac{\sqrt{B_z}}{h_z}\right)^{0.15} \quad (6-23)$$

式中:h_p 为桥下河滩束水冲刷后的最大水深,m;Q_p 为设计洪峰流量,m³/s;Q_2 为桥下断面上河槽部分通过的设计流量,对于单一河槽则为 Q_p,m³/s;Q_m 为天然状态下(建桥前)桥下的河槽部分通过的流量,m³/s;Q_{o1} 为天然状态下桥下的河滩部分通过的流量,m³/s;B_m 天然状态下桥下主河槽宽度,m;B_{mg} 为桥长范围内河槽宽度,对于单一河槽则为桥孔总长度,m;B_z 为造床流量下的河滩宽度,对于复式河床可取平滩水位时的河槽宽度,m;β 为在设计洪峰水位下,在 B_{mg} 范围内,桥墩阻水总面积与过水面积的比值;μ 为桥墩水流侧向压缩系数,见表6-2;h_{mm} 为设计洪峰流量下主槽的最大水深,m;h_z 为造床流量下主槽的水深,对于复式河床可取平滩水位时的河槽水深,m;A_d 为单宽流量集中系数,当 $A_d \geqslant 1.8$ 时,取1.8。

表6-2　　　　　　　　　　桥墩水流侧向压缩系数 μ

设计流速 V_s /(m/s)	单孔净跨径 L_0/m								
	≤10	13	16	20	25	30	35	40	45
<1.0	1.00	1.00	1.00	1.00	1.00	1.00	1.00	1.00	1.00
1.0	0.96	0.97	0.98	0.99	0.99	0.99	0.99	0.99	0.99
1.5	0.96	0.96	0.97	0.98	0.98	0.98	0.98	0.99	0.99
2.0	0.93	0.94	0.95	0.97	0.97	0.97	0.98	0.98	0.98
2.5	0.90	0.93	0.94	0.96	0.96	0.97	0.97	0.98	0.98
3.0	0.89	0.91	0.93	0.95	0.95	0.96	0.96	0.97	0.97
3.5	0.87	0.90	0.92	0.94	0.95	0.96	0.96	0.97	0.97
≥4.0	0.85	0.88	0.91	0.93	0.94	0.95	0.96	0.96	0.97

注　1. 系数 μ 是指墩台侧面因漩涡形成滞留区而减少过水面积的折减系数。

　　2. 当单孔净跨径 $L_0 > 45$m 时,可按 $\mu = 1 - 0.375\dfrac{V_s}{L_0}$ 计算。对不等跨的桥孔,可采用各孔 μ 值的平均值。单孔净跨径 $L_0 > 200$m 时,取 $\mu \approx 1.0$。

64-Ⅱ简化式没有考虑悬移质的影响,其使用范围存在一定局限性,比较适用于推移质运动为主的沙质河段。此外,公式中的系数和指数是根据现场实测冲刷资料制定的,往往难以分割普遍冲刷和束水冲刷，公式使用时应加以注意。

(二) 64-Ⅰ修正式

1. 河槽部分

在1964年我国"桥渡冲刷计算学术会议"上推荐了另外一个公式——64-Ⅰ式，它是基于冲止流速概念获得的。JTJ 062—1991《公路桥位勘测设计规范》对64-Ⅰ式进行了局部修正，得到64-Ⅰ修正式。冲止流速是指冲刷停止时的垂线平均流速。桥下过水断面上任意垂线的平均流速在冲刷过程中降低到该垂线的冲止流速时，冲刷即停止，此时冲刷深度达到最大，流速为

$$V_z = E d_{50}^{1/6} h_p^{2/3} \tag{6-24}$$

式中：V_z 为冲止流速；E 为与含沙量有关的参数；d_{50} 为河床中值粒径。

根据流量守恒原理，得到束水冲刷停止时桥下最大水深为

$$h_p = \left(\frac{A_d Q_2}{\mu B_{mb} E d_m^{1/6}}\right)^{3/5} \frac{h_{mm}}{h_{mb}} \tag{6-25}$$

式中：A_d 为单宽流量集中系数，$A_d = (\sqrt{B_z}/h_z)^{0.15}$；$B_z$ 为造床流量下的河滩宽度，对于复式河床可取平滩水位时的河槽宽度，m；h_z 为平槽水位时河槽的平均水深，m；μ 为桥墩水流侧向压缩系数，见表6-2；Q_2 为桥下断面上河槽部分设计流量，对于单一河槽则为Q_p，m³/s；B_{mb} 为河槽部分桥孔过水净宽，对于单一河槽则为全桥的桥孔过水净宽，m；h_{mm} 为设计洪峰流量下主槽的最大水深，m；h_{mb} 为桥下河槽部分的平均水深，m；d_m 为河槽的泥沙平均粒径，m；E 为一个与历年汛期月最大含沙量平均值有关的系数，可按表6-3选用。

表6-3　　　　　系　数　E　的　取　值

含沙量/(kg/m³)	<1.0	1~10	>10
E	0.46	0.66	0.86

2. 河滩部分

根据上述冲止流速的概念和最大水深h_p的推求原理，桥下河滩部分束水冲刷后的最大水深的计算公式为

$$h_p = \left[\frac{Q_f}{\mu V_{h1} B_{fb}}\left(\frac{h_{fm}}{h_{fb}}\right)^{5/3}\right]^{5/6} \tag{6-26}$$

$$Q_f = \frac{Q_{o1}}{Q_m + Q_{o1}} Q_p \tag{6-27}$$

式中：h_p 为桥下河滩束水冲刷后的最大水深，m；Q_f 为桥下河滩部分通过的流量，m³/s；h_{fm} 为洪峰流量下桥下河滩部分的最大水深，m；h_{fb} 为洪峰流量下桥下河滩部分的平均水深，m；B_{fb} 为洪峰流量下河滩部分桥孔净宽，m；Q_{o1} 为天然状态下桥下的河滩部分通过的流量，m³/s；Q_p 为设计洪峰流量，m³/s；Q_m 为天然状态下（建桥前）桥下的河槽部分通过的流量，m³/s；μ 为桥墩水流侧向压缩系数，见表6-2；V_{h1} 为河滩水深为1m时，非黏性土的不冲刷流速或冲止流速，m/s，取值见表6-4，可采用沙玉清公式进行计算。

表 6-4　　　　　　　　　　　　　V_{h1} 的 取 值

河床泥沙		$\overline{d}$/mm	V_{h1}/(m/s)	河床泥沙		$\overline{d}$/mm	V_{h1}/(m/s)
砂	细	0.05~0.25	0.35~0.32	卵石	小	20~40	1.50~2.00
	中	0.25~0.50	0.32~0.40		中	40~60	2.00~2.30
	粗	0.50~2.00	0.40~0.60		大	60~200	2.30~3.60
圆砾	小	2.00~5.00	0.60~0.90	漂石	小	200~400	3.60~4.70
	中	5.00~10.00	0.90~1.20		中	400~800	4.70~6.00
	大	10~20	1.20~1.50		大	>800	>6.00

二、黏性底床上桥下束水冲刷深度的计算

黏性底床上桥下束水冲刷深度同样应该按河滩、河槽分别计算。

1. 河滩部分

桥下束水冲刷后的最大水深 h_p 为

$$h_p = \left[\frac{\dfrac{Q_f}{\mu B_{fb}} \left(\dfrac{h_{fm}}{h_{fb}} \right)^{5/3}}{0.33 \left(\dfrac{1}{I_L} \right)} \right]^{6/7} \tag{6-28}$$

式中：I_L 为冲刷坑范围内黏性土液性指数，适用范围为 0.16~1.19。

2. 河槽部分

桥下河槽内束水冲刷后的最大水深 h_p 为

$$h_p = \left[\frac{A_d \dfrac{Q_m}{\mu B_{mb}} \left(\dfrac{h_{mm}}{h_{mb}} \right)^{5/3}}{0.33 \left(\dfrac{1}{I_L} \right)} \right]^{5/8} \tag{6-29}$$

值得特别注意的是，按上述理论计算束水冲刷后得到的行近流速将发生变化，并非原洪峰流量下的行近流速，河滩上非黏性底床束水冲刷后墩前的行近流速由 64-Ⅱ 简化式（6-21）可得

$$V_a = \frac{A_d^{0.1}}{1.04} \left(\frac{Q_2}{Q_m} \right)^{0.1} \left[\frac{B_m}{\mu(1-\beta)B_{mg}} \right]^{0.34} \left(\frac{h_{mm}}{h_m} \right)^{2/3} V_m \tag{6-30}$$

式中：V_a 为束水冲刷后墩前行近流速，m/s；V_m 为主槽平均流速，m/s；h_m 为主槽平均水深，m。

河滩上非黏性底床束水冲刷后墩前的行近流速由 64-Ⅰ 修正式（6-25）可得

$$V_a = E d_m^{1/6} h_p^{2/3} \tag{6-31}$$

河槽上非黏性底床束水冲刷后墩前的行近流速由式（6-26）可得

$$V_a = V_{h1} h_p^{1/5} \tag{6-32}$$

河滩上黏性底床束水冲刷后墩前的行近流速由式（6-28）可得

$$V_a = \frac{0.33}{I_L} h_p^{1/5} \tag{6-33}$$

河槽上黏性底床束水冲刷后墩前的行近流速由式（6-29）可得

$$V_a = \frac{0.33}{I_L} h_p^{1/6} \qquad (6-34)$$

参考文献

[1] Richardson E V, Davis S R. Evaluating scour at bridges [M]. 4th ed. Federal Highway Administration, Washington, DC, USA, 2001.

[2] Chang F, Davis S R. Maryland SHA procedure for estimating scour at bridge abutments [M]. ASCE, Reston, VA, USA, 1999.

[3] Dey S, Barbhuiyab A K. Velocity and turbulence in a scour hole at a vertical-wall abutment [J]. Flow Measurement and Instrumentation, 2006, 17 (1): 13-21.

[4] Duc B M, Rodi W. Numerical simulation of contraction scour in an open laboratory channel [J]. Journal of Hydraulic Engineering, 2008, 134 (4): 367-377.

[5] Hahn E M, Lyn D A. Anomalous contraction scour? Vertical-contraction case [J]. Journal of Hydraulic Engineering, 2010, 136 (2): 137-141.

[6] Jiang J, Ganju N K, Ashish J, et al. Estimation of contraction scour in riverbed using SERF [J]. Journal of Waterway, Port, Coastal, and Ocean Engineering, 2004, 130 (4): 215-218.

[7] Lim S Y, Cheng N S. Scouring in long contractions [J]. Journal of Irrigation and Drainage Engineering, 1998, 124 (5): 258-261.

[8] Sturm T W. Scour around bankline and setback abutments in compound channels [J]. Journal of Hydraulic Engineering, 2006, 132 (1): 21-32.

[9] Wu B, Wang G. Backwater computation for choking flood flows through bridge contractions [J]. Water International, 2005, 30 (1): 6.

[10] Yanmaz A M, Kose O. Surface characteristics of scouring at bridge elements [J]. Turkish Journal of Engineering and Environmental Science, 2007, 31: 127-134.

[11] Garde R J, Subramanya K, Nambudripad K D. Study of scour around spur-dikes [J]. Journal of the Hydraulics Division, 1961, 88: 23-37.

[12] Gill M A. Erosion of sand beds around spur dikes [J]. Journal of Hydraulics Division, 1972, 98 (9): 1587-1601.

[13] Hong S. Interaction of bridge contraction scour and pier scour in a laboratory river model [R]. MSc thesis, Georgia Institute of Technology, Atlanta, GA, USA, 2005.

[14] Coleman S E, Lauchlan C S, Melville B W. Clear-water scour development at bridge abutments [J]. Journal of Hydraulic Research, 2003, 41 (5): 521-531.

[15] Kothyari U C, Raju K G R. Scour around spur dikes and bridge abutments [J]. Journal of Hydraulic Research, 2001, 39 (4): 367-374.

[16] Melville B W. Pier and abutment scour: integrated approach [J]. Journal of Hydraulic Engineering, 1997, 123 (2): 125-136.

[17] Oliveto G, Hager W H. Temporal evolution of clear-water pier and abutment scour [J]. Journal of Hydraulic Engineering, 2002, 128 (9): 811-820.

[18] Ballio F, Teruzzi A, Radice A. Constriction effects in clear-water scour at abutments [J]. Journal of Hydraulic Engineering, 2009, 135 (2): 140-145.

[19] Li Y. Bridge pier scour and contraction scour in cohesive soils on the basis of flume tests [D]. Texas: Texas A&M University, 2002.

[20] Kouchakzadeh S, Townsend D R. Maximum scour depth at bridge abutments terminating in the floodplain zone [J]. Canadian Journal of Civil Engineering, 1997, 24: 996-1006.

[21] Sturm T W, Janjua N S. Clear-water scour around abutments in floodplains [J]. Journal of Hydraulic Engineering, 1994, 120 (8): 956-972.

[22] Lai Y G, Greimann B P. Predicting contraction scour with a two-dimensional depth-averaged model [J]. Journal of Hydraulic Research, 2010, 48 (3): 383-387.

[23] 郭辉. 桥渡压缩冲刷数值模拟研究 [D]. 北京：北京交通大学, 2013.

[24] Burkow M, Griebel M. A full three dimensional numerical simulation of the sediment transport and the scouring at a rectangular obstacle [J]. Computers & Fluids, 2016, 125: 1-10.

[25] Hong S, Abid I. Physical model study of bridge contractionscour [J]. Ksce Journal of Civil Engineering, 2015, 20 (6): 1-8.

[26] Laursen E M. An analysis of relief bridge scour [J]. Journal of the Hydraulics Division, 1963, 92 (3): 93-118.

[27] Richardson E V, Davis S R. Evaluating scour at bridges [R]. Report No. FHWA-IP90-017, Federal Highway Administration Hydraulic Engineering Circular, USDOT, Washington, DC, 1995: 204.

[28] Straub T D, Over T M, Domanski M M. Ultimate pier and contraction scour prediction in cohesive soils at selected bridges in Illinois [R]. FHWA-ICT-13-025, Illinois Center for Transportation, Illinois, USA, 2013: 40.

[29] Ghazvinei P T, Ariffin J, Mohammad T A. Contraction scour analysis at protruding bridge abutments [C]. Proceedings of the Institution of Civil Engineers Bridge Engineering, 2016, 169 (BE1): 39-53.

[30] Umbrell E R, Young G K, Stein S M, et al. Clear-water contraction scour under bridges in pressure flow [J]. Journal of Hydraulic Engineering, 1998, 124 (2): 236-240.

[31] Richardson J R, Richardson E V. Discussion of local scour at bridge abutments. By B. W. Melville [J]. Journal of Hydraulic Engineering, 1993, 119 (9): 1069-1071.

[32] 尚久驷. 桥渡设计 [M]. 北京：中国铁道出版社, 1980.

第七章 桥墩附近的流场与局部冲刷

立于底床上的桩墩会阻挡来流和波浪，从而改变桩墩附近原有底流场，往往会引起桥墩附近发生局部冲刷。桥墩附近的局部冲刷是桥梁灾害的主要原因之一，是桥梁设计必须深入考虑的重要问题。本章将介绍桥墩附近的流场分布特性、桥墩局部冲刷的时变规律、桥墩局部冲刷最大深度和最大宽度的计算方法等。

第一节 单个桩墩附近的流场

桩墩附近的水流非常复杂，往往具有显著的三维特性。如图7-1所示，单个直立桥墩附近的水流由下潜流、马蹄涡、尾涡组成。随着水流行近至圆柱形桥墩前，由于桥墩的阻水，水流流速减小，水位抬高，在垂直面上形成一个压力差迫使上部水流向下运动而形成下潜流，下潜流向床面运动时将受到底床的阻碍而导致流速减小，形成大于上游的水压强，迫使水体沿底床向上游运动，并与床面发生分离而形成次生涡流。

图7-2和图7-3进一步显示了圆柱形桥墩附近存在一个大涡体，当

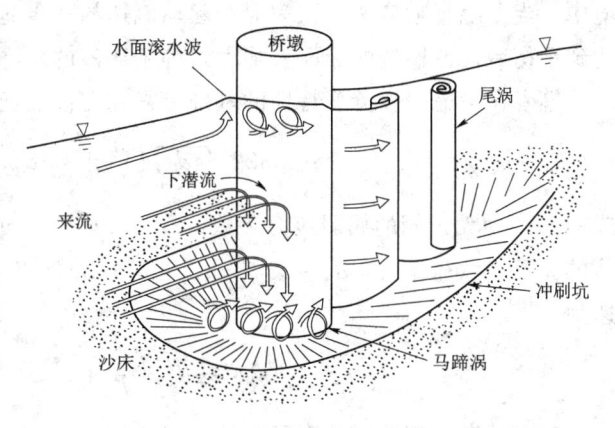

图7-1 圆柱形桥墩周围的水流运动特征[1]

下潜流触底后向上游运动。由于这些次生涡流的形状像马蹄，因而被称为马蹄涡。当雷诺数达到一定值后，马蹄涡的产生、漂移与消亡具有周期性。这种下潜流运动形成的马蹄涡大大增加了床面切应力，是桥墩冲刷的一个主要因素。下潜流的强度随冲刷坑深度的增加而减小，直至冲刷到达平衡而停止[2]。

与马蹄涡不同的是，由于水体在下潜运动的同时还会受到上游来流的席卷，形成不稳定的尾涡，并因桥墩的阻挡而发生侧向偏转，水流从桥墩侧壁或尾部分离形成立轴尾涡[3]。由于这些尾涡的旋转轴垂直，且涡体会一串一串出现，因此又称为立轴线涡。这些尾涡在雷诺数小于50时是稳定的。当雷诺数达到一定值时，尾涡不再稳定而向下游漂移，形成一串一串漩涡，这些漩涡随水流向下游运动，与下游水体不断掺混而消亡。

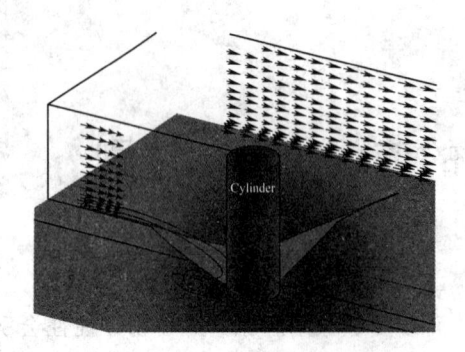

图 7-2　圆柱形桥墩附近的流场　　　　图 7-3　圆柱侧断面上的流场

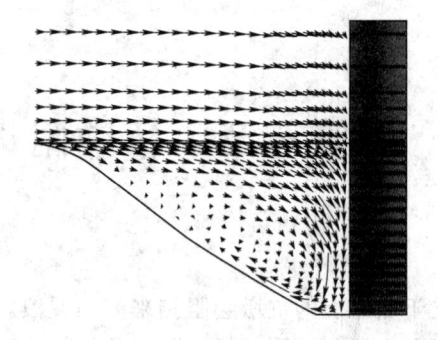

第二节　单个桥墩局部冲刷的发展特性

一、桥墩局部冲刷的起冲流速

桥墩局部冲刷的起冲流速是桥墩附近刚好要发生局部冲刷时的行近流速。在明渠流环境中，当上游行近流速大致为泥沙起动流速的一半时，圆柱形桥墩处会发生冲刷[4]；冲刷达到平衡后，冲刷坑的床面坡降大致等于床沙的水下休止角[5-7]。

笔者在考虑泥沙流变特性的基础上得到泥沙的起动流速为

$$V_{cr} = 0.322\sqrt{gd_{50}}\left(\frac{h}{d_{50}}\right)^{0.374} e^{4.96\times 10^{-4}\tau_r \exp(-0.4d_{gr})} \quad (7-1)$$

式中：τ_r 为无量纲的屈服应力参数，$\tau_r = \tau_y/[\rho_s \times (vg)^{2/3}]$，$v$ 为水的运动黏度；d_{gr} 为泥沙的无量纲粒径参数，$d_{gr} = d_{50}[g(\rho_s-\rho)/(\rho v^2)]^{1/3}$。因此，桥墩发生局部冲刷的起冲流速为

$$V_{min} = 0.16\sqrt{gd_{50}}\left(\frac{h}{d_{50}}\right)^{0.374} e^{4.96\times 10^{-4}\tau_r \exp(-0.4d_{gr})} \quad (7-2)$$

二、桥墩局部冲刷达到平衡的历时

由于天然河流中的洪水过程受天气、流域特性、人类活动等诸多因素的影响，一场洪水的过程是非恒定变化的，致使桥墩的局部冲刷发展历程不同。在河流低水位时，多沙河流中桥墩周围的冲刷坑通常被上游来沙回填；当涨洪水时，桥墩附近的冲刷坑随流速增大而被冲刷，直至在洪峰流量附近出现最强冲刷；在洪峰过后的初始落洪阶段，冲刷仍然进行，直到洪峰流量降到某一值时，冲刷才停止，此时的冲刷坑深度达到此次洪水的冲刷深度最大值；随着洪水的进一步衰退，桥墩周围的冲刷坑开始被上游来沙回填，回填的程度取决于上游的来沙量，当上游来流强度小于泥沙的起动条件，上游无来沙，回填停止。

多场洪水的排列组合不同，最大冲刷深度也将不同。在前一场洪水的冲刷坑基础上，由于上一次洪水的最大洪峰历时较短或流量较小，后一场洪水可能继续扩展原冲刷坑。因此，最大冲刷深度不仅取决于洪水涨落的速度和洪峰流量的持续时间，而且还取决于多场洪水的组合方式。

对于恒定流，图 7-4 反映了清水和动床情况下局部冲刷坑随时间的发展过程。在清

水冲刷条件下,冲刷深度随冲刷时间的不断增加而增大,但增速不断减小。在动床冲刷情况下,冲刷深度总体上是随冲刷时间的不断增加而增大,但会存在波动现象;即使在恒定的来流条件下,因为沙波的影响,同样存在冲刷深度如图7-5所示的波动现象[8]。

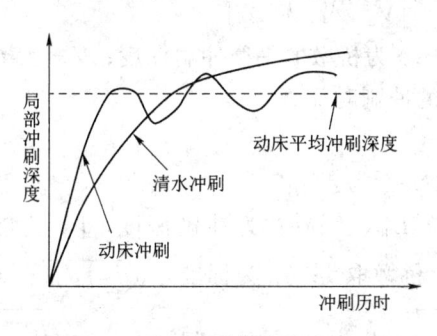

图7-4 局部冲刷深度的发展过程　　图7-5 沙波下的局部冲刷深度[8]

为了描述局部冲刷刚好达到平衡的时间,Melivelle和Chiew[9]引入了冲刷平衡时间t_e,且将其定义为满足如下条件的时间

$$\frac{\Delta h_s}{\Delta t} < \frac{0.05b}{24} \tag{7-3}$$

式中:Δh_s 为冲刷深度变化量;Δt 为时间变化量;b 为桥墩有效宽度。

根据实验资料,他们提出了冲刷平衡时间的计算公式

$$t_e(\text{天}) \leqslant 48.26 \frac{b}{V}\left(\frac{V}{V_c}-0.4\right) \quad \frac{h_o}{b}>6 \tag{7-4}$$

$$t_e(\text{天}) \leqslant 30.89 \frac{b}{V}\left(\frac{V}{V_c}-0.4\right)\left(\frac{h_o}{b}\right)^{0.25} \quad \frac{h_o}{b} \leqslant 6 \tag{7-5}$$

在动床条件下,局部冲刷达到平衡的速度比清水冲刷情况的速度快,即使在洪水期亦是如此。

三、桥墩局部冲刷的时变过程

桥墩附近的局部冲刷通常是随时间不断发生变化的。至今,对桥墩局部冲刷的绝大多数研究是针对清水冲刷情况,业已提出了许多公式。这些公式大致可分为三类[10]:

第一类为指数型。以Laursen[11]、Carstens[12]和Cunha等[13]的公式为代表,公式形式如下

$$h_s = a_1 t^{a_2} \tag{7-6}$$

式中:a_1、a_2 为经验系数;t 为时间。

第二类为对数型。以Shen等[14]、Gill[15]、Ettema[10]、Rajaratnam和Nwachukwu[16]、Wong[17]、Raudkivi和Ettema[18]、Zaghloul[19]和Kwan等[20]的公式为代表,公式形式如下

$$h_s = a_1 \lg(a_2 t) \tag{7-7}$$

第三类为幂级数型。采用这种类型的学者不多,以Ahmad[21]、Liu等[22]、Chang和Yevdjevich[23]以及Sumer等[24]的公式为代表,公式形式如下

$$h_s = a_1(1-e^{-a_2 t}) \tag{7-8}$$

此外，其他一些学者提出用时间系数或无量纲时间参数来表征冲刷时间的影响，并以此建立最大冲刷深度的计算公式，如 Melville 和 Chiew[9] 提出

$$\frac{h_s}{h_{sc}} = \exp\left[-0.03\left|\frac{V_c}{V_a}\ln\left(\frac{t}{t_{sc}}\right)\right|^{1.6}\right] \qquad (7-9)$$

式中：h_s 为在冲刷时刻 t 的桥墩冲刷深度；h_{sc} 为桥墩的平衡冲刷深度；V_c 为床沙的起动流速；V_a 为行近流速；t_{sc} 为达到平衡冲刷的冲刷时间。

Oliveto 和 Hager[25] 提出

$$h_{s*} = 0.068 N \sigma_g^{-1/2} F_d^{3/2} \lg T \qquad (7-10)$$

式中：h_{s*} 为无量纲冲刷深度 [$h_{s*} = h_s(t)/L_R$，$h_s(t)$ 为冲刷深度，L_R 为参考长度，$h_{s*} = h_s/(D^{2/3} h_a^{1/3})$]；$N$ 为形状系数，圆形桥墩取 1；σ_g 为标准差 $\sqrt{d_{84}/d_{16}}$；F_d 为无量纲的颗粒弗劳德数，$F_d = V/\sqrt{\left(\frac{\rho_s - \rho}{\rho}\right)g d_{50}}$；$T$ 为无量纲时间，$T = t\sqrt{\left(\frac{\rho_s - \rho}{\rho}\right)g d_{50}}/L_R$。该公式的适应范围：$0.6 \leqslant F_d/F_{di} \leqslant 1.0$，$F_{di}$ 为临界颗粒弗劳德数。

Kothyari 等[26] 提出：

$$Z = 0.272 \sigma_g^{-1/2} (F_d - F_{d\beta})^{2/3} \lg T \qquad (7-11)$$

式中：$F_{d\beta}$ 为冲刷开始时的密度颗粒弗劳德数。

Aksoy 等[27] 在 Yanmaz 和 Altinbilek[28] 的研究基础上，通过实验数据进一步得到

$$\frac{h_s}{D} = 0.8\left(\frac{V}{V_c}\right)^{3/2}\left(\frac{h_a}{D}\right)^{0.15}(\lg T_s)^{0.6} \qquad (7-12)$$

式中：D 为桥墩直径；V 为行近流速；h_a 为行近水深；T_s 为无量纲时间参数，可表达为

$$T_s = t d_{50} \sqrt{\left(\frac{\rho_s - \rho}{\rho}\right) g d_{50}}/h_a^2 \qquad (7-13)$$

而 V_c 为行近水深条件下的泥沙起动流速，根据对数流速剖面分布确定[29]

$$\frac{V_c}{u_{*c}} = 5.75 \lg\left(5.53 \frac{h_0}{d_{50}}\right) \qquad (7-14)$$

式中：u_{*c} 为临界摩阻流速，基于希尔兹曲线确定了以下关系式[30]

$$u_{*c} = 0.0115 + 0.0125 d_{50}^{1.4} \qquad 0.1\text{mm} \leqslant d_{50} < 1\text{mm} \qquad (7-15)$$

$$u_{*c} = 0.0305 d_{50}^{0.5} - 0.0065 d_{50}^{-1} \qquad 1\text{mm} \leqslant d_{50} < 100\text{mm} \qquad (7-16)$$

式中，临界摩阻流速以 m/s 为单位，泥沙粒径 d_{50} 以 mm 为单位。

Umbrell 等[31] 对 Laursen 公式[11] 积分得到冲刷深度百分比随时间的增长可表达为

$$-\frac{x^3}{3} - \frac{x^{1.5}}{1.5} - \frac{2}{3}\ln(1 - x^{1.5}) = \frac{0.48\left(\frac{d_{50}}{h_a}\right)^{1.5}\left(\frac{g}{h_a}\right)^{0.5}}{\left(\frac{b}{h_a}\right)^2\left(\frac{\tau_0}{\tau_c}\right)^{1.5}} t \qquad (7-17)$$

式中：当 $t=0$ 时，$x=1$；t 为时间，min；d_{50} 为泥沙的中值粒径，m；g 为重力加速度，m/s²；b 为桥墩宽度，m；h_a 为行近水深，m；$\frac{\tau_0}{\tau_c}$ 为初始冲刷时的底床切应力与泥沙起动切应力之比值。

Oliveto 和 Marino[32] 在 Oliveto 和 Hager[25] 的基础上提出

$$h_{s*} = 0.068\left(\frac{D_c}{D}\right)\sigma^{-0.5}F_d^{1.5}\lg\left(\frac{T}{T^*}\right) \quad T > T^* \tag{7-18}$$

式中：$h_{s*} = h_s/(D^{2/3}h_a^{1/3})$；$T^*$ 为特征无量纲时间，为冲刷开始的临界时刻，$T^* = 10^{2(D_c/D-1)}$ 或 $10^{2(W_{pc}/D-1)}$，D_c 为圆形沉台直径，W_{pc} 为桩帽宽度。该式的使用范围：$0.46 \leqslant F_t \leqslant 1.02$，$1.31 \leqslant F_d \leqslant 3.55$，$15.6 \leqslant h_a/d_{50} \leqslant 250.0$，$0.64 \leqslant h_a/D \leqslant 6.67$，$1.9 \times 10^2 \leqslant T \leqslant 2.0 \times 10^6$ 和 $0.33 \leqslant D/D_c$ 或 $D/W_{pc} \leqslant 1.0$。

第三节　单个桥墩局部冲刷的最大深度

在水流环境下，桥墩的局部冲刷最大深度通常是指某恒定水流、泥沙和桥墩条件下，水流冲刷桥墩附近底床形成的冲刷坑的最大深度，此时上游来沙进入冲刷坑的量等于逸出冲刷坑的量，因此又称为桥墩局部冲刷的平衡冲刷深度。对桥墩附近的局部冲刷问题的研究，最早始于 Durand Claye 于 1873 年发表的一篇"关于桥墩局部冲刷"的论文，至今已有近一个半世纪[33]。学者 Inglis 是最早进行大量桥墩冲刷试验的学者之一，他于 1949 年提出了一个估算桥墩周围最大冲刷深度的经验公式[34]。1962 年，Blench[35] 对该公式进行简化，后来又经过了几次修订[36]。进入 20 世纪 50 年代以后，学者们分别利用流体力学理论、两相流理论、试验室模型试验以及野外观测等方法，对桥墩局部冲刷开展了大量的理论分析和试验观测，获得了丰富的成果[9,14,29,32,34,37-61]，有一定影响的局部冲刷深度计算公式已多达几十个[62-63]，其中西方国家在桥梁设计中使用最为广泛的是美国联邦高速公路局提出的 HEC-18 公式[64]，但这些公式大多都建立在水槽试验资料基础上，试验底床大多由均匀沙组成，实验的水沙条件相对天然情况简单，公式可靠性仍有待野外观测资料验证。Oliveto 和 Marino[32] 对非均匀桥墩与均匀桥墩局部冲刷的研究发现，HEC-18 方法适合计算冲刷平衡时的最大冲刷深度，但对于自然界的非恒定流，该方法计算得到的桥墩冲刷深度值与实测值相比存在明显误差。

在我国，1958 年起就开始重视对桥墩局部冲刷的研究。1964 年由铁道部、交通部有关单位协作对桥墩冲刷进行了大量的动床冲刷和清水冲刷的试验研究和野外测量，先后提出了 65-Ⅰ、65-Ⅱ 计算公式。当时因条件所限，公式中反映桥墩形状的系数借用了雅氏系数表，后来在使用中发现该表有不完善之处。为了改进局部冲刷计算，1975 年由铁道部科学研究院铁建所主持，辽宁、内蒙古交通局科研所协作，经过两年多时间，共进行 500 多次试验，得到了 65-Ⅰ、65-Ⅱ 计算公式中的桥墩局部冲刷墩形系数[65]。这些公式在工程实际中得到广泛应用，为国民经济的发展做出了重要贡献。1985 年，朱炳祥[66] 首先发现，水流流速在墩前的动能变成压能、形成压力差，使水流垂直向下，从而在墩周形成漩涡造成淘刷。进入 20 世纪 90 年代后，我国高冬光教授[7] 将这些研究结果系统地介绍给西方国家，得到了西方广大学者的充分肯定。

一、桥墩局部最大冲刷深度的影响因素

影响桥墩局部最大冲刷深度的因素很多，主要是桥墩的几何形状、桥墩与水流的夹角、上游水流强度及泥沙要素等。

1. 桥墩几何形状对桥墩最大冲刷深度的影响

桥墩的几何形状通常是指桥墩的宽度、桥墩上游鼻的形状,以及该水平断面形状随高程的变化。在相对水深较大时,桥墩宽度对冲刷起积极作用,随桥墩宽度的增加,阻水面积的增大,附加压力场增大,冲刷范围和冲刷深度会增大。

桥墩鼻的平面形状可分为圆形鼻、方形鼻、尖鼻、圆柱或桩等。通常,桥墩鼻越钝,冲刷越深。表7-1列举了部分学者在桥墩与水流夹角为零时桥墩形状对最大冲刷深度的修正系数。由此可见,桥墩上游鼻的形状和桥墩鼻的钝性对桥墩冲刷深度有重要的影响。

表7-1　　　　　　　　　桥墩形状对最大冲刷深度的修正系数

桥墩形状	长宽比	Tison (1940)[67]	Laursen & Toch (1956)[37]	Chabert & Engeldinger (1956)[68]	Garde 等 (1961)[69]	Venkatadri (1965)[70]	Neill (1973)[71]	Dietz (1972)[72]
圆形	1	1.0	1.0	1.0		1.0	1.0	1.0
透镜形	2		0.91		0.9			
	3		0.76		0.8			
	4	0.67		0.73	0.7			
	7	0.41					0.8	
三角形鼻 (60°)						0.75		0.65
三角形鼻 (90°)						1.25		0.76
方形	1							1.22
	2		1.11					
	3							1.08
	4	1.4		1.11				
	5							
	6		1.11					0.99
菱形								1.01

桥墩几何形状随高程变化而变化(变截面)的桥墩称为非均匀桥墩,否则为均匀桥墩。许多桥墩的下部具有尺寸增大的重力式基础或桩基承台基础,通常很难将桥墩形状随高程的变化用一个明确的数学表达式来描述,但这种变化将改变桥墩附近下潜流的大小。当桥墩向下逐渐变细时,下潜流强度增加,冲刷深度增加;反之,当桥墩向上逐渐变细时,下潜流强度减小,冲刷深度减小。Jones 等[73] 研究了三种方法来校正冲刷深度的计算,发现最简单的方法是利用水深加权的平均桥墩宽度来计算。对于桩组型桥墩,通常使用一个综合的桥墩宽度来粗略估计桩组的冲刷深度,否则,利用物理试验来确定。

2. 宽深比对桥墩最大冲刷深度的影响

桥墩宽度大于1/3水深的桥墩称为宽桥墩。据调查,在美国的实际工程中,宽桥墩约占7%[74]。研究表明,桥墩的相对冲刷深度(冲刷深度/桥墩宽度)会随相对水深(水深/桥墩宽度)的增加而增加,直到相对水深达到某一值后,相对冲刷深度将不再随相对水深的改变而改变。在清水冲刷条件下，Bonasoundas[75] 认为相对水深的这一临界值在 1～3 之间。Ettema[10] 却认为，这一临界值与桥墩宽度相对于泥沙大小有关，当 b/d_{50} 值很大时（在原型状况下通常如此），相对水深大于 1 时冲刷深度已与水深无关；而当 b/d_{50} 值很小时（在大多数实验室条件下），当相对水深大于 6 时冲刷深度却仍与水深有关；但对于粗砂，这一临界值等于 3。他认为造成浅水条件下冲刷深度减少的原因可能有如下三种：一是来流中成为下潜流的部分将减少；二是冲刷坑的形成受到桥墩后沙波的影响；三是桥墩附近水面滚波的形成影响了进入冲刷坑内的马蹄涡和下潜流。根据 Melville 和 Sutherland[29] 的研究，在浅水条件下，当水深小于桥墩宽度的 2.6 倍时，水深对桥墩最大冲刷深度有很大的影响，如在没有考虑水深的修正时，利用 HEC-18 公式获得的计算值比实测值偏高。

Melville 和 Sutherland[29] 利用实验资料的外包线，提出 HEC-18 公式中的桥墩宽度修正系数

$$K_w = 0.78 \left(\frac{h_0}{b}\right)^{0.255} \qquad (7-19)$$

在动床情况下，Jain 和 Fischer[40]、Chee[76] 的研究结果表明：相对冲刷深度随相对水深的改变情况与清水冲刷的情形相似。Johnson[74] 根据 Chiew[77]、Chabert 和 Engeldinger[68]、Hancu[5]、Jain 和 Fischer[40]、Shen 等[14]、Yanmaz 和 Altinbilek[28]、Johnson 和 Torrico[44] 的试验资料提出了 HEC-18 公式中宽桥墩的修正系数

$$K_w = 1.04 \left(\frac{h_0}{b}\right)^{0.15} F_o^{0.21} \qquad (7-20)$$

该公式不仅适应于清水冲刷，也适应于动床情况。比较以上两式可见，Johnson[74] 比 Melville 和 Sutherland[29] 更多地考虑了弗劳德数的影响。采用 Johnson[74] 公式获得的桥墩冲刷深度可能比利用 Melville 和 Sutherland[29] 公式得到的值要偏于保守。

3. 来流方向对桥墩最大冲刷深度的影响

除圆柱形桥墩外，桥墩的冲刷深度会受桥墩与水流方向夹角（简称来流攻角）的影响。当夹角增大时，桥墩投影到垂直于水流方向的宽度增加，导致冲刷深度增大。考虑来流攻角影响的最简单的方法也许是将投影宽度作为桥墩的有效宽度[78]。然而，由于水流受桥墩侧壁的影响而发生偏斜，产生的流场事实上会与有效宽度的桥墩所产生的流场不同，这种等效处理必然存在不足。Laursen 和 Toch[37] 发现攻角修正系数与桥墩的长度和宽度有关，他们提出的攻角修正系数被后来的研究者广泛采用[29,79-80]。但学者 Gooda 等[81] 却认为攻角修正系数还应与水深和泥沙要素有关，Laursen 和 Toch[37] 提出的修正系数在某些情况下可能偏小。

4. 行近流速对桥墩最大冲刷深度的影响

行近流速对桥墩局部冲刷的影响与床沙大小和泥沙起动流速紧密相关。当行近流速小于床沙中值粒径的起动流速时，可认为上游没有泥沙搬运到冲刷坑内，仅桥墩附近的泥沙被水流搬运，形成冲刷坑，搬运出冲刷坑的泥沙也不能被水流带走而沉积在冲刷坑的下游，形成淤积丘。随冲刷时间的推移，冲刷强度不断减小，越来越少的泥沙被搬运出冲刷坑外。当冲刷床面上的泥沙没有运动时，冲刷达到平衡，此后冲刷深度不再增加。

当行近流速大于床沙中值粒径的起动流速时，桥墩附近的泥沙被水流搬运，形成冲刷坑，搬运出冲刷坑的泥沙被水流带走，但上游不断有泥沙搬运到冲刷坑内。随冲刷时间的推移，冲刷强度不断减小，越来越少的泥沙被搬运出冲刷坑外，当上游泥沙来量等于被搬运出冲刷坑外的量时，冲刷达到平衡，此后冲刷深度不再增加，但床面上仍有泥沙运动。

图7-6描述了桥墩局部冲刷深度随行近流速的变化，当行近流速在泥沙的起动速度附近时，冲刷深度最大；在清水冲刷情况下，冲刷深度随行近流速的增加而增大。当行近流速大于泥沙起动流速以后，冲刷深度稍微减小，然后冲刷深度再次随行近流速的增加而增大，直至达到第二个峰值[76-77]。值得注意的是，不同的床沙粒径可能对应有不同的变化曲线。

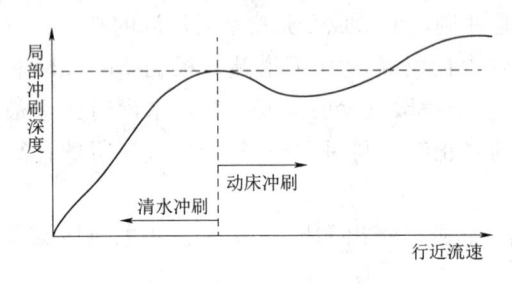

图7-6　局部冲刷深度随行近流速的变化

行近流速如何影响桥墩的局部冲刷最大深度，Chiew[77]给出了较完整的描述：冲刷平衡深度几乎线性增加，直至它达到一个最大值，此时流速为泥沙起动流速。行近流速超过泥沙起动流速后，冲刷平衡深度将会减小，因为从上游来的泥沙进入冲刷坑，在沙波的迁移过程中，在下一个沙波达到前搬运到冲刷坑内的泥沙来不及从冲刷坑内搬走。这种情形一直维持到最小的动床冲刷深度形成为止，此时的行近流速产生最陡的沙波。此后，由于沙波的陡度减小，两个沙波间从冲刷坑内搬运泥沙的时间增长，因此，平衡冲刷深度随行近流速的增大而再次增加。当行近流速达到能使床面平整时，冲刷深度达到第二个峰值。如果行近流速继续增加，平衡冲刷深度因逆行沙波的形成再次减小。在逆行沙波出现的床面，在两个连续沙波到达期间从冲刷坑内搬运泥沙的时间很短，泥沙输移强度很大。通常，平衡冲刷深度受水流速度、泥沙的搬运体积和可搬到冲刷坑内的体积及在两个连续沙波到达期间从冲刷坑内可供冲刷的时间等因素的影响。

值得注意的是，最大冲刷深度和平衡冲刷深度是有差别的。当冲刷为清水冲刷时，两者的大小相同。当冲刷为动床冲刷（浑水）时，平衡冲刷深度是冲刷坑前来沙量和冲刷坑出沙量达到平衡时的时段平均冲刷深度，由于沙波在冲刷坑内传播时相态的变形，冲刷坑的深度是个时变量，最大冲刷深度是这个时变序列的最大值，它大于平衡冲刷深度。由于水下观测的困难，最大冲刷深度的确定仍然是个挑战。

5. 河床质对桥墩最大冲刷深度的影响

泥沙的特性是泥沙起动的最主要因素之一，是桥墩局部冲刷深度的决定因素之一。不同特性的河床质，对桥墩冲刷的影响不同。由于河床质的种类复杂，这里暂时仅讨论散粒体泥沙的粒径、级配对冲刷深度的影响。

人们认识泥沙粒径对冲刷深度的影响是一个漫长的过程。早期的Inglis[34]以及Chitale[82]认为无论是清水冲刷还是动床冲刷，最大冲刷深度与泥沙粒径无关，但Shen等[14]指出冲刷坑内粗化层的形成会减小最大冲刷深度。20世纪70年代以后，人们对最大冲刷深度与泥沙粒径之间的关系有了新的认识。Nicollet和Ramette[6]的实验表明，泥沙粒径小于2mm时，最大冲刷深度随泥沙粒径增大而增大；泥沙粒径超过2mm以后，最大冲刷深度随泥沙粒径的增大反而减小。更多的学者认为，沙波存在与否对最大冲刷深度有显著影响[10,18,76-77,83]。

床沙级配对桥墩冲刷深度的影响早为人知，可是到目前为止，仍无法对其影响进行全面的定量描述。Shen 等[14] 在实验中发现，只要床沙中有足够多的大颗粒，冲刷深度将因为粗化层的形成而变小。床沙级配对桥墩冲刷速度和最大冲刷深度有显著影响[84]，混合沙的最大冲刷深度比均匀沙的最大冲刷深度小[5]。随着床沙分散度的增加，粗化层形成速度增快，粗化层的粒径越大，最大冲刷深度越小。Chiew[77] 和 Baker[85] 发现：对于均匀床沙，最大的相对最大冲刷深度发生在相对行近流速（V_0/V_c）等于 1 附近；对于非均匀床沙，最大的相对最大冲刷深度所对应的相对流速（V_0/V_c）随床沙分散度的增加而增加。Baker[85] 还发现，当行近流速很高时，粗化层被破坏，结果非均匀床沙的冲刷与均匀床沙的冲刷相同，影响桥墩冲刷深度的粗化层有两类：一类是影响沙波发展的粗化层，另一类是发生在冲刷坑内的粗化层。在冲刷坑内的粗化层与河床上形成的粗化层不同，它包含的细颗粒很少。为考虑床沙级配对桥墩冲刷深度的影响，Ettema[10] 提出了一个修正系数。

Abdou[79] 在清水冲刷条件下发现，当床沙的分散度为 2.43 时，最大冲刷深度比相同水流条件下均匀泥沙的最大冲刷深度减少了 14%～28%；当床沙的分散度为 3.4 时，最大冲刷深度比相同水流条件下均匀泥沙的最大冲刷深度减少了 66%～83%。并且发现，非均匀床沙中粗颗粒部分的粒径对最大冲刷深度起更重要的作用。在床沙的分散度保持 2.43 不变的情况下，如果增加 d_{95} 的大小，最大冲刷深度将减少 33%～57%，如果增加 d_{90} 的大小，最大冲刷深度将减少 60%～75%。

究竟何种情况下需要考虑粗化层对最大冲刷深度的影响呢？笔者在清水条件下桥台冲刷实验中发现，由于床面附近大尺度漩涡的存在，冲刷坑内粗化层的形成比河床上粗化层的形成会更加快速和容易，当床沙的分散度大于 1.5 时，冲刷坑内可以形成明显的粗化层，此时要考虑粗化层对最大冲刷深度的影响。Baker[85] 则认为当床沙的分散度小于 2.0 时，粗化层对最大冲刷深度的影响可忽略不计。应该注意的是，在桥墩冲刷深度设计时，一定要非常慎重考虑粗化层是否对最大冲刷深度有影响，要仔细区分在设计洪水下，桥墩建造位置粗颗粒 d_{90} 的泥沙是否能够起动，如果能够起动，则不能考虑粗化层对最大冲刷深度的影响。

6. 桥基暴露对桥墩最大冲刷深度的影响

如图 7-7 所示，由于长期的河床下切、束水冲刷或河流的横向迁移，桥基和桩帽可能暴露于水。采用桥基和桩帽的宽度计算桥墩的冲刷深度通常显得太保守。

对于如图 7-8 所示的桥墩基础，Salim 和 Jones[86] 的研究表明，桥基暴露对桥墩冲刷可以分为两部分，一部分是桩组根部的冲刷，另一部分是桩帽的冲刷。他们利用实验数据回归得到桩组根部的冲刷

图 7-7 桥基脚和桩帽的暴露

深度计算修正系数为

$$K_p = \left(\frac{h_1}{h_0}\right)^{0.41} \quad (7-21)$$

对于桩帽的冲刷，由于实验资料有限，仅给出了桩帽修正系数的外包线图。笔者将其外包线表达为

$$K_c = 0.6 - 0.6 \frac{h_1}{h_0} \quad (7-22)$$

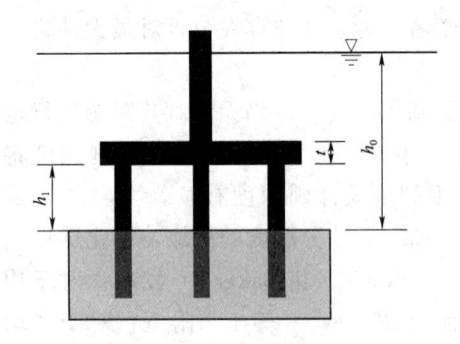

图 7-8 桩组型桥墩基础

因此，桩组基础的最大总冲刷深度为

$$h_s = K_p h_{s(pg)} + K_c h_{s(e)} \quad (7-23)$$

式中：h_s 为桩组基础的总冲刷深度；K_p 为桩组基础桩的冲刷深度计算修正系数；$h_{s(pg)}$ 为桩组基础桩没有暴露情况下的冲刷深度；K_c 为桩帽的冲刷深度计算修正系数；$h_{s(e)}$ 为水深加权平均的桥墩宽度所对应的桩帽冲刷深度。

Zhao 和 Sheppard[87] 也对此进行了一些实验。总体而言，由于桩组基础桩和桩帽的几何形态不同、基础桩的根数和排列不同，以及与来流攻角不同，尚需要更多的实验研究才能得到适应性较广的计算公式。

7. 桥面漫流对桥墩最大冲刷深度的影响

当桥梁迎水面的水位大于或等于桥梁建筑物的最下沿时，水流会不断与梁板接触而成有压出流，也称孔口出流。在高水位情况下，桥梁甚至可能全部淹没，水流由桥下的孔口出流和桥上的堰流组成。如图 7-9 所示，在很多情况下，当桥梁被淹没时，水流同时也漫过相邻的路堤，总的堰流分为过桥堰流和过路堤的堰流。漫桥水流在桥梁下游往往会发生水体分离，因而堰流的存在会减小桥下的过流量。

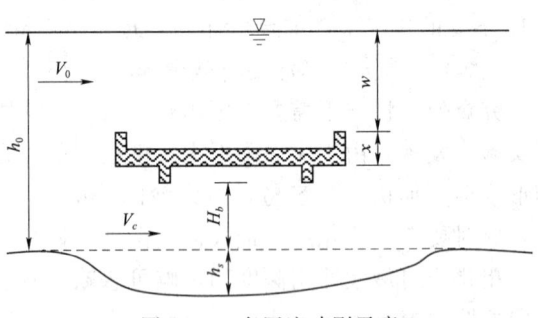

图 7-9 有压流冲刷示意

在相同的水深、行近流速和床沙条件下，有压流在桥墩和桥台（包括路堤）的局部冲刷深度比有自由水面的情况大。根据 Abed[88] 的实验研究，有压流的桥墩局部冲刷深度比有自由面流情况大 2.3~10 倍。然而，当桥梁被淹没时，桥下的流速因堰流的存在及建筑物后回流的存在而减小，从而减小桥墩冲刷深度。Jones 等[73] 通过清水有压流的冲刷实验发现，有压流的局部冲刷分为两个部分：一部分是桥梁上部建筑物引起垂直收缩产生的冲刷，另一部分是桥墩阻水所产生的桥墩阻水冲刷，冲刷深度与拥有自由面的水流对桥墩的局部冲刷深度大概相同；两个冲刷深度相加等于实际总的冲刷深度。Arneson[89] 在水槽内对有压流的动床冲刷情况进行了系统研究，建议采用科罗拉多大学公式计算桥墩阻水冲刷部分，而桥梁上部建筑物引起垂直收缩产生的冲刷则由下列方程计算

$$\frac{h_{cps}}{h_0} = -5.08 + 1.27 \frac{h_0}{H_b} + 4.44 \frac{H_b}{h_0} + 0.19 \frac{V_b}{V_c} \quad (7-24)$$

式中：h_{cps} 为桥板引起垂直收缩产生的冲刷深度，m；h_0 为桥板上游的水深，m；H_b 为桥板到河床的距离，m；V_b 为通过桥孔的平均流速，m/s；V_c 为床沙的起动流速，m/s。

Umbrell 等[31] 通过对清水冲刷实验资料的 81 组数据进行最佳适线回归，提出

$$\frac{H_b+h_s}{H_0}=1.102\left[\left(1-\frac{w}{h_0}\right)\frac{V_b}{V_c}\right]^{-0.603} \quad (7-25)$$

其中
$$h_0=w+x+H_b$$

式中：w 为堰流深度；h_0 为行近水深；x 为桥板的厚度；H_b 为桥梁下玄到原始河床的距离。

但公式有两方面的局限性：首先该公式仅适用于清水冲刷，其次是没有侧向收缩。

二、非黏性河床上桥墩局部冲刷的最大深度计算

非黏性河床上桥墩局部冲刷的最大深度计算公式众多，下面对具有代表性的桥墩局部冲刷的最大（平衡）冲刷深度计算公式进行介绍。

1. Laursen 公式

1956 年 Laursen 和 Toch[37] 研究了水深、流速、桥墩形状和排列方式对桥墩冲刷的影响，并提出了方形桥墩的最大冲刷深度计算方法。1960 年 Laursen[90] 进一步开展了大量的水槽试验，并将计算公式进一步发展为

$$\frac{b}{h_a}=5.5\left(\frac{h_s}{h_a}\right)\left\{\left[\left(\frac{1}{11.5}\right)\left(\frac{h_s}{h_a}\right)+1\right]^{1.7}-1\right\} \quad (7-26)$$

式中：h_s 为局部冲刷最大深度，通过迭代求解；b 为桥墩宽度；h_a 为行近水流的水深。

Laursen 认为，在动床条件下，冲刷深度受水流和泥沙粒径大小的影响不是非常强烈，冲刷坑的宽度大约为冲刷深度的 2.75 倍。

当冲刷深度相对于桥墩宽度较小时，上式可以近似写成

$$\frac{h_s}{b}=1.11\sqrt{\frac{h_a}{b}} \quad (7-27)$$

当桥墩与行近水流存在交角时，Laursen 公式必须校正为

$$h_s=K_1K_2h_a \quad (7-28)$$

式中：K_1 为桥墩鼻的形态系数，见表 7-2；K_2 为来流攻角（α）的修正系数，如图 7-10 所示。

表 7-2 桥墩鼻的形态系数 K_1 的取值

桥墩鼻的形态	桥墩长宽比	K_1
方形		1.0
圆形		0.9
椭圆形	2:1	0.8
	3:1	0.75
透镜形	2:1	0.8
	3:1	0.7

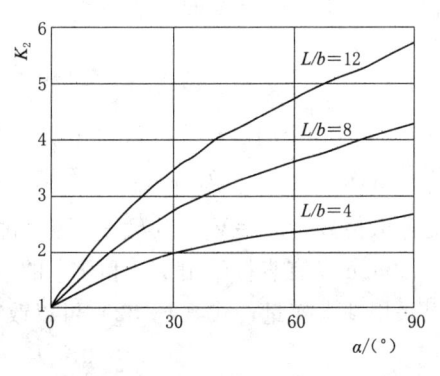

图 7-10 来流攻角（α）修正系数 K_2

2. Froehlich 公式

Froehlich[78] 基于墩局部冲刷的野外观测资料，并假定资料记录的冲刷处于泥沙输移平衡状态，但事实上，这些桥墩冲刷不可能每个都处于泥沙输移平衡状态。他通过量纲分析和多元回归方法得到了最大冲刷深度公式

$$\frac{h_s}{b}=3.2K_1F_0^{0.2}\left(\frac{b_e}{b}\right)^{0.62}\left(\frac{h_a}{b}\right)^{0.46}\left(\frac{b}{d_{50}}\right)^{0.08} \quad (7-29)$$

式中：F_0 为桥墩前水流行近弗劳德数，$F_0=V_a/\sqrt{gh_a}$，V_a、h_a 分别为行近流速和行近水深；b_e 为桥墩投影到垂直于水流方向的宽度（有效桥墩宽度），m；K_1 为桥墩鼻的形态系数（方鼻桥墩取 1.3，圆鼻桥墩取 1.0，尖鼻桥墩取 0.7）。

有效桥墩宽度

$$b_e = L\sin\alpha + b\cos\alpha \quad (7-30)$$

式中：L 为桥墩的长度，m；α 为来流攻角。

3. Southard 公式

Southard[91] 收集了美国阿肯色州 12 个不同地点的 14 次洪水中桥墩冲刷的野外实测资料，其洪水频率从 3 年一遇到 100 年一遇不等。通过多元回归得到桥墩局部冲刷的最大冲刷深度计算公式

$$h_s = 0.827 d_{50}^{-0.117} V_a^{0.684} e^{0.476 C_l} \quad (7-31)$$

式中：C_l 为桥墩位置参数，在主槽内桥墩取 0，在主槽的河岸及漫滩上取 1；d_{50} 为当地床沙的中值粒径，ft；V_a 为桥墩前的行近流速，ft/s。

根据式（7-31）可知，同样的水沙及桥墩条件下，在河漫滩上的桥墩冲刷最大深度将是在主槽中的桥墩冲刷最大深度的 1.63 倍。尽管 Southard 研究的桥墩宽度幅度变化较大，其最小宽度为 1.4ft，最大到 21ft，但是，他认为最大冲刷深度与桥墩宽度无关，这点显然不太合理。

4. Abdou 公式

Abdou[79] 在清水、非均匀沙床沙条件下开展了桥墩冲刷试验，他发现，泥沙的级配是清水条件下桥墩局部冲刷的最大平衡冲刷深度的主要影响因素，尤其是泥沙中大于 d_{84} 的粗颗粒对最大平衡冲刷深度起非常重要的作用。通过对试验资料的回归分析，Abdou 建立了最大平衡冲刷深度计算公式

$$\frac{h_s}{h_a}=148.0K_1K_2F_0^{2.93}\left(\frac{d_{90}}{d_{50}}\right)^{-1.48} \quad (7-32)$$

式中：h_s 为低于周围床面的最大平衡冲刷深度，m；h_a 为桥墩上游行近水流不包括局部冲刷的水深，m；K_1 为桥墩形态系数；K_2 为桥墩与行近水流的连接系数；F_0 为行近水流的弗劳德数，$F_0=V_a/\sqrt{gh_a}$；V_a 为桥墩上游的行近流速，m/s。

Abdou 没有直接给出 K_1 和 K_2 的取值，而建议采用 HEC-18 公式中的相应取值。如果采用基本变量，式（7-32）可以改写为

$$h_s = 148.0 K_1 K_2 g^{-1.465} h_a^{-0.46} V_a^{2.93} d_{90}^{-1.48} d_{50}^{1.48} \quad (7-33)$$

由于 Abdou 的试验中仅使用了一种宽度的桥墩，上述公式未能反映桥墩宽度对最大

冲刷深度的影响。因此，该公式的适用性存在一定局限性。

5. HEC-18 公式

美国联邦高速公路局的研究报告 *Hydraulic Engineering Circular - 18* (HEC-18)：*Evaluating Scour at Bridges*[80] 提出最大平衡冲刷深度计算公式如下

$$\frac{h_s}{h_a} = 2.0 K_1 K_2 K_3 F_0^{0.43} \left(\frac{b}{h_a}\right)^{0.65} \tag{7-34}$$

式中：b 为桥墩宽度，m；K_1 为桥墩鼻的形态系数（方鼻桥墩取 1.1，圆或椭圆形鼻桥墩取 1.0，尖鼻桥墩取 0.9，圆柱组为 1.0）；K_2 为系数，与桥墩的长宽比及来流攻角有关，见表 7-3；K_3 为床面形态系数，见表 7-4。

表 7-3 HEC-18 公式中系数 K_2 的取值

来流攻角/(°)	$L/b=4$	$L/b=8$	$L/b=12$
0	1	1	1
15	1.5	2	2.5
30	2	2.75	3.5
45	2.3	3.3	4.3
90	2.5	3.9	5.0

表 7-4 HEC-18 公式中系数 K_3 的取值

床面形态	沙陇高度/m	K_3
清水冲刷	无	1.1
平整河床或沙浪	无	1.1
小沙陇	0.6~3.0	1.1
中沙陇	3.0~9.1	1.1~1.2
大沙陇	>9.1	1.3

由于该公式最早由科罗拉多州立大学（CSU）学者根据 Chabert 和 Engeldinger[68] 及 Shen 等[14] 的实验资料推导得到，因此也称 CSU 公式。

Richardson 等[80] 指出，当来流攻角小于 5°时，攻角对最大冲刷深度的影响可忽略不计。显然，该公式没有反映床沙非均匀性对桥墩最大冲刷深度的影响。对于宽级配河床质上桥墩最大冲刷深度的计算值将可能比实测值偏大。

6. CSU 琼斯公式

美国学者 Sterling Jones 利用非均匀沙实验资料并引入床面粗化系数，对 HEC-18 公式进行了修正，得到被美国联邦公路局（FHWA）推荐使用的 CSU 琼斯公式[92]，也被称为 HEC-18/Jones 公式[64]：

$$\frac{h_s}{h_a} = 2.0 K_1 K_2 K_3 K_4 F_0^{0.43} \left(\frac{b}{h_a}\right)^{0.65} \tag{7-35}$$

式中：K_1 为桥墩鼻的形态系数（方鼻桥墩为 1.1，圆或椭圆形鼻桥墩为 1.0，尖鼻桥墩为 0.9，圆柱组为 1.0）；K_2 为与桥墩的长宽比及来流攻角有关的系数，见表 7-3；K_3 为床面形态系数，见表 7-4；K_4 为床沙质系数，定义为

$$K_4 = \sqrt{1 - 0.89(1 - V_r)^2} \tag{7-36}$$

式中：V_r 为流速比。

$$V_r = \frac{V_a - V_c'}{V_{cd_{90}} - V_c'} \tag{7-37}$$

式中：V_c' 为能够使中值粒径沙粒 d_{50} 在桥墩处（建桥前）起动的行近流速，与我国采用的起冲流速的概念不同，其计算公式为

$$V'_c = 0.645 \left(\frac{d_{50}}{b}\right)^{0.053} V_{cd_{50}} \qquad (7-38)$$

式中：$V_{cd_{50}}$ 为中值粒径沙粒的临界流速，根据希尔兹参数，定义为

$$V_{cd_{50}} = 11.2 h_a^{1/6} d_{50}^{1/3} \qquad (7-39)$$

相应地，$V_{cd_{90}}$ 为粗颗粒 d_{90} 的临界流速，定义为

$$V_{cd_{90}} = 11.2 h_a^{1/6} d_{90}^{1/3} \qquad (7-40)$$

当 $V_r > 1.0$ 时，K_4 取 1.0。当泥沙中值粒径大于 60mm 时，需要对 K_4 进行校正，且 K_4 的最小取值为 0.7。

值得注意的是，上述 K_4 是作者在没有野外实测资料验证的情况下对 HEC-18 做出的一种保守推测。Molinas 等[93]发现，如果非均匀沙的粗颗粒部分在桥墩上游行近断面能够运动，非均匀沙底床上桥墩的最大冲刷深度则与均匀沙底床上桥墩的最大冲刷深度基本相同；否则，非均匀沙底床上桥墩的最大冲刷深度计算要考虑非均匀沙的修正系数 K_4，才能提高 HEC-18 的计算精度。他们认为，桥墩冲刷最大深度最好用床沙中粗颗粒部分的代表粒径而不是用中值粒径来描述，提出 K_4 的计算式如下

$$K_4 = 2.0 + 1.25 \sqrt{\frac{d_{CF}}{d_{50}}} \left(\frac{V_a - V_{im}}{V_{cCF} - V_{im}}\right)^{0.75} \ln\left(\frac{V_a - V_{im}}{V_{cCF} - V_{im}}\right) \qquad (7-41)$$

其中

$$d_{CF} = \frac{d_{85} + 2d_{90} + 2d_{95} + d_{99}}{6} \qquad (7-42)$$

式中：d_{CF} 为非均匀床沙底床中粗颗粒部分的代表粒径，m；V_{im} 为桥墩附近初始冲刷的行近流速，定义为 $0.4 V_{cd_{35}}$；V_{cCF} 为粗颗粒部分代表粒径 d_{CF} 对应的行近起动流速。

利用 Molinas 等[93]的公式计算得到的 K_4 将比 Richardson 和 Davis[92]方法更符合实验资料，所得的最大平衡冲刷深度比 HEC-18 公式的计算结果小。该公式与实验室资料虽然符合较好，但与野外实测偏差较大[94]。

在工程实际中，通常底床的泥沙级配资料没有如此详细，况且床沙级配的分布通常为正态分布等连续分布，非均匀床沙的粗颗粒部分的代表粒径计算没有必要如此复杂，完全可以简单地利用 d_{90} 来代表，这样的简化对 K_4 的计算误差很小。此外，在床沙的颗分工作中，d_{99} 的可靠性往往并不高。

7. Mueller 公式

Mueller[95]认为，无论对于清水冲刷还是动床冲刷，粒径 d_{95} 是影响冲刷深度的主要参数，并提出：当 $0 < \frac{V_a - V_{i50}}{V_{c50} - V_{i95}} < 450$ 时，要考虑非均匀沙影响的修正系数 K_4，其计算式为

$$K_4 = 0.4 \left(\frac{V_a - V_{i50}}{V_{c50} - V_{i95}}\right)^{0.15} \qquad (7-43)$$

对于粒径为 d_x 的泥沙起动流速，建议采用如下公式

$$V_{cx} = 31.34 \theta^{1/2} h_a^{1/6} d_x^{1/3} \qquad (7-44)$$

其中

$$\theta = \beta_1 d_x^{\beta_2} \qquad (7-45)$$

式中：θ 为希尔兹参数；系数 β_1、β_2 的取值列于表 7-5。

8. Sheppard-Miller 公式及其修正式

Sheppard 等对最大平衡冲刷深度进行了大量研究[8,62,96-99]，提出了 Sheppard-Miller 公式[8]。

表 7-5　系数 β_1、β_2 的取值

d_x/mm	β_1	β_2
<0.9	0.003	−0.384
0.9~2	0.0765	0.175
>2	0.047	0

清水冲刷条件下

$$0.47 \leqslant \frac{V_a}{V_c} \leqslant 1, \quad \frac{h_s}{b^*} = 2.5 f_1 f_2 \left\{ 1 - 1.75 \left[\ln\left(\frac{V_a}{V_c}\right) \right]^2 \right\} \tag{7-46}$$

动床低能态条件下

$$1 < \frac{V_a}{V_c} \leqslant \frac{V_{lp}}{V_c}, \quad \frac{h_s}{b^*} = f_1 \left[2.2 \left(\frac{V_a/V_c - 1}{V_{lp}/V_c - 1} \right) + 2.5 f_2 \left(\frac{V_{lp}/V_c - V_a/V_c}{V_{lp}/V_c - 1} \right) \right] \tag{7-47}$$

动床高能态条件下

$$\frac{V_a}{V_c} > \frac{V_{lp}}{V_c}, \quad \frac{h_s}{b^*} = 2.2 f_1 \tag{7-48}$$

其中

$$f_1 = \tanh\left[\left(\frac{h_a}{b^*}\right)^{0.4} \right] \tag{7-49}$$

$$f_2 = \frac{b^*/d_{50}}{0.4(b^*/d_{50})^{1.2} + 10.6(b^*/d_{50})^{-0.13}} \tag{7-50}$$

式中：b^* 为有效桩墩宽度/直径；h_a 为行近水深；V_a 为行近水流垂向平均流速；V_c 为床面泥沙起动流速；V_{lp} 为动床最大冲刷流速，即床面平整消失刚好进入沙浪时刻的流速。

经过 2500 组观测数据的检验，他们发现 70% 的最大平衡冲刷深度计算值落于 30% 的误差范围内[100]，具有较高的精度。上式被纳入美国佛罗里达州交通局的《桥梁冲刷手册》，也称 FDOT 公式[98]。后来，Sheppard-Miller 公式[8] 与 Melville 公式[30] 被 Sheppard、Melville 和 Demir 进一步修正，得到 Sheppard-Melville 公式[62]。

当 $0.4 \leqslant \dfrac{V_a}{V_c} < 1.0$ 时，

$$\frac{h_s}{b^*} = 2.5 f_1 f_2 f_3 \tag{7-51}$$

当 $1.0 \leqslant \dfrac{V_a}{V_c} \leqslant \dfrac{V_{ip}}{V_c}$ 时，$\dfrac{h_s}{b^*} = 2.5 f_1 \left(2.2 \dfrac{V_a/V_c - 1}{V_{lp}/V_c - 1} + 2.5 f_3 \dfrac{V_{lp}/V_c - V_a/V_c}{V_{lp}/V_c - 1} \right) \tag{7-52}$

当 $\dfrac{V_a}{V_c} > \dfrac{V_{ip}}{V_c}$ 时，

$$\frac{h_s}{b^*} = 2.2 f_1 \tag{7-53}$$

$$V_{ip1} = 5 V_c, \quad V_{ip2} = 0.6 \sqrt{g h_a} \tag{7-54}$$

$$V_{ip} = \begin{cases} V_{ip1} & \text{当 } V_{ip1} \geqslant V_{ip2} \text{ 时} \\ V_{ip2} & \text{当 } V_{ip1} < V_{ip2} \text{ 时} \end{cases} \tag{7-55}$$

其中 $f_1 = \tanh\left[\left(\dfrac{h_a}{b^*}\right)^{0.4} \right]$，$f_2 = 1 - 1.2 \left[\ln\left(\dfrac{V_a}{V_c}\right) \right]^2$，$f_3 = \dfrac{\dfrac{b^*}{d_{50}}}{0.4\left(\dfrac{b^*}{d_{50}}\right)^{1.2} + 10.6\left(\dfrac{b^*}{d_{50}}\right)^{-0.13}}$

式中：b^* 为桥墩的有效宽度，$b^* = K_s b_p$；K_s 为形状修正系数；b_p 为桥墩的有效阻水宽度。对于圆形桥墩，$K_s = 1$，而对于矩形桥墩

$$K_s = 0.86 + 0.97 \left| \alpha - \frac{\pi}{4} \right|^4 \tag{7-56}$$

式中：α 为以弧度为单位的来流攻角。该式为实验室内对方形桩试验获得的平衡冲刷数据的曲线拟合结果。泥沙临界流速 V_c 由希尔兹起动曲线换算，采用分段方程组如下

$$u_* = \sqrt{16.2 d_{50} \left[\frac{9.06 \times 10^{-6}}{d_{50}} - d_{50}(38.76 + 9.6 \ln d_{50}) - 0.005 \right]} \tag{7-57}$$

$$Re = \frac{u_* d_{50}}{2.32 \times 10^{-7}} \tag{7-58}$$

当 $5 \leqslant Re \leqslant 70$ 时，$V_c = 2.5 u_* \ln \left\{ \dfrac{73.5 h_a}{d_{50} \left[Re(2.85 - 0.58 \ln Re + 0.002 Re) + \dfrac{111}{Re} - 6 \right]} \right\}$

$$\tag{7-59}$$

当 $70 < Re$ 时，$\qquad V_c = 2.5 u_* \ln \left(\dfrac{2.21 h_a}{d_{50}} \right) \tag{7-60}$

他们利用 441 组实验数据和 791 组野外测量资料，与其他 17 个代表性公式比较，发现该公式精度进一步得到提高。美国交通部的 NCHRP 报告对全球具有影响的 22 个桥墩冲刷公式进行了评价[99]，发现对于实验室和野外现场数据，Sheppard-Miller 公式[8] 的精度最好。

9. 佛罗里达州交通局的桥墩冲刷公式

美国佛罗里达州交通局于 2011 年颁发了《桥梁冲刷手册》，其桥墩局部冲刷最大深度计算公式如下。

当 $0.4 \leqslant \dfrac{V_a}{V_c} < 1.0$ 时，$\qquad \dfrac{h_s}{b^*} = 2.5 f_1 f_2 f_3 \tag{7-61}$

当 $1.0 \leqslant \dfrac{V_a}{V_c} \leqslant \dfrac{V_{lp}}{V_c}$ 时，$\dfrac{h_s}{b^*} = 2.5 f_1 \left[2.2 \left(\dfrac{V_a/V_c - 1}{V_{lp}/V_c - 1} \right) + 2.5 f_3 \left(\dfrac{V_{lp}/V_c - V_a/V_c}{V_{lp}/V_c - 1} \right) \right]$

$$\tag{7-62}$$

当 $\dfrac{V_a}{V_c} > \dfrac{V_{lp}}{V_c}$ 时，$\qquad \dfrac{h_s}{b^*} = 2.5 f_1 \tag{7-63}$

其中 $\qquad f_1 = \tanh \left[\left(\dfrac{h_a}{b^*} \right)^{0.4} \right], f_2 = 1 - 1.2 \left[\ln \dfrac{V_a}{V_c} \right]^2, f_3 = \dfrac{\left(\dfrac{b^*}{d_{50}} \right)^{1.13}}{10.6 + 0.4 \left(\dfrac{b^*}{d_{50}} \right)^{1.33}} \tag{7-64}$

10. Melville 和 Sutherland 公式

新西兰学者对桥墩冲刷问题进行了大量研究[2,10,29,76,77,84,85,101]。最具代表性的是，1988 年 Melville 和 Sutherland 在大量试验资料基础上提出了桥墩极限冲刷深度的一套计算方法[29]。该方法考虑了桥墩宽度、水流强度系数、泥沙粒径系数、水深系数、来流攻角系数、墩鼻形态系数等。其公式如下

$$h_s = K_1 K_d K_h K_2 K_s b \tag{7-65}$$

式中：K_2 为来流攻角系数，见图 7-10；K_s 为桥墩鼻的形态系数，对圆柱形桥墩，K_s

取 1.0；对方形桥墩，K_s 取 1.1；除此之外，对于其他形状的桥墩，K_s 采用表 7-2 中的值；K_1 为水流强度系数，定义为

当 $\dfrac{V_a-(V_{ar}-V_c)}{V_c}<1$ 时，$K_1=2.4\left|\dfrac{V_a-(V_{ar}-V_c)}{V_c}\right|$ \hfill (7-66)

当 $\dfrac{V_a-(V_{ar}-V_c)}{V_c}\geqslant 1$ 时，$\qquad K_1=2.4$ \hfill (7-67)

式中：V_c 为泥沙的起动流速，定义为

$$V_c=5.75V_{*c}\lg\left(5.53\dfrac{h_a}{d_{50}}\right) \qquad (7-68)$$

式中：V_{*c} 为起动摩阻流速，由图 7-11 确定。图中 $d_{50}>60\text{mm}$ 时，取 $0.03\sqrt{d_{50}}$；V_{ar} 为粗化层的起动流速，定义为：当 $V_{ar}>V_c$ 时，$V_{ar}=0.8V_{car}$；否则，$V_{ar}=V_c$。V_{car} 为粗化层粒径 d_{50a} 的起动流速，定义为

$$d_{50a}=0.556\sigma_g^{1.65}d_{50} \qquad (7-69)$$

该计算值接近于床沙的 d_{95}。

K_d 为泥沙粒径系数，定义为：当 $b>25d_{50}$，$K_d=1.0$；否则

$$K_d=0.57\lg(2.24b/d_{50}) \qquad (7-70)$$

K_h 为水深系数，定义为：当 $h_a>2.6b$，$K_h=1.0$；否则

$$K_h=0.78\left(\dfrac{h_a}{b}\right)^{0.255} \qquad (7-71)$$

值得注意的是，Melville 和 Sutherland[29] 在推求公式的方法上与前述其他公式不同，他们采用包络线法，所有冲刷计算值都大于用来分析的实测值。因此，所得的冲刷深度称为极限冲刷深度。建立在这种包络线概念基础上的冲刷深度，受实验误差的影响较大，可能会导致工程实践中计算值偏大。

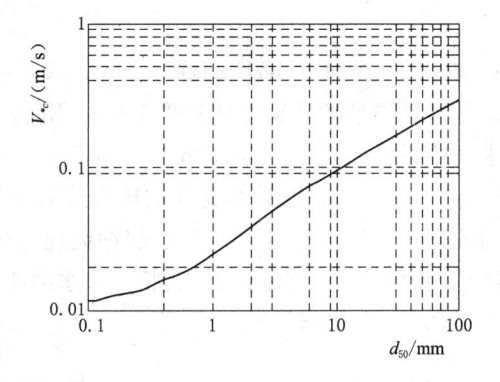

图 7-11 均匀沙水下起动摩阻流速曲线

11. 苏联公式

苏联 1972 年的《桥渡勘测设计规范》中采用苏联运输建筑科学研究院提出的公式。在动床冲刷情况下

$$h_s=KK_1\left(h_c+0.014\dfrac{V_a-V_c}{\omega}b_1\right) \qquad (7-72)$$

在清水冲刷情况下

$$h_s=KK_1\left(\dfrac{V_a-V_H}{V_c-V_H}\right)^{3/4} \qquad (7-73)$$

其中 $\qquad h_c=\dfrac{6.2\beta h_a}{(V_c/\omega)^\beta}$

式中：V_a 为行近平均流速，m/s；V_c 为泥沙起动流速，$V_c=3.6(h_ad_m)^{0.25}$；V_H 为桥墩附近黏性土的起动流速，$V_H=V_a\left(\dfrac{d_m}{b_1}\right)^{0.125}$；$\beta=0.18\left(\dfrac{b_1}{h_a}\right)^{0.867}$；$\omega$ 为泥沙沉降速度，m/s；d_m

为床沙平均粒径，m；b_1 为桥墩计算宽度，m；K 为来流攻角系数；K_1 为桥墩墩型系数。

12.65 公式

我国铁路和公路系统根据有关桥墩局部冲刷的实测资料，并且参考了国内外一些试验数据，在泥沙起动理论的基础上提出了 65-Ⅰ公式、65-Ⅱ修正式[43,102-103]。

(1) 65-Ⅰ公式。

当 $V<V_c$ 时，
$$h_s = K_1 K_2 b_1^{0.6}(V-V_c') \tag{7-74}$$

当 $V \geqslant V_c$ 时，
$$h_s = K_1 K_2 b_1^{0.6}(V-V_c')\left(\frac{V-V_c'}{V_0-V_c'}\right)^m \tag{7-75}$$

其中
$$V_0 = 0.0246\left(\frac{h_p}{d_m}\right)^{0.14}\sqrt{322 d_m + \frac{10+h_p}{d_m^{0.72}}} \tag{7-76}$$

$$K_2 = 0.8(d_m^{-0.45} + d_m^{-0.15}) \tag{7-77}$$

$$V_c' = 0.462\left(\frac{d_m}{b_1}\right)^{0.06} V_0 \tag{7-78}$$

$$m = \left(\frac{V_c}{V}\right)^{0.25 d_m^{0.19}} \tag{7-79}$$

式中：h_s 为桥墩局部冲刷深度，m；K_1 为桥墩形态系数，对于圆柱形桥墩，$K_1=1.0$，其他桥墩类型的计算方法见表 7-6；K_2 为桥墩附近底床泥沙颗粒影响系数；V 为河床束水冲刷后墩前行近流速，m/s，按第六章第三节的计算方法计算，适用范围为 0.1～6.0m/s；b_1 为桥墩计算宽度或桥墩有效宽度，m，计算方法见表 7-6；V_0 为河床泥沙起动流速，m/s；V_c' 为墩前泥沙起冲流速，m/s；m 为指数；d_m 为床沙平均粒径，mm，适用范围为 0.1～500mm；h_p 为桥下束水冲刷后的最大行近水深，适用范围为 0.2～30m。

(2) 65-Ⅱ修正式。

当 $V<V_c$ 时，
$$h_s = K_1 K_2 b_1^{0.6} h_p^{0.15}\left(\frac{V-V_c'}{V_0}\right) \tag{7-80}$$

当 $V \geqslant V_c$ 时，
$$h_s = K_1 K_2 b_1^{0.6} h_p^{0.15}\left(\frac{V-V_c'}{V_0}\right)^m \tag{7-81}$$

其中
$$K_2 = \frac{0.0023}{d_m^{2.2}} + 0.375 d_m^{0.24} \tag{7-82}$$

$$V_0 = 0.28\sqrt{d_m + 0.7} \tag{7-83}$$

$$V_c' = 0.12(d_m + 0.5)^{0.55} \tag{7-84}$$

$$m = \left(\frac{V_0}{V}\right)^{0.23 + 0.19\lg(d_m)} \tag{7-85}$$

式中：h_s 为桥墩局部冲刷深度，m；K_1 为桥墩形态系数；b_1 为桥墩计算宽度，m；K_2 为底床泥沙颗粒影响系数；h_p 为束水冲刷后的最大行近水深，m；V 为束水冲刷后墩前行近流速，m/s，按第六章第四节的计算方法或数值模拟计算；V_0 为河床泥沙的起动流速，m/s；V_c' 为墩前泥沙起冲流速，m/s；d_m 为床沙平均粒径，mm；m 为指数。

墩型系数 K_1 与桥墩计算宽度 b_1 的计算较为复杂，受桥墩宽度、来流攻角和桥梁长度等影响。对不同的墩型和来流情况，其取值见表 7-6。

第三节 单个桥墩局部冲刷的最大深度

表 7-6　桥墩形态系数 K_1 和桥墩有效宽度 b_1

序号	墩　型	桥墩形态系数 K_1	桥墩有效宽度 b_1
(1)		$K_1 = 1.0$	$b_1 = d$
(2)		无联系梁，$K_1 = 1.0$ 有联系梁时取值如下： | α | 0° | 15° | 30° | 45° | |---|---|---|---|---| | K_1 | 1.00 | 1.05 | 1.10 | 1.15 |	$b_1 = d$
(3)		（K_1 随 $\alpha/(°)$ 变化曲线，K_1 值范围 0.9～1.1，横坐标 0～80）	$b_1 = (L-b)\sin\alpha + b$

121

续表

序号	墩 型	桥墩形态系数 K_1	桥墩有效宽度 b_1
(4)		当 $\alpha=0$ 时 | θ | 45° | 60° | 75° | 90° | 120° | |---|---|---|---|---|---| | K_1 | 0.70 | 0.84 | 0.90 | 0.95 | 1.10 | 当 $\theta=0$ 时	$b_1=(L-b)\sin\alpha+b$
(5)			$b_1=\dfrac{h_1 b_1'+h_2 b_2'}{h}$ $b_1'=L_1\sin\alpha+B_1\cos\alpha$ $b_2'=L_2\sin\alpha+B_2\cos\alpha$
(6)		$K_2=K_{\xi 1}K_{\xi 2}$	$b_1=\dfrac{h_1 b_1'+h_2 b_2'}{h}$ $b_1'=(L_1-B_1)\sin\alpha+B_1$ $b_2'=L_2\sin\alpha+B_2\cos\alpha$ 与水流正交时，$\alpha=0$

注　沉井与墩身的 $K_{\xi 2}$ 相差较大时，根据 $h_1、h_2$ 的大小在两线间按比例定点取值

第三节 单个桥墩局部冲刷的最大深度

续表

序号	墩型	桥墩形态系数 K_1	桥墩有效宽度 b_1
(7)		与水流正交时，$K_2 = K_{\xi 1}$；$\theta = 90°$ 与水流斜交时，$K_2 = K_{\xi 1} K_{\xi 2}$ 与水流正交时的 $K_{\xi 1}$；与水流斜交时的 $K_{\xi 2}$ 注 沉井与墩身的 $K_{\xi 2}$ 相差较大时，根据 h_1, h_2 的大小在两线间按比例定点取值	$b_1 = \dfrac{h_1 b_1' + h_2 b_2'}{h}$ $b_1' = (L_1 - B_1)\sin\alpha + B_1$ $b_2' = L_2\sin\alpha + B_2\cos\alpha$ 与水流正交时，$\alpha = 0$
(8)		采用与水流正交时的墩形系数	与水流正交： $b_1 = b$ 与水流斜交： $b_1 = (L-b)\sin\alpha + b$
(9)		$K_2 = K_2' K_{m\phi}$ K_2' 为单桩形状系数，按序号 (1)、(2)、(3) 的墩形确定（如多为圆柱，$K_2' = 1.0$ 可省略）；$K_{m\phi}$ 为桩群系数。 $K_{m\phi} = 1 + 5\left[\dfrac{(m-1)\phi}{B_m}\right]$ B_m 为桩群垂直水流方向的分布宽度；m 为桩的排数	$b_1 = \phi$

续表

序号	墩型	桥墩形态系数 K_1	桥墩有效宽度 b_1
(10)		桩承台桥墩局部冲刷最大深度计算： 当承台底部低于束水冲刷线时，按上部实体计算；当承台底部高于束水冲刷线时，应按排架墩身计算；承台底部相对高度在 $0 \leq h_\phi/h \leq 1.0$ 时，冲刷深度按下式相同计算$$h_s = K_1(K_2' K_{h\phi} K_{m\phi} b_1^{0.6} \phi_1 + 0.85 K_{h\phi} K_{h2} b_1^{0.6} K_{\xi 1} \phi_1^{0.6})(V_0 - V_c') \left(\frac{V - V_c'}{V_0 - V_c'}\right)^m$$ 式中：$K_{h\phi}$ 为淹没柱体折减系数，$K_{h\phi} = 1.0 - \frac{0.001}{(h_\phi/h + 0.1)^3}$，见图；$K_{\xi 1}$、$b_1$ 按承台底处于束水冲刷线计算；K_{h2} 为墩身承台减小系数；K_1、V、V_0、V_c'、V_c'、m 与 65-Ⅰ式相同；K_2'、$K_{m\phi}$ 的含义与序号 (9) 中的相同	见左图
(11)		桥墩局部冲刷最大深度的计算： $$h_s = K_{cd} h_{by}$$ 式中：K_{cd} 为大直径围堰群桩墩形系数。 $$K_{cd} = 0.2 + 0.4\left(\frac{c}{h}\right)^{0.3}\left[1 + \left(\frac{z}{h_{by}}\right)^{0.6}\right]$$ h_{by} 为按序号 (1) 墩形计算的局部深度。 适用范围：$0.2 \leq \frac{c}{h} \leq 1.0$，$0.2 \leq \frac{z}{h_{by}} \leq 1.0$	$b_1 = d$
(12)		桥墩局部冲刷最大深度的计算： $$h_s = K_a K_{zh} K_{by}$$ 其中 $$K_{zh} = 1.22 h_{by} K_{by}\left(1 + \frac{h_\phi}{h}\right) + 1.18\left(\frac{\phi}{b_1}\right)^{0.6} \frac{h_\phi}{h}$$ $$K_a = 0.57a^2 + 0.57a + 1$$ 式中：h_ϕ 为工字承台的局部深度，K_{zh} 为工字承台大直径基桩组合墩形系数；h_ϕ 为桥轴法线与流向的夹角（以弧度计）。 适用范围：$D = 0.2\phi$，$0.2 \leq \frac{z}{h} \leq 0.5$，$0 \leq \frac{h_\phi}{h} \leq 1.0$，$a = 0 \sim 0.785$	$b_1 = B_1$

13. 高冬光公式

徐国平和高冬光[104]对我国20世纪80年代前桥墩局部冲刷的研究成果进行了总结和修正，提出了桥墩局部最大平衡冲刷深度计算的简化公式

$$h_s = 0.46 K_1 b_1^{0.6} h_a^{0.15} d_m^{-0.07} \left(\frac{V - V_c'}{V_c - V_c'} \right) \qquad (7-86)$$

式中：K_1 为桥墩形态系数，对于圆柱桥墩 K_1 取 1.0，圆鼻桥墩取 0.8，尖鼻桥墩取 0.66；V_c' 为桥墩局部冲刷的起冲（或临界）速度，有

$$V_c' = 0.645 \left(\frac{d_m}{b_1} \right)^{0.053} V_c \qquad (7-87)$$

式中：V_c 为泥沙的起动流速，m/s，采用张瑞瑾公式计算

$$V_c = \left(\frac{h_p}{d_m} \right)^{0.14} \left(29d + 6.05 \times 10^{-7} \frac{10 + h_p}{d_m^{0.72}} \right)^{0.5} \qquad (7-88)$$

对于动床情况，其桥墩局部最大平衡冲刷深度的简化公式为

$$h_s = 0.46 K_1 b_1^{0.6} h_a^{0.15} d_m^{-0.07} \left(\frac{V - V_c'}{V_c - V_c'} \right)^m \qquad (7-89)$$

式中：K_1 为桥墩形态系数，与 65-I 公式中的确定方法相同；m 为与床沙输移情况有关的指数。指数 m 根据 212 组野外实测资料的回归得到

$$m = \left(\frac{V_c}{V_a} \right)^{9.35 + 2.23 \lg d_m} \qquad (7-90)$$

因为动床条件下 $V_a > V_c$，m 总是小于 1，所以根据上述公式可知：在动床条件下桥墩局部冲刷深度总是小于清水条件下桥墩局部冲刷深度。但当水流位于高能态区时，这个结论是错误的。

高冬光等在 1993 年将国内对桥墩冲刷的研究成果向国际同行进行了介绍[7]，引起了国外同行的关注，并充分肯定了国内公式的计算精度和设计的可靠性[95]。我国的桥墩冲刷计算公式中采用了剩余流速或无量纲剩余流速 $\frac{V - V_c'}{V_c - V_c'}$，此项的物理概念清晰，65 公式结构比早期的西方公式优越。在 1993 年以后提出的众多国外公式中，如 HEC-18 公式的修正式等，均引入了此结构。

除此之外，我国还有众多学者从泥沙运动力学的角度对桥墩局部冲刷开展了深入研究[46,48,49,55,105-114]，甚至引入了人工神经网络理论和模糊理论或手段，例如文超和文雨松[115]、孟庆峰[116] 等。

另外，值得强调的是，我国 65 公式中采用的水流条件是束水冲刷达到平衡后的水流条件，如行近流速和行近水深，而国外的公式中则多是直接采用计算洪水所对应的行近流速和水深，实际上，在应用这些国外公式时，亦当采用平衡后的水流条件。

三、黏性土河床的桥墩局部冲刷最大深度计算公式

黏性土河床上桥墩的局部冲刷是水流冲刷能力与黏性土抗冲刷能力相互作用的结果。对于黏性底床，由于其存在非黏性底床没有的黏性力，因此桥梁最大冲刷深度的计算方法有所不同，不能直接采用上述计算公式进行计算。否则，所得结果偏差大，甚至大到不合

理的程度[117-118]。

国内外对黏性河床上桥墩局部冲刷的研究相对较少[66,118-135]。Devi 和 Barbhuiya[136]进行了详细的综述，分析比较了代表性公式的计算冲刷深度，结果表明：很多公式计算的冲刷深度随黏土百分比的增加而减小，公式之间存在较大差异。此外，对黏性土局部冲刷的研究大多局限于均匀墩型。以下介绍几个代表性公式。

1. Ivarson 公式

Ivarson[122] 将底床泥沙的抗冲系数引入 HEC-18 公式中，提出了黏性河床上的桥墩局部冲刷最大深度计算公式

$$\frac{h_s}{h_0}=2.0K_1K_2K_3K_4\left(\frac{b}{h_0}\right)^{0.65}F_0^{0.43} \tag{7-91}$$

式中：K_4 为床面泥沙的抗冲系数。他基于 Chiew[77] 对散粒体的抗冲系数

$$K_4=0.677\lg\left(\frac{b}{d_{50}}\right) \tag{7-92}$$

并假定在相同剪切力下散粒体河床与黏性河床泥沙的起动存在如下关系

$$d_{50}=S_u/500 \tag{7-93}$$

从而得到黏性河床的抗冲系数

$$K_4=0.677\lg\left(500\frac{b}{S_u}\right) \tag{7-94}$$

式中：b 为桥墩宽度，ft；S_u 为不排水抗剪强度，bs/ft²。

2. Najafzadeh 和 Barani 公式

Najafzadeh 和 Barani[133] 开展了黏性底床的桥墩局部冲刷水槽实验，研究了流速、水深、泥沙初始含水量、桥墩冲刷坑周围泥沙的不排水抗剪强度和黏粒含量对局部冲刷深度的影响，提出了最大冲刷深度的经验公式

$$\frac{h_s}{h_0}=5565.05\left(\frac{\tau_s}{\gamma_s h_0}\right)^{0.83}C^{-2.179}\left(\frac{V_0}{\sqrt{gh_0}}\right)^{2.306} \tag{7-95}$$

式中：h_0 为行近水流水深，m；V_0 为行近水流流速，m/s；C 为黏粒含量；τ_s 为底床泥沙的十字板剪切强度，N/m²。

该公式没有考虑桥墩几何尺寸及形态的影响，且来流水深和墩径之比位于 3~4.5 范围，实验桥墩的直径为 0.1m，水流的弗劳德数 $Fr=0.067\sim0.131$。

3. Kothyari 公式

Kothyari 等[135] 分别对黏土-砾石混合和黏土-砂-砾石混合的底床提出了桥墩局部冲刷深度的计算公式

$$\frac{h_s}{h_{s0}}=\frac{(1+C)^{5.64}}{(1+UCS^*)^{0.42}t_*^{-0.24}} \tag{7-96}$$

$$\frac{h_s}{h_{s0}}=\frac{(1+C)^{5.98}}{(1+UCS^*)^{0.69}t_*^{-0.42}} \tag{7-97}$$

式中：h_{s0} 为无黏性泥沙河床下的最大冲刷深度，m；t_* 为无量纲的冲刷历时，$t_*=V_*/d_a$，s；V_* 为剪切流速，m/s；UCS^* 为黏性河床的无量纲无侧限抗压强度，$UCS^*=$

$\dfrac{UCS}{\Delta \gamma_s d_a}$;$UCS$ 为黏性河床的无侧限抗压强度,Pa;d_a 为床沙的算术平均粒径,m。

4. Rambau 公式

利用 Briaud 等[128]和 Ting 等[124]的双曲线模型,Rambabu 等[127]建立了与桥墩直径、流速、模型雷诺数、河床剪切阻力和弗劳德数有关的圆柱墩周围局部冲刷最大深度的经验公式

$$\frac{h_s}{b}=\left(\frac{V_0}{\sqrt{gh_0}}\right)^{0.641}\left(\frac{V_0 b}{\upsilon}\right)^{0.64}\left(\frac{C_u}{\gamma h_0}\right)^{-0.976} \qquad (7-98)$$

式中:h_0 为行近水流水深,m;V_0 为行近水流流速,m/s;b 为桥墩有效宽度,m;C_u 为底床的十字板剪切强度,Pa;γ 为床沙的比重,N/m³;υ 为水的运动黏度,m²/s。

5. Debnath 和 Chaudhuri 公式

Debnath 和 Chaudhuri[130,137]主要基于高岭土和含沙淤泥的混合泥沙在不同含水率情况下的水槽实验资料提出了如下经验公式。

当 $W_c=20\%\sim23.22\%$ 及 $C=20\%\sim85\%$ 时

$$\frac{h_s}{b}=2.05 C^{-1.29}\left(\frac{V_0}{\sqrt{gb}}\right)^{1.72}\left(\frac{\tau_s}{\rho V_0^2}\right)^{-0.37} \qquad (7-99)$$

当 $W_c=27.95\%\sim33.55\%$ 及 $C=20\%\sim50\%$ 时

$$\frac{h_s}{b}=3.64 C^{-1.01}\left(\frac{V_0}{\sqrt{gb}}\right)^{0.22}\left(\frac{\tau_s}{\rho V_0^2}\right)^{-0.69} \qquad (7-100)$$

当 $W_c=27.95\%\sim33.55\%$ 及 $C=50\%\sim100\%$ 时

$$\frac{h_s}{b}=20.52 C^{0.19}\left(\frac{V_0}{\sqrt{gb}}\right)^{1.28}\left(\frac{\tau_s}{\rho V_0^2}\right)^{-0.89} \qquad (7-101)$$

当 $W_c=33.6\%\sim45.92\%$ 及 $C=20\%\sim70\%$ 时

$$\frac{h_s}{b}=3.32 C^{-0.62} W_c^{0.36}\left(\frac{V_0}{\sqrt{gb}}\right)^{0.72}\left(\frac{\tau_s}{\rho V_0^2}\right)^{-0.29} \qquad (7-102)$$

当 $W_c=33.6\%\sim45.92\%$ 及 $C=70\%\sim100\%$ 时

$$\frac{h_s}{b}=8 C^{-0.58} W_c^{1.24}\left(\frac{V_0}{\sqrt{gb}}\right)^{0.61}\left(\frac{\tau_s}{\rho V_0^2}\right)^{-0.19} \qquad (7-103)$$

式中:W_c 为含水率;h_0 为行近水深,m;V_0 为行近流速,m/s;C 为底床泥沙中的黏粒含量;τ_s 为底床的十字板剪切强度,N/m²。

6. 可蚀指数法

影响桥墩冲刷深度的因素除桥墩的几何形状、桥墩与水流的夹角、上游水流强度外,还与床面组成物质的抗冲刷特性有关。为考虑岩石岩性和土壤黏性的影响,Annandale 和 Smith[138]引入可蚀性指数,并将水流的冲刷力与床面组成物质的可冲刷指标联系起来,提出了冲刷深度计算模式:当水流的可供冲刷功率与床沙冲刷所需的冲刷功率相等时,冲刷达到平衡,即此时的冲刷深度达到极限值。将没有考虑可蚀性公式计算得到的冲刷深度称为最大可能冲刷深度,而考虑可蚀性后计算得到的冲刷深度称为极限冲刷深度。他认

为，通常极限冲刷深度小于最大可能冲刷深度。

Kirsten[139] 提出用可蚀性指数来量化底床相对抗蚀能力

$$K = M_s K_b K_d J_s \tag{7-104}$$

式中：M_s 为底床强度指数，对不同性质的河床组成，其确定方法不同，其大小可参阅 Kirsten（1982）[139]、Annandale（1995）[140] 的有关表格；K_b 为颗粒或岩块的平均直径；K_d 为颗粒间联结强度指数，$K_d = \tan\phi$，ϕ 为内摩擦角；J_s 为河床结构指数。

应用时需要测量底床的不排水抗剪强度 S_u，黏性底床的整体强度指数为

$$M_s = 0.78(UCS)^{1.09} = 0.78(2S_u)^{1.09} \quad UCS \leqslant 10\text{MPa} \tag{7-105}$$

式中：UCS 为无侧限抗压强度，MPa。

$$K_b = 1000(d_{50})^{39} \quad d_{50} \leqslant 0.1\text{mm} \tag{7-106}$$

冲刷需要的水流功率 P_r（kW/m²），参见 Annandale[140]；水流提供的功率为

$$P_a = \gamma V_0 h_0 S_0 \tag{7-107}$$

式中：P_a 为水流提供的功率；V_0 为行近流速；h_0 为行近水深；S_0 为水力坡度。

该方法为修建在基岩或黏性土壤上的桥墩冲刷深度计算提出了新的物理模式，但其中的水流功率存在概念上的缺陷，应该是冲刷坑稳定后的冲刷需要的水流功率，为此尚需进一步研究。

7. SRICOS-EFA 法

基于侵蚀功能仪的黏性土壤冲刷率法（Scour Rate in Cohesive Soil-Erosion Function Apparatus，SRICOS-EFA 法），由 Briaud 和他同事在20世纪90年代初提出，适用于细颗粒底床上的桥墩冲刷。经过不断发展[141-144]，SRICOS-EFA 法已纳入美国联邦公路管理局规范[64]。

基于 SRICOS-EFA 法已开发出 SRICOS-EFA 软件，它能够计算最大初始剪应力、初始冲刷速率、局部冲刷、束水冲刷、桥台冲刷和桥墩最大冲刷深度等[144]。其计算流程如图 7-12 所示。

图中：b 为墩宽；b_1 为投影墩宽；Fr 为弗劳德数（基于 V_a 和 h_s），$Fr_{(桥墩)}$ 为弗劳德数（基于 V_a 和 b_1）；$Fr_{c(桥墩)}$ 为弗劳德数（基于 V_c 和 b_1）；L 为桥墩长度；n 为曼宁系数；θ 为水流攻角；Re 为雷诺数（基于 b）；S 为群墩间距；V_a 为行近平均流速；h_s 为最大桥墩冲刷深度。

8. Arneson 公式

Arneson 等[64] 提出的黏性底床上桥墩局部冲刷最大深度计算公式

$$h_s = 2.2 K_1 K_2 b^{0.65} \left(\frac{2.6 V_0 - V_c}{\sqrt{g}} \right)^{0.7} \tag{7-108}$$

式中：K_1 为墩头形状系数；K_2 为攻角系数，$K_2 = \left(\cos\theta + \frac{L}{b}\sin\theta \right)^{0.65}$，$\theta$ 为相对于桥墩的倾斜角度，（°）；L 为桥墩长度，如果 $L/b > 12$，则使用 $L/b = 12$ 作为最大值；

第三节 单个桥墩局部冲刷的最大深度

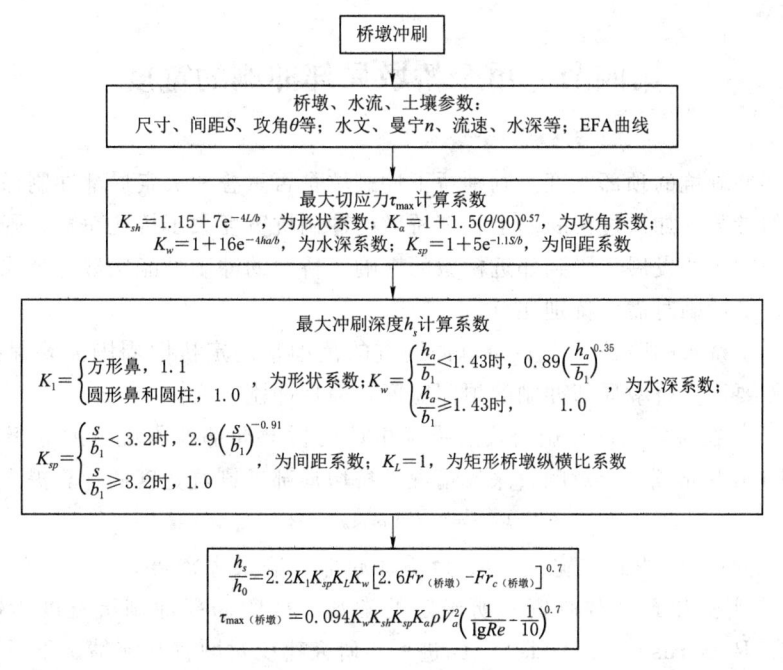

```
                    ┌──────────────┐
                    │   桥墩冲刷    │
                    └──────┬───────┘
                           │
        ┌──────────────────┴──────────────────┐
        │       桥墩、水流、土壤参数：         │
        │ 尺寸、间距S、攻角θ等；水文、曼宁n、  │
        │        流速、水深等；EFA曲线         │
        └──────────────────┬──────────────────┘
                           │
    ┌──────────────────────┴──────────────────────┐
    │         最大切应力 τ_max 计算系数            │
    │ K_sh=1.15+7e^(-4L/b), 为形状系数；           │
    │ K_a=1+1.5(θ/90)^0.57, 为攻角系数；           │
    │ K_w=1+16e^(-4ha/b), 为水深系数；             │
    │ K_sp=1+5e^(-1.1S/b), 为间距系数              │
    └──────────────────────┬──────────────────────┘
                           │
    ┌──────────────────────┴──────────────────────┐
    │        最大冲刷深度 h_s 计算系数             │
    │           方形鼻, 1.1                        │
    │ K_1 = {                    为形状系数；      │
    │           圆形鼻和圆柱, 1.0                  │
    │                                              │
    │          h_a/b_1<1.43时, 0.89(h_a/b_1)^0.35  │
    │ K_w = {                              为水深系数│
    │          h_a/b_1≥1.43时,  1.0                │
    │                                              │
    │          s/b_1<3.2时, 2.9(s/b_1)^(-0.91)     │
    │ K_sp = {                    为间距系数；     │
    │          s/b_1≥3.2时, 1.0                    │
    │                                              │
    │ K_L=1, 为矩形桥墩纵横比系数                  │
    └──────────────────────┬──────────────────────┘
                           │
    ┌──────────────────────┴──────────────────────┐
    │ h_s/h_0 = 2.2K_1K_spK_LK_w[2.6Fr(桥墩)-Fr_c(桥墩)]^0.7 │
    │ τ_max(桥墩) = 0.094K_wK_shK_spK_aρV_a^2(1/lgRe - 1/10)^0.7 │
    └─────────────────────────────────────────────┘
```

图 7-12 SRICOS-EFA 法计算流程

V_c 为黏性泥沙开始侵蚀的临界速度，$V_c = \sqrt{\dfrac{\tau_c H^{1/3}}{\rho g n^2}}$，$H = h_0 + h_{s束水}$。临界速度也可以通过材料试验确定，见 NCHRP 报告的第 4 章[129]，或 Briaud 等[144]，或可以使用美国联邦公路管理局规范[64] 图 4.7 中 0.1mm/h 的侵蚀率对各种类型底床的泥沙进行估算。

9. 我国规范公式

20 世纪 70 年代后期，我国铁路系统组织了黏性土桥渡冲刷的调查研究。通过 3 年艰苦调查工作辅以少量原状土试验，给出了以黏性土液性指数 I_L 为主要变量的黏性土桥墩局部冲刷计算公式，并列入铁路和公路相关规程等[145-146]。《铁路工程水文勘测设计规范》[145] 和《公路工程水文勘测设计规范》[146] 列出的黏性土桥渡局部冲刷计算公式如下

当 $\dfrac{h_p}{b_1} \leqslant 2.5$ 时，$\qquad h_s = 0.55 K_1 b_1^{0.6} h_p^{0.1} V_0 I_L^{1.0}$ （7-109）

当 $\dfrac{h_p}{b_1} > 2.5$ 时，$\qquad h_s = 0.83 K_1 b_1^{0.6} V_0 I_L^{1.25}$ （7-110）

式中：h_p 为束水冲刷后桥墩的行近水深；V_0 为束水冲刷后桥墩的行近流速；b_1 为桥墩的有效宽度；K_1 为墩型系数；I_L 为黏性土液性指数，适用范围为 0.16~1.48，$I_L = \dfrac{W-W_P}{W_L-W_P}$，$W$ 为天然状态下原土中水的重量与固体重量之比的百分数，W_P 为土由半固态过渡到可塑态的极限含水量，W_L 为土由可塑态过渡到流动态的极限含水量。

第四节　单个桥墩局部冲刷的宽度

桥墩局部冲刷坑的顶部宽度是判别桥下冲刷坑是否重叠和决定局部冲刷保护范围的一个非常重要的参数。如果过桥断面上相邻桥墩的冲刷坑宽度大于桥孔净宽，则存在冲刷坑重叠，局部冲刷坑的发展将受到邻近桥墩的影响，桥墩的冲刷可能比现有公式的计算结果更严重，在桥墩冲刷时需要特别注意。

此外，对于桥墩的防护，需要知道冲刷坑的范围来决定桥墩周围需要保护的最外边界。因此，需要计算桥墩局部冲刷的顶部宽度，简称冲刷宽度。

Laursen[11] 在桥墩局部冲刷公式的推导中认为桥墩局部冲刷坑宽度等于冲刷深度的 2.75 倍。Richardson 等[80] 对顺直来流情况下桥墩局部冲刷坑宽度的计算提出公式

$$W_s = h_s(A\cos\phi + B) \tag{7-111}$$

式中：W_s 为桥墩局部冲刷坑宽度；h_s 为桥墩局部冲刷最大深度；ϕ 为床沙的水下休止角；A 和 B 为实验和野外观测资料所确定的常数。桥墩局部冲刷宽度为冲刷深度的 $1.0 \sim 2.8$ 倍。Richardson 和 Davis[92] 的进一步研究建议对顺直来流情况下桥墩局部冲刷坑宽度采用冲刷深度的 2 倍。

无疑，当来流与桥墩有较大交角时，这一结论不正确。桥墩局部冲刷坑宽度在桥墩的迎水侧将减小，背水侧将增加。

Richardson 和 Abed[147] 在来流与桥墩有无交角、清水冲刷情况下对桥面有漫流和桥下自由出流两种不同情况针对圆鼻形桥墩局部冲刷坑的宽度进行了实验研究分析，得到桥面有漫流情况下的局部冲刷坑宽度

$$W_s = h_s(1.36\cos\phi + 0.44) + 0.1 \tag{7-112}$$

桥下自由出流情况下的局部冲刷坑宽度

$$W_s = h_s(0.89\cos\phi + 0.53) + 0.12 \tag{7-113}$$

Butch 等[148] 根据对纽约 128 个桥墩冲刷坑的实地调查研究发现，冲刷坑大小是冲刷坑深度与坑内床面平均坡度的函数。坑内床面的平均坡度通常小于 15°，最大也不超过 27°。桥墩局部冲刷坑宽度平均是冲刷深度的 4.7 倍，是桥墩宽度的 1.6 倍。

Debnath 和 Chaudhuri[137] 在水槽内开展了 56 次试验，观测在黏土-砂混合沙床上圆形桥墩的局部冲刷，提出了计算冲刷坑宽度的经验公式。

当 $W_c \leqslant 0.4$，$C \leqslant 0.4$ 及 $0.78 \leqslant \dfrac{V_0}{V_{cs}} \leqslant 1.76$ 时，有

$$\frac{W_s}{b} = 22.77 C^{-0.19} W_c^{0.2} \left(\frac{V_0}{\sqrt{gb}}\right)^{0.57} \left(\frac{\tau_s}{\rho V_0^2}\right)^{-0.26} \tag{7-114}$$

式中：W_s 为冲刷坑的直径；V_0 为行近流速；V_{cs} 为床沙中砂的起动流速；C 为床沙中黏粒含量；W_c 为床沙的含水率；τ_s 为行近底床切应力。

第五节　复杂桥墩附近局部冲刷的计算

前面涉及的桥墩主要是简单桥墩，实际上，为减小水流阻力和冲刷深度，桥墩的横截面形状在垂直方向上变得非常复杂，复杂桥墩附近的冲刷因此而变得更加复杂。一般情况下，复杂桥墩的局部冲刷可能受到三个不同冲刷产生单元（即墩身、桩帽、基脚或桩组）的影响。最新研究结果表明，桩帽高度和桥墩偏斜角度对冲刷深度有显著影响，甚至轻微偏斜也会显著增加冲刷深度。

以往对桥墩冲刷的研究主要集中在简单桥墩上，而对群桩等复杂桥墩的冲刷研究则涉及较少。归纳起来，对复杂桥墩局部冲刷的最大深度的计算可分为两种方法：等效尺度计算法和冲刷深度分量叠加法。

一、等效尺度计算法

等效尺度计算法是将复杂桥墩假设为一个等效的实心桩组或单个等效直径的圆柱形桥墩，然后利用现有的简单桥墩局部冲刷深度公式进行估算。在美国，群桩周围的冲刷深度的大多数公式和计算软件是基于对 HEC-18 的修正式[149]。我国的做法也雷同，群桩周围的冲刷深度计算是基于 65 公式的修正式，并采用相应的桥墩有效宽度和桥墩形态系数，见表 7-6 或 Gao 等的论文[7]。此外，还有如下代表性公式。

1. Salim 和 Jones 公式

针对桩组的局部冲刷的平衡深度计算，Salim 和 Jones[86] 将桩组假设为一个由所有桩连靠在一起的等效桩组，且与水流的夹角相同，利用 CSU 公式计算冲刷深度，然后乘两个修正因子，即

$$h_{s桩组} = K_s K_2 h_s \tag{7-115}$$

式中：K_2 为攻角对桩组的校正系数，取值如图 7-13 所示；K_s 为间距修正系数（实验数据的外包线），计算方法如下

$$K_s = 0.57/(1-e^{1-S/b}) + e^{0.5(1-S/b)} \tag{7-116}$$

式中：S 为桩与桩之间的中心距离；b 为每根桩的直径。若采用实验数据的最佳适线，式（7-116）中的系数 0.57 应改为 0.47。

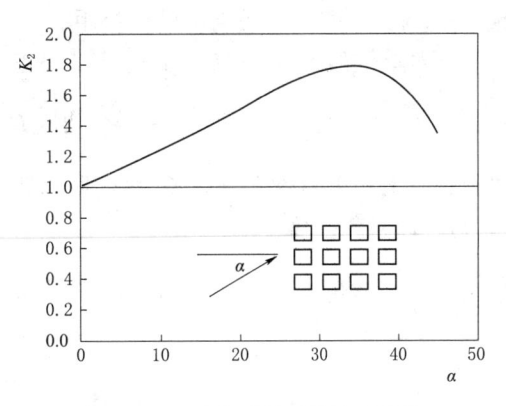

图 7-13　攻角对桩组的校正系数

2. HEC-18 群桩冲刷公式

HEC-18 群桩冲刷平衡深度的计算公式如下[149]

$$\frac{h_s}{h_0} = 2K_{hpg} K_1 K_3 K_4 \left(\frac{a_{proj} K_{sp} K_m}{h_0}\right)^{0.65} \left(\frac{V_0}{\sqrt{gh_0}}\right)^{0.43} \tag{7-117}$$

式中：h_s 为暴露在水流中桩的冲刷深度；h_0 为行近水深；K_{hpg} 为群桩高度修正系数；K_1 为墩头形状的修正系数；K_3 为底床情况修正系数；K_4 为底床泥沙粗化的修正系数；

a_{proj} 为桩的非重叠投影宽度之总和；K_{sp} 为桩间距修正系数；K_m 为对齐排数修正系数。

3. FDOT 公式

Sheppard 和 Renna[98] 通过在 FDOT 单墩计算公式中代入有效桥墩宽度 $b_1 = K_s K_{hpg} b$，计算桩组的最大冲刷深度，其中群桩高度修正系数为

$$K_{hpg} = \left[1 - \frac{4(1-n^{-1})}{3}\left(1-\left(\frac{S}{b_p}\right)^{-0.6}\right)\right](0.045m + 0.96) \quad (7-118)$$

4. Arneson 的修正式

Arneson 等[64] 引入有效桥墩宽度 K_{hpg} 对 HEC-18 公式进行了拓展修正，有效桥墩宽度系数为

$$K_{hpg} = \left[1 - \frac{4(1-n^{-1})}{3}\left(1-\left(\frac{S_n}{S_p}\right)^{-0.6}\right)\right]\left\{0.9 + 0.1m - 0.0714(m-1)\right.$$
$$\left.\left[2.4 - 1.1\frac{S_n}{S_p} + 0.1\left(\frac{S_n}{S_p}\right)^2\right]\right\} \quad (7-119)$$

5. Baghbadorani 的修正式

Baghbadorani 等[150] 收集了 365 个群桩冲刷坑深度的室内试验数据，对 HEC-18 群桩冲刷方程和 FDOT 公式进行了修正，引入群桩高度系数 K_{hpg}，分别计算如下

当 $\frac{S'_n}{b} \leqslant 1.3$ 时，$K_{hpg} = 3.726 m^{-0.561} n^{-0.429}\left(\frac{S'_n}{b}\right)^{0.936}\left(\frac{S'_m}{b}\right)^{-0.053} \quad (7-120)$

当 $\frac{S'_n}{b} > 1.3$ 时，$K_{hpg} = 3.784 m^{-0.221} n^{-1.045}\left(\frac{S'_n}{b}\right)^{-0.331}\left(\frac{S'_m}{b}\right)^{-0.026} \quad (7-121)$

式中：b 为桩的直径；m 为与水流平行的桩数；当 $m=1$，$S'_m = b$，否则 $S'_m = S_m$，S_m 为水流方向的桩与桩的中心距；n 为与水流垂直的桩数；当 $n=1$，$S'_n = b$，否则 $S'_n = S_n$，S_n 为水流方向垂直的桩与桩的中心距。

并对单桩的 HEC-18 公式进行了修正

$$\frac{h_s}{h_a} = 2.2 K_s K_{hpg}\left(\frac{b_e}{h_a}\right)^{0.65} Fr^{0.43} \quad (7-122)$$

式中：b_e 为有效桥墩宽度；K_s 为间距修正系数，由式（7-116）确定；h_a 为行近水深；Fr 为行近弗劳德数。

当 $\frac{S'_n}{b} \leqslant 1.58$ 时，$K_{hpg} = 2.548 m^{-0.357} n^{-0.134}\left(\frac{S'_n}{b}\right)^{-0.255}\left(\frac{S'_m}{b}\right)^{-0.019}\left(\frac{d_{50}}{b}\right)^{-0.095}\left(\frac{h_0}{b}\right)^{-0.199}$
$$(7-123)$$

当 $\frac{S'_n}{b} > 1.58$ 时，$K_{hpg} = 3.041 m^{-0.229} n^{-0.745}\left(\frac{S'_n}{b}\right)^{-0.22}\left(\frac{S'_m}{b}\right)^{-0.072}\left(\frac{d_{50}}{b}\right)^{-0.183}\left(\frac{h_0}{b}\right)^{-0.409}$
$$(7-124)$$

6. Sheppard 等的修正式

Sheppard 和 Renna[98] 将群桩有效宽度代入式（7-46）～式（7-48）或式（7-51）～式（7-53），计算得到群桩周围冲刷深度。其群桩的有效宽度为

$$W^* = K_m K_{sp} K_h K_{sh} b_p \quad (7-125)$$

式中：W^* 为有效宽度；K_m 为顺流向桩数量修正系数；K_{sp} 为桩间距修正系数；K_h 为桩组高度修正系数；K_{sh} 为形状修正系数；b_p 为投影宽度之和，与 HEC-18 公式中求投影宽度总和的方法相同，为柱墩的不重叠投影宽度。

桩间距修正系数的计算公式为

$$K_{sp}=1-\frac{4}{3}\left(1-\frac{b}{b_p}\right)\left[1-\left(\frac{S}{b_p}\right)^{-0.6}\right] \tag{7-126}$$

当行与列之间的桩间距不相等时，式（7-126）中的 S 是行间距和列间距的最小值。式（7-126）中，对于非圆形桩，使用投影平面上单桩的投影宽度（b_{pi}）代替桩直径（b_i），圆形桩的 b_{pi} 值等于桩径。形状修正系数的计算公式为

$$K_{sh}=\frac{K_{shp}-K_{shpg}}{9}\left(\frac{S}{b_{pi}}\right)+K_{shp}-\frac{10}{9}(K_{shp}-K_{shpg}) \tag{7-127}$$

对于圆形桩的 K_{shp} 和以圆形排布的群桩 K_{shpg} 均等于 1。对于方桩的 K_{shp} 和对于以矩形布置的群桩 K_{shpg} 以下列公式计算

$$K_{shp}=K_{shpg}=0.86+0.97\left(\alpha\frac{\pi}{180°}-\frac{\pi}{4}\right)^4 \tag{7-128}$$

式中：α 为水流攻角。顺流向桩数量修正系数为

$$K_m=\begin{cases}0.045m+0.96 & |\alpha|<5°,\text{且}\ m\leqslant 5\\ 1.19 & |\alpha|<5°,\text{且}\ m>5\\ 1 & |\alpha|\geqslant 5°\end{cases} \tag{7-129}$$

7. Ataie-Ashtiani 和 Beheshti 公式

Ataie-Ashtiani 和 Beheshti[152] 对 HEC-18 公式进行修正，提出一个顺流向群桩修正系数计算公式

$$K_{smn}=1.11\frac{m^{0.0396}}{n^{0.5225}\left(\frac{S}{D}-1\right)^{0.1153}} \tag{7-130}$$

式中：K_{smn} 为修正系数；m 为顺流向排列的桩数；n 为与水流垂直方向排列的桩数；D 为桩径。将所有桩紧密排放一起构成一个实体，得到等效实体桩的尺寸，代入 HEC-18 公式 [式（7-34）或式（7-91）]，获得等效实体桩的冲刷深度，再乘以修正系数 K_{smn}，即可得到群桩周围的最大冲刷深度。

类似地，对于前述的 Melville 和 Coleman[101] 的计算公式

$$\frac{h_s}{h_a}=K_{hD}K_IK_dK_SK_aK_t \tag{7-131}$$

式中：K_{hD}、K_I、K_d、K_S、K_a 和 K_t 分别为水中墩身尺寸、水流强度、水深、泥沙粒径、桥墩形状和冲刷时间等因子。他们提出了修正系数为

$$K_{Gmn}=1.118\frac{m^{0.0895}}{n^{0.8949}(G/D)^{0.1195}} \tag{7-132}$$

式中：G 为桩间间距。

8. Amini 公式

Amini 等[153] 对式（7-130）进一步修正，得到修正系数

$$K_{smn} = Cm^{0.05}n^{-0.44}\left(\frac{S}{D}\right)^{-0.38} \tag{7-133}$$

式中：$C=1.31$（适用于未淹没的桩组）或 $C=1.1$（适用于浸没的桩组）。

除此修正系数外，他们还引入了另一个修正系数（K_h），用于反映淹没比（S_r）对冲刷深度的影响。K_h 由以下两个方程之一计算

$$K_h = S_r^3 - 2.4S_r^2 + 2.4S_r \tag{7-134}$$

$$K_h = 1.7S_r^3 - 4S_r^2 + 3.3S_r \tag{7-135}$$

式（7-134）是对数据进行最佳拟合的结果，式（7-135）是包络曲线拟合的结果。为了计算群桩周围的总冲刷深度，这些修正系数乘以由式（7-91）计算的冲刷深度，其中 b 替换为 nD（垂直于流向）。对于未淹没的桩组，$K_h = 1$。

值得注意的是，由于他们所使用的实验资料对应的实验时间较短，因此，预测的冲刷深度可能低于真实的平衡冲刷深度。此外，与 Ataie-Ashtiani 和 Beheshti[152] 所指出的一样，在使用该方法之前，应考虑安全系数。

9. Yang 公式

Yang 等[154] 在现有的 Sheppard/Melville 方法的基本框架上，将复杂桥墩的平衡冲刷深度公式修正为

$$\frac{h_s}{D_e} = 3.17\tanh\left[\left(\frac{h_a}{D_e}\right)^{0.65}\right]\left[1-1.2\left(\ln\frac{V_a}{V_c}\right)^2\right]\frac{D_e/d_{50}}{69.25(D_e/d_{50})^{-0.34}+0.14(D_e/d_{50})^{1.41}} \tag{7-136}$$

式中：D_e 为复杂桥墩的等效宽度。

10. Moreno 公式

目前，桥梁通常采用图 7-14 所示几何结构的复杂桥墩。Moreno 等[155] 在恒定清水水流条件下，对 7 个复杂桥墩模型进行了 48 次长时间冲刷试验，以探讨相对柱宽、柱宽与桩帽宽度比、相对桩帽厚度、桩帽厚度与行近水深比和群桩等对平衡冲刷深度的影响。

Moreno 等[155] 在 Langa 等[156] 和 Jones 等[157] 的基础上针对图 7-14 所示的复杂桥墩提出最大冲刷深度的计算表达式

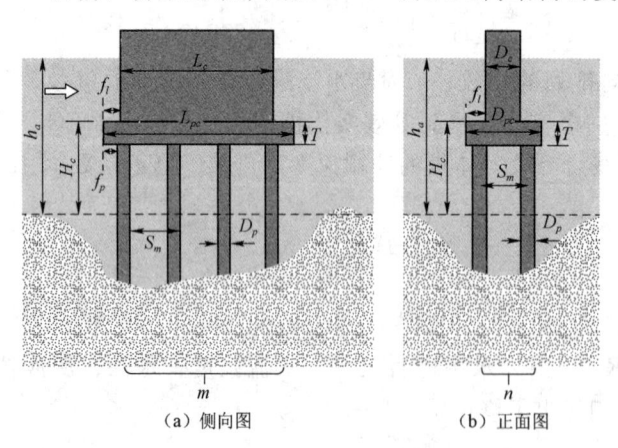

图 7-14　复杂桥墩的几何结构方案
(a) 侧向图　(b) 正面图

$$\frac{h_s}{D_e} = 2.6K_I K_{hDe} K_d \tag{7-137}$$

其中

$$K_I = 1-1.2\left(\ln\frac{V_a}{V_c}\right)^2 \tag{7-138}$$

第五节 复杂桥墩附近局部冲刷的计算

$$K_{hDe} = \tanh\left[\left(1.3\frac{h_a}{D_e}\right)^{0.7}\right] \qquad (7-139)$$

$$K_d = \begin{cases} 1.0 & \text{当 } 50 \leqslant D_e/d_{50} \leqslant 100 \\ 0.2 + 3.5\left(\dfrac{D_e}{d_{50}}\right)^{-0.32} & \text{当 } D_e/d_{50} > 100 \end{cases} \qquad (7-140)$$

当 $H_c \leqslant -d_{sc}$

$$D_e = K_{sc} D_c \qquad (7-141)$$

当 $-d_{sc} < H_c \leqslant H_b$

$$D_e = K_{sc} D_c \left\{1 + \left(\frac{H_c + d_{sc}}{H_b + d_{sc}}\right)^{1.4}\left[1.1\left(\frac{D_c}{D_{pc}} - \frac{1}{7}\right)^{0.65} - 1\right]\right\} \qquad (7-142)$$

当 $H_b < H_c \leqslant H_x$

$$D_e = 1.1 K_{sc} D_c \left(\frac{D_c}{D_{pc}} - \frac{1}{7}\right)^{0.65} + K_{spc} D_{pc}\left(1 - \frac{H_c}{H_b}\right)^{0.5}\tanh\left(1.8\frac{T}{D_c}\right)\left[\left(\frac{D_c}{D_{pc}} - \frac{1}{7}\right)^{0.4} - \left(\frac{D_c}{D_{pc}}\right)^{1.3}\right]$$
$$+ D_{epg} K_A \qquad (7-143)$$

当 $T < H_c \leqslant h$

$$D_e = K_{sc} D_c \left[\frac{3}{4}\left(1 - \frac{H_c}{h}\right)^2 \sqrt{\frac{D_c}{D_{pc}}}\right] + D_{epg}\left[1 - \frac{1}{9}\left(3 + \sqrt{\frac{f_p}{D_p}}\right)\left(1 - \frac{H_c - T}{h}\right)^{2.3}\right]$$
$$+ K_{spc} D_{pc}\left\{\left(\frac{9}{4} - \frac{9}{15}\tanh\frac{f_p}{D_p}\right)\left[\left(\frac{T}{h}\right)^{1.2} + \left(\frac{T}{h}\right)^{4.5}\right]e^{\left(-2.2\frac{H_c}{h}\right)}\right\} \qquad (7-144)$$

当 $h \leqslant H_c < h + T$

$$D_e = K_{spc} D_{pc}\left\{\left(\frac{1}{4} - \frac{1}{15}\tanh\frac{f_p}{D_p}\right)\left[\left(\frac{T_*}{h}\right)^{1.2} + \left(\frac{T_*}{h}\right)^{4.5}\right]\right\} + D_{epg}\left\{1 - \frac{1}{9}\left[3 + \sqrt{\frac{f_p}{D_p}}\left(\frac{T_*}{h}\right)^{2.3}\right]\right\}$$
$$(7-145)$$

对于 $H_c \geqslant h + T$

$$D_e = D_{epg} \qquad (7-146)$$

$$K_A = \frac{2}{3} - \frac{1}{9}\sqrt{\frac{f_p}{D_p}} + \frac{4}{5}\left(\frac{D_c}{D_{pc}}\right)^{-0.7}\left(\frac{H_c - T}{D_{pc}}\right) \qquad (7-147)$$

$$K_{sc} = \begin{cases} 1 & \text{圆桩} \\ 1.2 - 0.12\tanh\left(\dfrac{L_c}{D_c} - 1\right) & \text{矩形方头墩} \\ 1 - 0.17\tanh\left(\dfrac{L_c}{D_c} - 1\right) & \text{矩形圆头墩} \end{cases} \qquad (7-148)$$

$$D_{epg} = n D_p K_{spg} K_{spn} K_{spm} \qquad (7-149)$$

$$K_{spn} = 1 - \left(1 - \frac{1}{n}\right)\tanh\left[\sqrt{\left(\frac{S_n}{D_p} - 1\right)}\right] \qquad (7-150)$$

$$K_{spm} = 1 + \frac{(m-1)^{0.14}}{12.5}\left(\frac{S_m}{D_p} + \frac{m^{1.4}}{6.5}\right)^2 e^{\left(-0.65\frac{S_m}{D_p}\right)} \qquad (7-151)$$

当 $m \geqslant 6$ 时，取 $m = 6$。

二、冲刷深度分量叠加法

冲刷深度分量叠加法是针对桥墩的不同阻水单元分别计算各自的冲刷深度分量，然后将各冲刷深度分量叠加，以得到总冲刷深度。冲刷深度分量叠加法是一种能够较全面反映复杂桥墩局部冲刷的计算方法[7,157]。

Jones 和 Sheppard[157] 采用冲刷深度分量叠加法，建议采用以下步骤来确定暴露在水流中的三个下部结构单元的任何组合桥墩的冲刷深度。对于如图 7-15 所示的复杂桥墩，图中的桩帽可在水面以上、水面、水中或河床上，桩帽的位置可能由设计或长期侵蚀下切和/或束水冲刷引起。如图所示，桩群为均匀排列的行和列矩阵，但实际情况可能并不总是如此，桥梁的支撑可能需要更复杂的群桩布置。

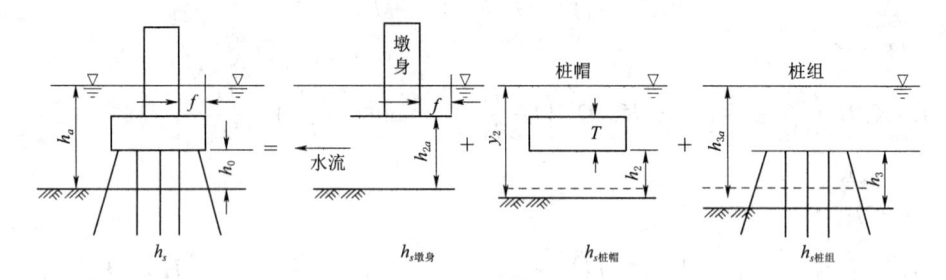

图 7-15 复杂桥墩冲刷单元的定义

图 7-15 所示的变量和计算中使用的其他变量为：f 为桩帽或基脚前缘与墩身之间的距离；h_0 为开始计算时桩帽高于基床的高度；$h_1 = h_0 + T$ 为冲刷前河床上方墩柱高度；$h_2 = h_0 + h_{s墩身}/2$ 为计算墩身冲刷分量后的桩帽高度；$h_3 = h_0 + h_{s墩身}/2 + h_{s桩帽}/2$ 为计算墩身和桩帽冲刷分量后的群桩高度；S 为桩柱间距（桩中心到桩中心）；T 为桩帽或基脚的厚度；h_a 为开始计算时的行近流水深；$h_{2a} = h_a + h_{s墩身}/2$ 为桩帽计算的调整水深；$h_{3a} = h_a + h_{s墩身}/2 + h_{s桩帽}/2$ 为群桩计算的调整水深；V_a 为开始计算时的行近流速度；$V_2 = V_a(h_a/h_{2a})$ 为桩帽计算的调整速度；$V_3 = V_a(h_a/h_{3a})$ 为群桩计算的调整速度。单元叠加产生的总冲刷深度 h_s 由以下公式给出：

$$h_s = h_{s墩身} + h_{s桩帽} + h_{s桩组} \tag{7-152}$$

式中：$h_{s墩身}$ 为水流中墩身的冲刷分量；$h_{s桩帽}$ 为水流中墩帽或基脚的冲刷分量；$h_{s桩组}$ 为暴露在水流中桩的冲刷分量。

（一）墩身的冲刷量分量的确定

墩身的冲刷量分量计算公式为

$$\frac{h_{s墩身}}{h_a} = 2K_1 K_2 K_3 K_{h墩身} \left(\frac{b_{墩身}}{h_a}\right)^{0.65} \left(\frac{V_a}{\sqrt{gh_a}}\right)^{0.43} \tag{7-153}$$

式中：$K_{h墩身}$ 为考虑墩身高于基床的高度和墩身前桩帽悬垂距离"f"的屏蔽效应的修正系数，假设 $x = f/b_{墩身}$，$y = h_1/b_{墩身}$，Jones 和 Sheppard（2000）通过实验数据回归得到

$$K_{h墩身} = (0.4075 - 0.0669x) - \left(0.4271 - 0.0778\frac{f}{b_{墩身}}\right)\frac{h_a}{b_{墩身}} + \left(0.1615 - 0.0455\frac{f}{b_{墩身}}\right) \times$$

$$\left(\frac{h_a}{b_{墩身}}\right)^2 - \left(0.0269 - 0.012\frac{f}{b_{墩身}}\right)\left(\frac{h_a}{b_{墩身}}\right)^3 \tag{7-154}$$

(二) 桩帽 (基础) 冲刷深度分量的确定

1. 水流中的桩帽 (基脚) 底部位于河床上方

$$\frac{h_{spc}}{h_2} = 2K_w K_1 K_2 K_3 \left(\frac{b_{pc}^*}{h_2}\right)^{0.65} \left(\frac{V_2}{\sqrt{gh_2}}\right)^{0.43} \tag{7-155}$$

式中：h_2 为桥墩上游的修正水深，包括整体下切、束水冲刷和墩身冲刷的一半，$h_2 = h_a + h_{s墩身}/2$，h_2 的最大值为 $3.5 b_{pc}$；h_a 为计算开始时的初始行近水深；V_2 为桥墩上游的修正流速，$V_2 = V_a h_a / h_2$；V_a 为计算开始时的初始行近速度。b_{pc}^* 由下式计算

$$\frac{b_{pc}^*}{b_{pc}} = e^{\left[-2.705 + 0.51\ln\left(\frac{T}{h_2}\right) - 2.783\left(\frac{h_{c2}}{h_2}\right)^3 + 1.751/e^{\frac{h_{c2}}{h_2}}\right]} \tag{7-156}$$

式中：b_{pc} 为原桩帽宽度；T 为暴露在水流中的桩帽厚度；h_c 为计算开始时桩帽高于基床的高度；$h_{c1} = h_c + T$，为冲刷前河床上方墩身的高度；$h_{c2} = h_c + h_{s墩身}/2$，为计算桥墩身冲刷分量后的桩帽高度。

2. 桩帽 (基脚) 底部位于基床上或下面

如图 7-16 所示，分别使用全桩帽宽度 b_{pc}、h_f、V_f 作为宽度、水流深度和速度参数，根据 HEC-18 公式计算桩帽冲刷深度分量 h_{spc}。对于浅水区宽墩，即在下面范围内：①总深度 $h_2 < 0.8 b_{pc}$；②弗劳德数 $V_2/\sqrt{gh_2} < 1$；③$b_{pc} > 50 d_{50}$，则应使用如下宽墩修正系数 K_w。

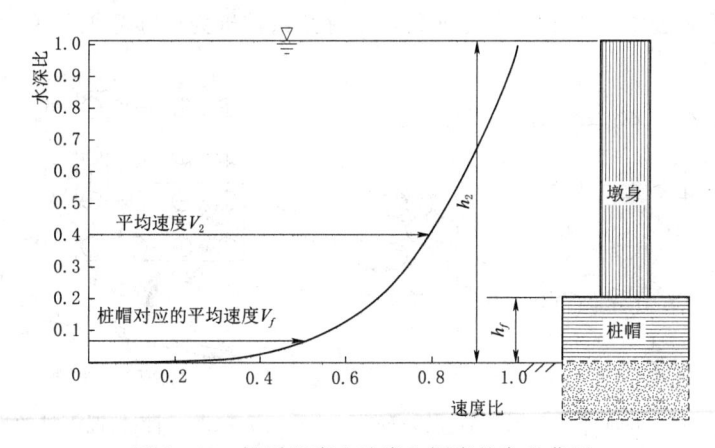

图 7-16 裸露基脚上速度和深度的定义草图

$$K_w = \begin{cases} 2.58\left(\dfrac{h}{b}\right)^{0.34} Fr_1^{0.65}, & \text{当 } V/V_c < 1 \\ 1.0\left(\dfrac{h}{b}\right)^{0.13} Fr_1^{0.25}, & \text{当 } V/V_c \geqslant 1 \end{cases} \tag{7-157}$$

此时的桩帽或基脚冲刷分量可以表达为

$$\frac{h_{spc}}{h_f} = 2K_w K_1 K_2 K_3 \left(\frac{b_{pc}}{h_f}\right)^{0.65} \left(\frac{V_f}{\sqrt{gh_f}}\right)^{0.43} \tag{7-158}$$

式中：暴露基脚处的平均流速 (V_f) 通过以下方程式确定

$$\frac{V_f}{V_2}=\frac{\ln\left(10.93\dfrac{h_f}{k_s}+1\right)}{\ln\left(10.93\dfrac{h_2}{k_s}+1\right)} \tag{7-159}$$

式中：h_f 为从河床（普遍冲刷、束水冲刷和桥墩墩身冲刷后）到基脚顶部的距离，$h_f=h_1+h_{s桥墩}/2$；k_s 为河床的颗粒粗糙度（通常取 $3.5d_{84}$，砾石和较粗河床质）。

（三）桩组冲刷深度分量的确定

Jones[158]、Salim 和 Jones[86] 和 Smith[159] 针对两种典型案例：①在特殊情况下，桩与桩之间和水流对齐，没有攻角；②一般情况下，桩组向水流倾斜，具有攻角，或桩组交错排列。分别研究了桩间距、桩排数和水流作用下桩组的修正系数，为确定桩组冲刷深度提供了依据。

与上述桩帽冲刷分量估算方法类似，桩组冲刷分量估算可按如下步骤进行：

1. 等效桥墩有效宽度的确定

将桩的宽度投射到与水流垂直的平面上，确定等效桥墩的有效宽度。等效桥墩的有效宽度是桩的投影宽度乘以间距系数和多排对齐系数（仅用于对齐桩的特殊情况）的乘积

$$b_{pg}^*=b_{proj}K_{sp}K_m \tag{7-160}$$

式中：b_{proj} 为桩的非重叠投影宽度之和（图 7-17 和图 7-18）；K_{sp} 为桩间距系数；K_m 为对齐排列数的系数，当超过 6 排桩时，$m=6$，K_m 是所有 S/a 值的常数；对于斜交或交错桩组，因为投影法中考虑了斜排的排数，且对交错排桩为保守起见，$K_m=1.0$。

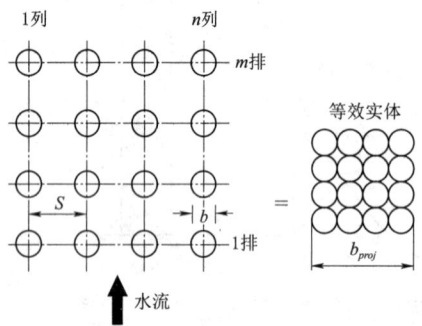

图 7-17　正向流情况下桩的投影宽度 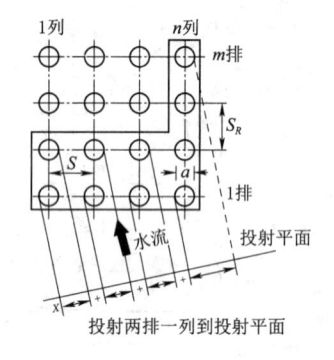　　图 7-18　斜流情况下桩的投影宽度

桩间距系数 K_{sp} 可近似为

$$K_{sp}=1-\frac{4}{3}\left(1-\frac{b}{b_{proj}}\right)\left[1-\left(\frac{S}{b}\right)^{-0.6}\right] \tag{7-161}$$

对齐排列数系数 K_m 可近似为

$$K_m=0.9+0.1m-0.0714(m-1)\left[2.4-1.1\frac{S}{b}+0.1\left(\frac{S}{b}\right)^2\right] \tag{7-162}$$

2. 水深和流速的修正

需要调整群桩的水深、流速和暴露高度，以考虑先前计算的墩身和桩帽冲刷分量。桥墩冲刷公式中水深和流速的修正如下

$$h_{3a}=h_a+h_{s桥墩}/2+h_{spc}/2 \tag{7-163}$$

$$V_3=V_a\frac{h_a}{h_{3a}} \tag{7-164}$$

于是,桩组冲刷分量可使用 HEC-18 修正式计算如下

$$\frac{h_{spg}}{h_{3a}}=2K_{hpg}K_1K_2K_3\left(\frac{b_{pg}^*}{h_{3a}}\right)^{0.65}\left(\frac{V_3}{\sqrt{gh_{3a}}}\right)^{0.43} \tag{7-165}$$

式中:K_{hpg} 为桩组高度系数,为 h_3/h_{3a} 的函数(注意,h_{3a} 的最大值为 $3.5b_{pg}^*$);$h_3=h_0+h_{s桥墩}/2+h_{spc}/2$,为墩身和桩帽冲刷分量计算后,桩组处高出最低河床的高度;$K_2=1$,因为桩宽被投影的平面与水流垂直的平面相同。

桩组高度系数 K_{hpg} 为

$$K_{hpg}=(3.08x-5.23x^2+5.25x^3-2.10x^4)^{1.538} \tag{7-166}$$

其中

$$x=\frac{h_3}{h_{3a}},\text{且}\ h_{3a\max}=3.5b_{pg}^*$$

在有的河道中会存在漂浮物,这些随流漂下的漂浮物可能会卡挂在桥墩上,工程计算时应予以考虑,可将桩组和卡挂的漂浮物视为桩帽的垂直延伸,并使用上述桩帽冲刷分量计算方法进行计算。

Amini 等[58]对复杂桥墩的每个组成构件分别进行了实验,通过比较完整桥墩及其构件的冲刷结果,评估了桩身、桩帽和桩组冲刷深度叠加的预测方法。然而,他们的实验却发现,在许多情况下,叠加法不能准确地估计总冲刷深度,且利用复杂桥墩的 HEC-18 和 FDOT 方法所得冲刷深度的预测结果并不太理想。

近年来,群桩的结构形式在桥梁工程实践中越来越多见。另外,群桩通常用于码头、海堤和海洋结构物等海洋开发利用事业中[160]。因此,有关群桩周围冲刷的研究也得到越来越多的重视。尽管如此,对于重要的桥梁工程和冲淤变化较大的河段,除采用上述多个经验公式计算外,建议还采用物理模型实验共同确定桥墩周围的最大冲刷深度。在设计计算时,要区分外包线型冲刷深度计算公式和最小二乘法回归型公式,对于非外包线型冲刷深度计算公式应该考虑安全系数。

此外,在导流防冲刷工程中,有时候采用排桩,桩在高水位时往往被淹没,这个时候群桩周围的冲刷非常复杂,除上述影响因素外,还受淹没程度的影响。Zhao 等[161]开展了定常水流下垂直圆桩绕流局部冲刷的试验与数值研究。他们发现,当圆桩高径比小于 2 时,冲刷深度几乎与圆桩高度无关。

参考文献

[1] Hamill L. Bridge Hydraulics [M]. London and New York: E & F Spon, 1999.

[2] Melville M W. Local scour at bridge sites [D]. New Zealand: University of Auckland, School of Engineering, 1975: 227.

[3] Breusers H N C. Scour around drilling platforms [R]. Bulletin of Hydraulic Research, 1965, 19: 276.

[4] Landers M N, Mueller D S. Channel scour at bridges in the United States [R]. Washington, DC, Federal Highway Administration Research Report FHWA-RD-95-184, 1996: 140.

[5] Hancu S. Sur le calcul des affouillements locaux dans la zone des piles des ponts [C]. In 14th International Association of Hydraulic Research Congress: Paris, France, 1971: 299-313.

[6] Nicollet G, Ramette M. Affouilliments au voisinage de piles du pont cylindriques circulaires [C]. Proc. 14th Congress I. A. H. R., 1971: 315-322.

[7] Gao D G, Posada L G, Nordin C F. Pier scour equations used in the People's Republic of China - review and summary: Fort Collins [R]. CO, Colorado State University, Department of Civil Engineering, Draft Report, 1993.

[8] Sheppard D M, Miller W. Live-bed local pier scour experiments [J]. Journal of Hydraulic Engineering, 2006, 132 (7): 635-642.

[9] Melivelle B W, Chiew Y M. Time scale for local scour at bridge piers [J]. Journal of Hydraulic Engineering, 1999, 125, 1: 59-65.

[10] Ettema R. Scour at bridge piers [R]. University of Auckland, School of Engineering, New Zealand, Report No. 216, 1980.

[11] Laursen E M. An analysis of relief bridge scour [J]. Journal of the Hydraulics Division, 1963, 89 (HY3): 93-118.

[12] Carstens M R. Similarity laws for localized scour [J]. Journal of the Hydrodynamics Division, 1966, 92 (3): 13-36.

[13] Cunha L V. Time evolution of localscour [C]. Proceedings of 16th Conference of the International Association for Hydraulic Research (Delft: IAHR), 1975: 285-299.

[14] Shen H W, Schneider V R, Karaki S. Local scour around bridge piers [J]. Journal of the Hydraulics Division, 1969, 95 (HY6): 1919-1940.

[15] Gill M A. Erosion of sand beds around spur dikes [J]. Journal of the Hydraulics Division, 1972, 98 (9): 1587-1602.

[16] Rajaratnam N, Nwachukwu B A. Flow near groin-like structures [J]. Journal of Hydraulic Engineering, 1983, 109 (3): 463-480.

[17] Wong W H. Scour at bridge abutments [R]. Report No. 275, School of Engineering, University of Auckland, Auckland, New Zealand, 1982.

[18] Raudkivi A J, Ettema R. Clear-water scour at cylindrical piers [J]. Journal of Hydraulic Engineering, 1983, 109 (3): 338-350.

[19] Zaghloul N A. Local scour around spur-dikes [J]. Journal of Hydrology, 1983, 60: 123-140.

[20] Kwan T F. Study of abutment scour [R]. Report No. 328, School of Engineering., The University of Auckland, New Zealand, 1984.

[21] Ahmad M. Experiments on design and behavior of spur dikes [C]. Proceedings of 5th IAHR, 1953: 145-159.

[22] Liu H K, Chang F M, Skinner M M. Effect of bridge constriction on scour and backwater [R]. Colorado State University. Department of Civil Engineering; United States. Bureau of Public Roads, 1961.

[23] Chang F M, Yevdjevich V M. Analytical study of local scour [R]. Report for the U. S. Dept. of Commerce, Bureau of Public Roads; Univ. of Colorado, Dept. of Civil Engineering, 1962.

[24] Sumer B M, Christiansen N, Fredsøe J, et al. Time scale of scour around a vertical pile [C]. Proceedings of the 2nd International Offshore and Polar Engineering Conference, International Society for Offshore and Polar Engineering, San Francisco, CA, USA, 1992, 3: 308-315.

[25] Oliveto G, Hager W H. Temporal evolution of clearwater pier and abutment scour [J]. Journal of

Hydraulic Engineering, 2002, 128 (9): 811-820

[26] Kothyari U C, Hager W H, Oliveto G. Generalized approach for clear-water scour at bridge foundation elements [J]. Journal of Hydraulic Engineering, 2007, 133 (11): 1229-1240.

[27] Aksoy A O, Bombar G, Arkis T, et al. Study of the time-dependent clear water scour around circular bridge piers [J]. Journal of Hydrology and Hydromechanics, 2017, 65 (1): 26-34.

[28] Yanmaz M, Altinbilek H D. Study of time-dependent local scour around bridge piers [J]. Journal of Hydraulic Engineering, 1991, 117 (10): 1247-1268.

[29] Melville B W, Sutherland A J. Design method for local scour at bridge piers [J]. Journal of Hydraulic Engineering, 1988, 114 (10): 1210-1226.

[30] Melville B W. Pier and abutment scour: integrated approach [J]. Journal of HydraulicEngineering, 1997, 123 (2): 125-136.

[31] Umbrell E R, Young G K, Stein S M, et al. Clear-water contraction scour under bridges in pressure flow [J]. Journal of Hydraulic Engineering, 1998, 124 (2): 236-240.

[32] Oliveto G, Marino M C. Temporal scour evolution at non-uniform bridge piers [C]. Proceedings of the Institution of Civil Engineers, Water Management 170, October 2017, WM5: 254-261

[33] Durand Claye A A. Expériences sur les affouillements [J]. Annales des Ponts et Chaussées, Ler Sémestre, 1873, 467.

[34] Inglis S C. Maximum depth of scour at heads of guide banks and groynes, pier noses, and downstream of bridges-The behavior and control of rivers and canals: Poona, India, Indian Waterways Experimental Station, 1949: 327-348.

[35] Blench T. Discussion of resistance to flow in alluvial channels, by Simons, D. B. and E. V. Richardson, Trans. Amer. Soc. Civil Eng., 127, part 1, 927-1006, 1962.

[36] Blench T. Mobile-bed fluviology [R]. University of Alberta Press, Education, Canada, 1969.

[37] Laursen E M, Toch A. Scour around bridge piers and abutments [M]. Iowa Highway Research Board, Bulletin No. 4, 1956.

[38] Larras J. Profondeurs maximales d'erosion des fonds mobiles autour des piles en riviere [J]. Ann. Ponts et Chaussées, 1963, 133 (4): 411-424.

[39] Breusers H N C, Nicollet G, Shen H W. Local scour around cylindrical piers [J]. Journal of Hydraulic Research, 1977, 15 (3): 211-252.

[40] Jain S C, Fischer E E. Scour around bridge piers at high froude numbers [R]. Technical Report, Federal Highway Administration, Washington D. C, 1979.

[41] 朱炳祥. 黏性土桥墩局部冲刷计算 [J]. 公路, 1985, 12: 20-22.

[42] Froehlich D C. Local scour at bridge abutments [C]. Proceedings of the National Conference on Hydraulic Engineering, New Orleans, LA, ASCE, 1989: 13-18.

[43] 蒋焕章. 桥墩局部冲刷防护试验研究 [J]. 公路, 1994, 8: 1-8.

[44] Johnson P A, Torrico E F. Scour around wide piers in shallow water [J]. Transportation Research Record, 1994, 1471: 66-70.

[45] Wilson K V. Scour at selected bridge sites in Mississippi: Reston, VA, U.S. [R]. Geological Survey Water-Resources Investigations Report 94-4241, 1995: 44.

[46] 齐梅兰, 王国华. 新型桥墩局部冲刷研究 [J]. 中国铁道科学, 2002 (3): 101-105.

[47] Sheppard D M, Odeh M, Glasser T. Large scale clearwater local pier scour experiments [J]. Journal of Hydraulic Engineering, ASCE, 2004, 130 (10): 957-963.

[48] 薛小华. 桥墩冲刷的试验研究 [D]. 武汉: 武汉大学, 2005.

[49] 詹义正, 王军, 谈广鸣, 等. 桥墩局部冲刷的试验研究 [J]. 武汉大学学报 (工学版), 2006,

39 (5): 1-4, 9.

[50] Heza Y B, Soliman A M, Saleh S A. Prediction of the scour hole geometry around exposed bridge circular-pile foundation [J]. Journal of Engineering and Applied Science, 2007, 54 (4): 375-392.

[51] 李成才. 桥墩局部冲刷试验及计算理论研究 [D]. 南京：河海大学，2007.

[52] 田发美. 多级圆柱桥墩局部冲刷试验研究 [D]. 杨凌：西北农林科技大学，2008.

[53] 李奇，王义刚，谢锐才. 桥墩局部冲刷公式研究进展 [J]. 水利水电科技进展，2009 (2): 89-92, 98.

[54] Deng L, Cai C S. Bridge scour: prediction, modeling, monitoring, and countermeasures-review [J]. Practice Periodical on Structural Design and Construction, 2010, 15 (2): 125-134.

[55] 郭超. 桥墩冲刷与波流力的试验研究 [D]. 北京：清华大学，2012.

[56] 成兰艳，牟献友，文恒，等. 环翼式桥墩局部冲刷防护试验 [J]. 水利水电科技进展，2012 (3): 18-22, 65.

[57] 张新燕，吕宏兴，沈波. 圆柱桥墩局部冲刷机理试验研究 [J]. 水利水运工程学报，2012, 000 (2): 34-41.

[58] Amini A, Melville B W, Ali T M. Local scour at piled bridge piers including an examination of the superposition method [J]. Canadian Journal of Civil Engineering, 2014, 41: 461-471.

[59] Mohammed Y A, Saleh Y K, Ali A M. Experimental investigation of local scour around multi-vents bridge piers [J]. Alexandria Engineering Journal, 2015, 54 (2): 197-203.

[60] Al-Shukur A K, Obeid Z H. Experimental study of bridge pier shape to minimize local scour [J]. International Journal of Civil Engineering and Technology, 2016, 7 (1): 162-171.

[61] 方海鹏，吴跃亮，张磊. 波流作用下环行桩群结构局部冲刷试验研究 [J]. 人民长江，2017, S1: 36-39.

[62] Sheppard D M, Melville B, Demir H. Evaluation of existing equations for local scour at bridge pier [J]. Journalof Hydraulic Engineering, 2014, 140 (1): 14-32.

[63] Department of Transport and Main Roads. Bridge scour manual, transport and main roads [R]. The State of Queensland, Australia, 2019.

[64] Arneson L A, Zevenbergen L W, Lagasse P F, et al. Evaluating scour at bridges [R]. U. S. Department of Transportation, Federal Highway Administration, Washington, D. C., Hydraulic Engineering Circular No. 18, Publication No. FHWA-HIF-12-003, 2012.

[65] 铁道部科学研究院墩形系数专题组. 桥墩局部冲刷墩形系数 [J]. 铁道工程学报，1984 (2): 106-110.

[66] 朱炳祥. 国内桥墩局部冲刷研究的主要成果 [J]. 中南公路工程，1985, 19 (3): 40-41.

[67] Tison L J. Erosion autour des piles de ponts en riviér [J]. Annales des Travaux Publics de Belgique, 1940, 41 (6): 813-817.

[68] Chabert J, Engeldinger P. Etude des affouillements autour des piles des ponts [M]. France: Laboratoire d'Hydraulique, 1956.

[69] Garde R J, Subramanya K, Nambudripad K D. Study of scour around spur-dikes [J]. Journal of the Hydraulics Division, 1961, 88: 23-37.

[70] Venkatadri C. Scour around bridge piers and abutments [J]. Irrigation Power, 1965: 35-42.

[71] Neill C R. Guide to bridgehydraulics [M]. Toronto, Canada, University of Toronto Press, 1973: 191.

[72] Dietz J W. Construction of long piers at oblique currents illustrated by the BAB-Main Bridge Eddersheim [J]. Mitteilungsblatt der Bundersanstalt fur Wasserbau, 1972, 31: 79-109.

[73] Jones J S, Kilgore R T, Mistichelli M P. Effect of footing location on bridge pier scour [J]. Journal of Hydraulic Engineering, 1992, 118 (2): 280-290.

[74] Johnson P A. Fault tree analysis of bridge failure due to scour and channel instability [J]. Journal of Infrastructure Systems, 1999, 5 (1).

[75] Bonasoundas M. Strömungsvorgang und kolkproblem [R]. Rep. No. 28, Oskar von Miller Institu, Technical University, Munich, Germany, 1973.

[76] Chee R K W. Live bed scour at bridge piers [R]. New Zealand, University of Auckland, Report No. 290, 1982: 79.

[77] Chiew Y M. Local scour at bridge piers [R]. New Zealand, University of Auckland, Report No. 355, 1984: 200.

[78] Froehlich D C. Analysis of onsite measurements of scour at piers [C]. Proceedings of American Society of Civil Engineers National Conference on Hydraulic Engineering: Colorado Springs, CO, American Society of Civil Engineers, 1988: 534-539.

[79] Abdou M I. Effect of sediment gradation and coarse material fraction on clear water scour around bridge piers [D]. Fort Collins, CO, Colorado State University, Ph. D. dissertation, 1993.

[80] Richardson E V, Harrison L J, Richardson J R, et al. Evaluating scour at bridges (2nd ed.) [M]. FHWA-IP-90-017, Hydraulic Engineering Circular No. 18, U. S. Dept. of Transportation, Federal Highway Administration, Washington, DC, 1993: 237.

[81] Gooda E A M, Yassin A A, Ettema R, et al. Local scour at skewed bridge piers [C]. Proceedings of National Conference on Hydraulic Engineering and International Symposium on Engineering hydrology, Hyatt Regency San Francisco, San Francisco, California, 1993.

[82] Chitale S V. Scour at bridge crossings [C]. Transactions of the American Society of Civil Engineers, 1962, 127 (1): 191-196.

[83] 王冬梅, 程和琴, 李茂田, 等. 长江口沙波分布区桥墩局部冲刷深度计算公式的改进 [J]. 海洋工程, 2012, 2: 62-69.

[84] Ettema R. Influence of bed gradation on local scour [R]. New Zealand, University of Auckland, School of Engineering, Project Report, No. 124, 1976.

[85] Baker R E. Local scour at bridge piers in nonuniform sediment [R]. New Zealand, University of Auckland, Report No. 402, 1986.

[86] Salim M, Jones J S. Scour around exposed pile foundations [C]. North American Water and Environment Congress, 1996.

[87] Zhao G, Sheppard D M. The effect of flow skew angle on sediment scour near pile groups [C]. Stream Stability and Scour at Highway Bridges, compendium of papers ASCE Water Resource Engineering conferences 1991-1998, Reston, Virginia: ASCE, 1998: 377-391.

[88] Abed L. Local scour around bridge piers in pressure flow [D]. PhD Dissertation, Colorado State University, 1991.

[89] Arneson L A. The effects of pressure flow on local scour in bridge openings [D]. PhD Dissertation, Colorado State University, 1997.

[90] Laursen E M. Scour at bridge crossings [J]. Journal of the Hydraulics Division, 1960, 6 (2): 39-54.

[91] Southard R E. Scour around bridge piers on streams in Arkansas [R]. Little Rock, AR, U. S. Geological Survey Water-Resources Investigations Report 92-4126, 1992.

[92] Richardson E V, Davis S R. Evaluating scour at bridges [M]. No. FHWA-IP90-017, Federal Highway Administration Hydraulic Engineering Circular, USDOT, Washington, DC, 1995: 204.

[93] Molinas A, Reiad-Yakoub N G, Jones S. Effect of cohesion on abutment scour [C]. Proceedings of International Conference of Water Resources Engineering, ASCE, Reston VA, 1998, 1: 252–257.

[94] Mueller D S, Jones J S. Evaluation of recent field and laboratory research on scour at bridge piers in coarse bed materials [C]. in Richardson, E. V., and Lagasse, P. F., eds., Stream Stability and Scour at Highway Bridges: Reston, VA, American Society of Civil Engineers, 1999: 298–310.

[95] Mueller D S. Local scour at bridge piers in nonuniform sediment under dynamic conditions [D]. Ph. D. Dissertation, Colorado State University, 1996.

[96] Sheppard D M, Zhao G, Ontowirjo B. Local scour near single piles in steady current [C]. ASCE Conf. Proc., First Int. Conf. on Water Res. Eng., 1995.

[97] Sheppard D M. Clear water local sediment scour experiments [R]. University of Florida, unpublished phase I final report submitted to the Federal Highway Administration, 2002.

[98] Sheppard D M, Renna R. Bridge scour manual [M]. Florida Department of Transportation, Tallahassee, FL, 2005: 129.

[99] Sheppard M, Demir H, Melville B W. Scour at wide piers and long skewed piers [R]. NCHRP Report 682, Transportation Research Board of the National Academies, Washington D. C., 2011.

[100] Zevenbergen L. Comparison of the HEC-18, Melville, and Sheppard pier scour equations [C]. Proceedings of International Conference on Scour and Erosion (ICSE-5), San Francisco, California, United States, November 7-10, 2010: 1074–1081.

[101] Melville B W, Coleman S E. Bridge scour [M]. Water Resources Publications, Highlands Ranch (CO), 2000.

[102] 钱宁等. 泥沙手册 [M]. 北京：中国环境科学出版社, 1992.

[103] 董年虎, 段文忠. 国内外非黏性土桥墩局部冲刷计算方法综述 [J]. 郑州工业大学学报, 1997, 2: 94–99.

[104] 徐国平, 高冬光. 桥墩局部冲刷机理的探讨与65-2公式的改进 [J]. 公路, 1991, 1: 18–21.

[105] 徐国平. 桥墩局部冲刷机理的探讨 [D]. 西安：西安公路交通大学, 1989.

[106] 文岑, 赵世强. 多腹薄壁桥墩局部冲刷试验研究 [J]. 重庆交通大学学报（自然科学版）, 1999, 18 (2): 123–127.

[107] 周玉利, 王亚玲. 桥墩局部冲刷深度的预测 [J]. 长安大学学报（自然科学版）, 1999, 19 (4): 48–50.

[108] 张佰战, 李付军. 桥墩局部冲刷计算研究 [J]. 中国铁道科学, 2004, 25 (2): 48–51.

[109] 刘保军, 陈明栋, 杨忠超, 等. 异形桥墩冲刷试验研究 [J]. 重庆交通大学学报（自然科学版）, 2006, 25 (6): 31–34.

[110] 赵凯. 桥墩局部冲刷模拟试验研究 [D]. 南京：南京水利科学研究院, 2009.

[111] 周泳涛, 高正荣, 鲍卫刚, 等. 潮流作用下的桥墩局部冲刷特性研究 [C]. 中国公路学会桥梁和结构工程分会全国桥梁学术会议, 2012.

[112] 李梦龙. 潮流作用下桥墩局部冲刷研究 [D]. 天津：天津大学, 2012.

[113] 赵嘉恒, 张耀哲, 李敏. 复杂边界条件下桥墩冲刷的试验研究 [J]. 泥沙研究, 2013 (1): 14–19.

[114] 俞艳, 何思明. 河流桥墩冲刷分析 [J]. 中国水运月刊, 2014, 14 (10): 227–229, 231.

[115] 文超, 文雨松. 漂石河床扩大基础桥墩局部冲刷深度的人工神经网络解 [J]. 中南大学学报（自然科学版）, 2004, 35 (2): 333–336.

[116] 孟庆峰. 桥墩局部冲刷深度预测方法研究 [D]. 长沙：长沙理工大学, 2008.

[117] 仲兵兵, 徐成, 曾斯亮, 等. 浅析粉土河床桥墩局部冲刷计算 [J]. 治淮, 2014, 7: 18–19.

[118] 杨亚东. 浅谈局部冲刷中粉土粒径的选取 [J]. 工程技术（全文版）, 2016, 5: 117–118.

[119] 朱炳祥. 黏性土桥渡冲刷计算 [J]. 武汉水利电力学报,1981,2:59-68.
[120] 朱炳祥,蒋文娴. 黏性土桥墩局部冲刷的分析研究 [J]. 铁道勘测与设计,1996,4:17-22.
[121] 阚译. 中国铁路桥渡设计成就综述 [J]. 中国铁道科学,1997,2:3-12.
[122] Ivarson, R. Scour and erosion in clay soils [C]. Stream stability and scour at highway bridges, Compend. papers ASCE water resources eng. conf. 1991 to 1998, E. V. Richardson and P. F. Lagasse, eds., ASCE, Reston, VA, 1999:104-119.
[123] Molinas A, Hosny M M. Effect of gradations and cohesion on bridge scour [R]. in Experimental study of scour around Circular Piers in Cohesive soils. FHWA-RD-99-186, 1999.
[124] Ting F C K, Briaud J L, Chen H C, et al. Flume test for scour in clay at circular pier [J]. Journal of Hydraulic Engineering, 2001, 127 (11): 969-978.
[125] Ansari S A, Kothyari U C, Ranga Raju K G. Influence of cohesion on scour around bridge piers [J]. Journal of Hydraulic Research, 2002, 40 (6): 717-729.
[126] Li Y, Briaud J L, Chen H C, et al. Shallow water effect on pier scour in clay [C]. In: First International conference on scour of foundation, 2002.
[127] Rambabu M, Rao S N, Sundar V. Current-induced scour around a vertical pile in cohesive soil [J]. Ocean Engineering, 2003, 30 (4): 893-920.
[128] Briaud J L, Ting F C K, Chen H C, et al. SRICOS: prediction of scour rate in cohesive soils at Bridge Piers [J]. Journal of Geotechnical and Geoenvironmental Engineering, 1999, 125 (4): 237-246.
[129] Briaud J L, Chen H C, Li Y, et al. Pier and contraction scour in cohesive soil [C]. Transportation research board, Washington, D. C., 2004.
[130] Debnath K, Chaudhuri S. Bridge pier scour in clay-sand mixed sediments at near-threshold velocity for sand [J]. Journal of Hydraulic Engineering, 2010, 136 (9): 597-609.
[131] Debnath K, Chaudhuri S. Local scour around noncircular piers in clay-sand cohesive sediment beds [J]. Engineering Geology, 2012, 151 (10): 1-14.
[132] Link O, Klischies K, Montalva G, et al. Effect of bed compaction on scour at piers in sand-clay mixture [J]. Journal of Hydraulic Engineering, 2013, 139 (9): 1013-1019.
[133] Najafzadeh M, Barani G. Experimental Study of Local Scour around a Vertical Pier in Cohesive Soils [J]. Scientia Iranica, 2014, 21 (2): 241-250.
[134] 梁发云,王玉,贾承岳. 黏性土中桥墩基础局部冲刷计算方法对比分析 [J]. 水文地质工程地质,2014,41 (2):37-43.
[135] Kothyari U C, Kumar A, Jain R K. Influence of cohesion on river bed scour in wake region of piers [J]. Journal of Hydraulic Engineering, 2014, 14 (1): 1-13.
[136] Devi Y S, Barbhuiya A K. Bridge pier scour in cohesive soil: a review [J]. Sadhana-academy Proceedings in Engineering Sciences, 2017, 42 (10): 1803-1819.
[137] Debnath K, Chaudhuri S. Laboratory experiments on local scour around cylinder for clay and clay-sand mixed bed [J]. Engineering Geology, 2010, 111 (12): 51-61.
[138] Annandale G, Smith S. Calculation of bridge pier scour using the erodibility index method [R]. Stream Stability & Scour at Highway Bridges. ASCE, 2001.
[139] Kirsten H A D. A classification system for excavation in natural materials [C]. The Civil Engineer in South Africa, July, 1982: 292-308.
[140] Annandale G W. Erodibility [J]. Journal of Hydraulic Research, 1995, 33 (4): 471-494.
[141] Briaud J L, Chen H C, Li Y, et al. Complex pier scour and contraction scour in cohesive soils [R]. NCHRP Rep. No. 24-15, Transportation Research Board National Research Council, 2003.

[142] Briaud J L, Chen H C, Li Y, et al. The SRICOS - EFA method for complex fine grained soils [J]. Journal of Geotechnical and Geoenvironmental Engineering, 2004, 130 (11): 1180-1191.

[143] Oh S J. Experimental study of bridge scour in cohesive soil [D]. Ph. D dissertation.

[144] Briaud J L, Chen H C, Chang K A, et al. The SRICOS - EFA method [R]. Summary Report, Texas A&M University, 2011.

[145] 铁道部第三勘测设计院. TB 10017—1999 铁路工程水文勘测设计规范 [S].

[146] 河北省交通规划设计院. JTG C30—2015 公路工程水文勘测设计规范 [S].

[147] Richardson E V, Abed L. Top width of pier scour holes in free and pressure flow [C]. Proceedings of the 1993 National Conference on Hydraulic Engineering, ASCE, 1993: 911-915.

[148] Butch G K, Murray P M, Lumia R, et al. Water Resources Data, New York, Water Year: 1998. Volume 1. Eastern New York; Excluding Long Island [R]. Water Data Report, 1999.

[149] Richardson E V, Davis S R. Evaluating scour at bridges [M]. 4th ed. Federal Highway Administration, Washington, DC, USA, 2001.

[150] Baghbadorani D A, Beheshti A A, Ataie - Ashtiani B. Scour hole depth prediction around pile groups: review, comparison of existing methods, and proposition of a new approach [J]. Natural Hazards, 2017, 88 (2): 977-1001.

[151] Sheppard D M, Renna R. Bridge scour manual [M]. 605 Suwannee Street. Tallahassee, FL 32399-0450, 2010.

[152] Ataie - Ashtiani B, Beheshti A A. Experimental investigation of clear - water local scour at pile groups [J]. Journal of Hydraulic Engineering, ASCE, 2006, 132 (10): 1100-1104.

[153] Amini A, Melville B W, Ali T M, et al. Clearwaterlocal scour around pile groups in shallow - water flow [J]. Journal of Hydraulic Engineering, ASCE, 2012, 138 (2): 177-185.

[154] Yang Y, Melville B W, Sheppard A M, et al. Clear - water local scour at skewed complex bridge piers [J]. Journal of Hydraulic Engineering, ASCE, 2018, 144 (6): 04018019.

[155] Moreno M, Maia R, Couto L, et al. Prediction of equilibrium local scour depth at complex bridge piers [J]. Journal of Hydraulic Engineering, ASCE, 2016, 142 (11): 0001153.

[156] Langa R, Fael C, Maia R, et al. Clear - water scour at pile groups [J]. Journal of Hydraulic Engineering, 2013, 139 (10): 1089-1098.

[157] Jones J S, Sheppard D M. Scour at wide bridge piers [C]. Proceedings of Joint Conference on Water Resource Engineering and Water Resources Planning and Management. Minneapolis, 2000.

[158] Jones J S. Laboratory studies of the effect of footing and pile groups on bridge pier scour [C]. Proceedings of Bridge Scour Symposium, Federal Highway Administration, Washington, D.C., 1989.

[159] Smith W L. Local structure - induced sediment scour at pile groups [D]. MSc Thesis, University of Florida, 1999.

[160] Hosseini R, Amini A. Scour depth estimation methods around pile groups [J]. Ksce Journal of Civil Engineering, 2015, 19 (7): 2144-2156.

[161] Zhao M, Cheng L, Zang Z. Experimental and numerical investigation of local scour around a submerged vertical circular cylinder in steady currents [J]. Coastal Engineering, 2010, 57 (8): 709-721.

第八章 桩墩上的水动力

桩墩上所受水动力是因桩墩和四周的水体存在相对运动，这些水体剪切桩墩而生成的作用力，并不完全是动水压力。水体对桩墩的剪切来自单一的水体流动或波浪运动，还可能来自波浪与流的共同作用。作用力的大小直接与水体剪切桩墩的速度相关，严格地讲，这些水体剪切桩墩的速度不但与行近水体的速度有关，而且受到桩墩的影响。为简便计算，可将桩墩分为小直径桩墩和大直径桩墩两类，前者的存在影响被认为可忽略，即水体剪切桩墩时的速度可近似为行近水体的速度。

波浪及水流力往往是桥墩等基础的重要载荷要素，跨海大桥和海上风电基础等涉水建筑物的设计需要准确计算作用在基础上的波浪及水流力。由于海洋中的波浪往往是多向不规则波浪，波浪的方向分布对波浪传播及其与桩墩的作用都具有明显影响。由于多向波浪传播的复杂性及多向不规则波浪实验、数值模拟手段的限制，本章讨论的内容基于来流为均匀流、入射波是规则波浪或单向不规则波浪的情况。

第一节 桩墩上水动力载荷的组成

水体环境中立于底床上的桩墩，从桩墩上水动力载荷的直接因素来讲，可分为摩擦拖曳力和压差拖曳力；而从产生这些力的流体种类来讲，可分为流致力、波致力和波流合力。作用于桩墩上的水动力载荷本质上是桩墩的湿表面上流体面应力的面积积分，而湿表面上的流体面应力按作用方式分为法向应力和切向应力。法向应力又称为压力，桩墩上的水动力载荷计算需要计算表面压力和表面切应力。

一、摩擦拖曳力

摩擦拖曳力也称摩擦阻力，是作用在桩墩表面各点的摩擦切应力在流动方向上投影的总和，作用力方向沿壁面切向，它的大小与桩墩表面附近边界内流体的流态和表面粗糙度有关。由于流体的黏滞性在桩墩表面形成边界层，在边界层内，流体的速度梯度越大，摩擦效应越显著。摩擦阻力产生的根本原因是水流存在黏性。

对于平面二维问题，假设表面上的黏性切应力为矢量 $\vec{\tau}_w$，则表面切应力可表达为 $\vec{\tau}_w = \tau_{wx}\vec{x} + \tau_{wy}\vec{y}$，表面阻力摩擦阻力 F_{Df} 在 $\vec{x}$、$\vec{y}$ 方向的分量为

$$F_{Dfx} = \int \vec{\tau}_w \vec{x} \, dA, \quad F_{Dfy} = \int \vec{\tau}_w \vec{y} \, dA \tag{8-1}$$

引入无量纲的摩擦阻力系数 C_{Df}，令来流的特征流速为 V，则摩擦阻力系数为

$$C_{Df} = \frac{F_{Df}}{\frac{1}{2}\rho V^2 A} \tag{8-2}$$

需要注意的是，式（8-2）以标量形式给出摩擦阻力系数，实际上阻力有方向性，可分别计算 F_{Dfx}、F_{Dfy}，进而计算出两个坐标轴方向的摩擦阻力系数。对于定常来流 V，式（8-1）不能确定阻力的方向与顺流向一致，特别是对于高雷诺数流动，边界层分离导致流场结构的非对称性，摩擦应力沿接触面的分布也不再对称。因此，通常只将沿顺流向的摩擦阻力称为阻力（或拖曳力），而将垂直于顺流向的摩擦阻力称为升力。对于水环境中的桩墩而言，升力往往较小，不加以考虑。

二、压差拖曳力

由于边界层在桩墩表面某处分离，在桩墩后部形成漩涡尾流，使得此处压强低于前面部位的压强，从而柱体前后部位形成一个压力差，沿流动方向压力差所产生的力称为压差拖曳力。对于理想流体，由于流体的黏性可忽略，物体绕流压差为零。作用在桩墩上的压差拖曳力是流体作用在桩墩表面各点的法向压应力在流动方向上投影的总和。由于其大小与桩墩表面边界内流体的流态及沿流向的形状有关，因此也称为形状阻力。

假设表面上的法向应力表示为 $p_n \vec{n}$，其中 $\vec{n}$ 为表面外法向单位矢量，则压差拖曳力 F_{Dp} 的计算如下

$$F_{Dpx} = \int p_n (\vec{n}\vec{x}) dA, F_{Dpy} = \int p_n (\vec{n}\vec{y}) dA \qquad (8-3)$$

式中：F_{Dpx}、F_{Dpy} 分别为摩擦阻力 F_{Dp} 在 $\vec{x}$、$\vec{y}$ 方向的分量。引入无量纲的形状阻力系数 C_{Dp}，取来流 V 为特征流速，则形状阻力系数计算如下

$$C_{Dp} = \frac{F_{Dp}}{\frac{1}{2}\rho V^2 A} \qquad (8-4)$$

可见，式（8-4）给出的形状阻力系数也是一个标量，但因阻力的方向性，应分别计算 F_{Dpx}、F_{Dpy}，然后计算出两个坐标轴方向的形状阻力系数。

同样的，对于定常来流 V，计算式（8-3）不能确定压差拖曳力的方向是否与顺流向一致，特别是对于高雷诺数流动，边界层分离导致流场结构的非对称性，表面压强分布也可能不对称。类似于摩擦阻力的分析，通常只将沿顺流向的压差拖曳力称为阻力，而将垂直于顺流向的压差拖曳力称为升力。

对于阻力与升力的划分，并没有物理上的含义，它是依据桩墩绕流作用力的方向与顺流向的相对性做出的分类。摩擦阻力和压差阻力均可能产生垂直顺流向的分力。对于航天器，压差拖曳力是升力的主要组成部分，形状阻力的产生直接与物体几何形状有关。而对于水工建筑物，升力通常较小，一般情况下只计算沿流向的形状阻力。

三、绕流总阻力

当定常均匀水流绕过桩墩时，沿流动方向作用在桩墩上的力称为绕流拖曳力。该力由摩擦拖曳力和压差拖曳力组成，也分别称为表面阻力和形状阻力。阻力是反映桩墩对水流的作用，拖曳力则反映水流对桩墩的作用，两者的大小相同。

如前所述，摩擦阻力和形状阻力之和构成了桩墩的绕流总阻力，总阻力系数为两者之和，即

$$C_D = C_{Df} + C_{Dp} \qquad (8-5)$$

总阻力系数受物体形状、绕流雷诺数和表面粗糙度等影响，其关系曲线称为总阻力曲线，是计算绕流阻力的主要依据。依据尾流场的特征可分为 7 个不同的阶段，表 8-1 为典型的二维圆柱绕流的尾流场及对应的雷诺数 Re 范围。

表 8-1　　　　　　　　雷诺数所对应的圆柱绕流流态特征

流态	图示	特征描述
(1) $Re<5$		蠕动流。几乎无流动分离，阻力以摩擦阻力为主，且与速度成正比
(2) $5 \leqslant Re<40$		存在流体分离，柱后有一对对称的驻涡
(3) $40 \leqslant Re<150$		存在流体分离，柱后交替释放出涡旋，组成卡门涡街。阻力由摩擦阻力和形状阻力两部分组成，大致与来流速度的 1.5 次方成正比
(4) $150 \leqslant Re<2\times10^5$		存在严重的流体分离，存在很宽的分离区，但分离点前仍保持层流状态。阻力以形状阻力为主，大小与来流速度的二次方成正比，称为完全湍流区，C_D 几乎不随 Re 变化
(5) $2\times10^5 \leqslant Re<5\times10^5$		分离点前的层流边界层变为湍流边界层，分离点向下游推迟，分离区大大减小，C_D 降低
(6) $5\times10^5 \leqslant Re<3\times10^6$		边界层分离点又向前移动，C_D 增大
(7) $3\times10^6 \leqslant Re$		C_D 与 Re 无关，称为自模区

由此可见，随雷诺数发生变化柱墩后面尾涡分离的情况不同，从而产生不同大小的总阻力。类似地，来波也可能会在柱墩后面出现尾涡分离的现象，从而产生不同大小的波致总阻力。严格地讲，该阻力存在沿来流（波）方向的纵向作用力和垂直于来流（波）方向的横向作用力，但由于漩涡分离在时间统计上是与来流（波）方向对称的，因此该横向作用力的时间平均合力为 0，且其最大值远小于沿来流（波）方向的纵向作用力而往往被忽略。

对于不同形状的绕流物体，如图 8-1 所示，总阻力系数随雷诺数的变化规律会不同。严格地讲，绕流物体表面的光滑程度不同，其总阻力系数随雷诺数的变化规律也会有所不同。由此可知，阻力系数强烈地依赖于雷诺数；对相同雷诺数，层流态的阻力明显低于湍流态；对湍流边界层，光滑壁面的阻力最小，粗糙度增加使阻力系数增大。

假设一桩墩直立于底床上，静止水面到水底的距离为 h，水体沿 x 正方向从左向右流过，桩墩的中心轴线与未扰水面的交点为坐标轴的原点 O，z 轴垂直向上，水面存在波高为 $2a$ 的波浪，作用在桩墩上的水动力如图 8-2 所示。

假定桩墩的存在对行近水流和波浪运动无显著影响（为小尺度柱墩），作用在桩墩上任意高度（距离底床高度 z）处微元长度 dz 的水平水动力则包括两个部分：一个是与水

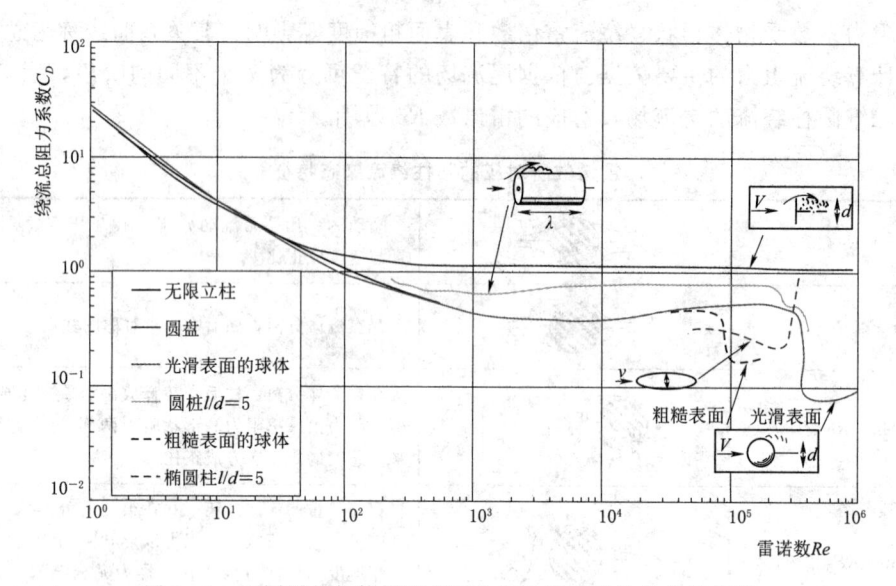

图 8-1 不同形状物体绕流总阻力系数随雷诺数的变化曲线

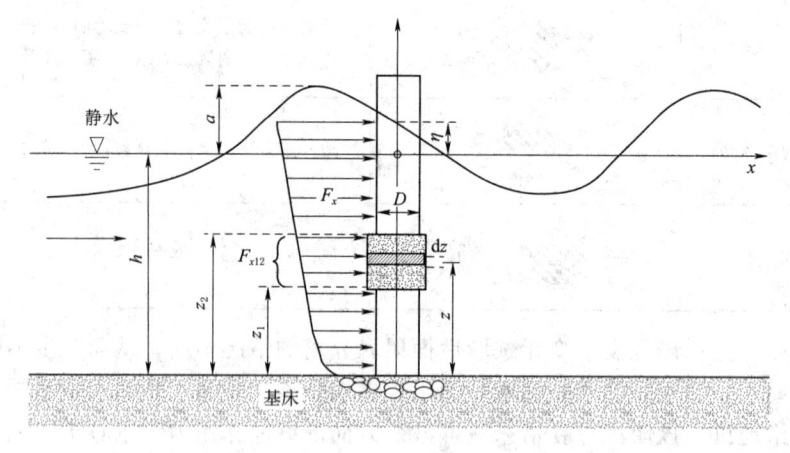

图 8-2 直立桩墩上所受的水动力示意

体运动的时均速度有关的拖曳力；另一个是与水体运动的水平加速度成正比的惯性力。

（1）拖曳力。

$$f_D = \frac{1}{2}\rho C_D b_1 |u| u \tag{8-6}$$

式中：u 为水体运动的水平速度，可近似地采用没有桩墩时该位置处的水体水平速度 u；C_D 为垂直于柱体轴线方向的阻力系数，又称拖曳力系数；ρ 为水体密度；b_1 为桩墩在水流运动方向的投影宽度，或称有效阻流宽度。

（2）惯性力。惯性力又称加速度分力，反映由于流体的惯性以及柱体的存在而促使桩墩周围速度的改变所引起的附加质量效应，其大小为

$$f_I = \rho A \frac{du}{dt} + \rho C_m A \frac{du}{dt} = \rho C_M A \frac{du}{dt} \tag{8-7}$$

式中：A 为桩墩截面积；du/dt 为水体运动的水平加速度，可以近似地采用没有桩墩时该位置的水平加速度 du/dt；C_m 为附加质量系数；C_M 为惯性力系数，集中反映了由于流体惯性及柱体的存在，柱体周围速度的改变而引起的附加质量效应。

如果忽略桩墩上、下游水位差的影响，水平作用于任意高度 $d+z$ 处桩墩上微元长度 dz 上的受力为

$$f_x = f_D + f_I = \frac{1}{2}\rho C_D b_1 |u|u + \rho C_M A \frac{du}{dt} \tag{8-8}$$

将式（8-8）从高度 $z=-h\sim\eta$ 进行积分，得到水平作用在整个桩墩上的水动力为

$$F_x = \int_{-h}^{\eta} \frac{1}{2}\rho C_D b_1 |u|u\,dz + \int_{-h}^{\eta} \rho C_M A \frac{du}{dt}dz \tag{8-9}$$

依据式（8-9），整个桩墩上的总水平力对底床平面的力矩则为

$$M_x = \int_{-h}^{\eta} \frac{1}{2}\rho C_D b_1 |u|uz\,dz + \int_{-h}^{\eta} \rho C_M A \frac{du}{dt}z\,dz \tag{8-10}$$

式（8-10）中右边的第一项为速度分力矩，第二项为加速度分力矩。水平方向上总水动力的作用点离底床的距离则为

$$L_e = \frac{M_H}{F_H} \tag{8-11}$$

值得注意的是，在考虑桩墩的抗倒伏问题时，由于底床表层往往相对软弱，抗剪强度比较低，柱体倒伏时的转动中心往往低于底床表面；当底床的抗剪强度越低或水动力越大时，该转动中心就越低，水动力产生的实际力矩会越大。因此，通过式（8-10）计算的力矩值往往会偏小。

四、波浪荷载

波浪是发生在水表面的一种波动现象。波浪荷载也称波致力或波浪力，是波浪水质点与建筑物之间相对运动所引起的。影响波浪荷载大小的因素很多，如波高、波浪周期、水深、结构尺寸和形状、群桩的相互干扰和遮蔽作用以及海生物附着等。

由于波浪是一种随机运动，在计算桩墩上的荷载时可分为：

（1）特征波法。选用某一特征波作为代表性规则波，并以其参数（有效波高、波浪周期、波向、水深）和桩墩尺寸等代入 Morison 方程或绕射理论的公式，求出作用在结构上的波浪力。此法简便易行，在工程界广泛应用。

（2）谱分析法。把波浪作为随机的、由许多不同波高和波周期的规则波线性叠加而成的不规则波，用概率与数理统计的方法收集、分析处理波浪观测数据，常用 P−M 或联合（JONSWAP）谱确定波浪谱，再求出波浪力分布函数中的统计特征值，进而得到某一累积概率的波浪力。

对于水流、波浪或波流三者共存的不同环境，水体对结构物剪切所产生的力将不同，计算方法也不一样，下面逐一具体分述。

第二节 直立单桩上的水平流致力

当水流绕直立在底床上的一小直径桩墩而流动时,由式(8-8)可知,单元长度上的水平受力为

$$f_x = \frac{1}{2}\rho C_D b_1 |u|u + \rho C_M A \frac{\mathrm{d}u}{\mathrm{d}t} \tag{8-12}$$

当流速变化较小时,忽略流速变化所产生的附加力,得到恒定流情况下小直径桩墩单元长度上的水平受力为

$$f_x = \frac{1}{2}\rho C_D b_1 |u|u \tag{8-13}$$

式中:C_D 为拖曳力系数或称绕流阻力系数,主要反映流体黏滞性引起的黏滞效应,与雷诺数 Re 有关,通常是在均匀来流条件下通过试验确定,也可查如图8-3所示的现有研究成果得到;u 为水流未受绕流物体影响时的流速;ρ 为水的密度。

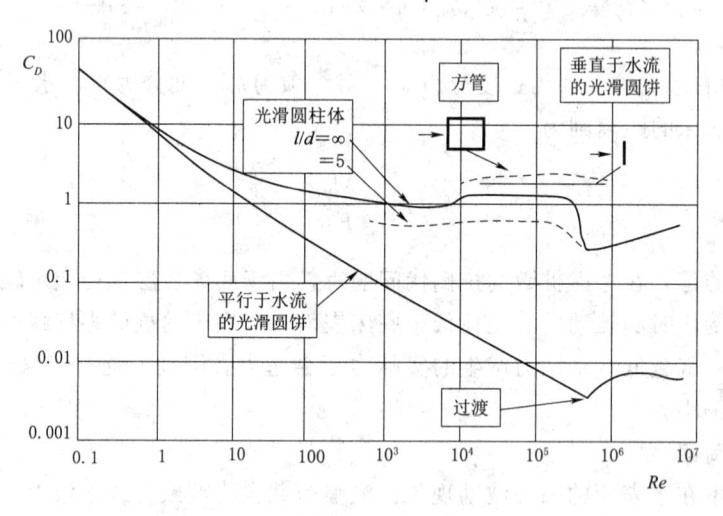

图8-3 不同形状柱体的 C_D 值随雷诺数 Re 的变化
l—圆柱体长度;d—圆柱体直径

对于整个桩墩,将式(8-13)从水底积分到水面即可获得恒定流作用在该直立桩墩上的总水平力,即

$$F_x = \frac{1}{2}\rho C_D b_1 \int_{-h}^{\eta} |u|u\,\mathrm{d}z \tag{8-14}$$

而整个桩墩上的总水平力对底床平面的力矩则为

$$M_x = \frac{1}{2}\rho C_D b_1 \int_{-h}^{\eta} |u|uz\,\mathrm{d}z \tag{8-15}$$

值得注意的是,拖曳力系数与物体的表面粗糙程度有关,图8-3反映的仅是表面光滑的情况;对于表面粗糙的情况,拖曳力系数会同比增加。此外,柱体的长径比(长度与直径之比)不同,拖曳力系数的值不同;柱体形状不同,拖曳力系数值也不相同。JTS

144-1—2017《港口工程荷载规范》[1] 中对典型截面形式桩墩绕流阻力系数 C_D 的取值见表 8-2。

表 8-2 桩墩绕流阻力系数 C_D 的取值

形状	示意图	C_D			
矩形	(宽 B，长 C)	$C/B=1.0$ 1.50	$C/B=1.5$ 1.45	$C/B=2.0$ 1.30	$C/B<1.0$ 1.10
圆形	(直径 D)	0.73			
尖端形	(θ, D)	$\theta=90°$, 0.80		$\theta \leqslant 60°$, 0.65	
圆端形	(D)	0.52			
工字形		2.07			
菱形		1.55			

第三节 直立单桩上的水平波浪力

在波浪水动力环境中，如何计算式（8-9）、式（8-11）中的流速及加速度是计算受力和力矩的关键问题。当桩墩的有效阻波宽度 b_1/波长 $L \leqslant 0.2$，被称为小尺度桩墩，其存在对波浪运动无显著影响而可忽略不计，波浪对柱墩的作用主要为黏滞效应和附加质量效应，采用小振幅波理论等计算作用在桩墩上的水体运动的水平速度和水平加速度。当桩墩的有效阻波宽度 b_1/波长 $L > 0.2$，被称为强阻水桩墩或大尺度柱墩，采用波浪绕射理论等计算作用在桩墩上的水体运动的水平速度和水平加速度。

在实际工作中，小尺度桩墩所受的波浪力往往采用半经验半理论的 Morison 方程分析计算，该方程仅考虑了波浪摩阻力和质量力影响[2]；Morison 公式后经 Penzien 和 Kaul[3] 修正，他们假定流体不可压缩、无旋、黏性，且流场为非定常。Morison 公式中的 u 和 du/dt 随选用的波浪理论不同而异。因此，计算作用在直立柱体上的水平波浪力和水平波浪力矩需针对柱体所在海域设计波的波高、周期及水深等条件选用一种合适的波浪理论来计算波浪的 u 和 du/dt。应用 Morison 公式时，必须满足以下假设：水质点的瞬时速度和加速度必须基于某种波理论，如线性波理论、Stokes 波理论、孤立波理论等。

小振幅波理论是一种线性波理论,它将波浪简化为最简单的简谐运动,虽然小振幅波与实际海洋波浪有一定偏差,但是这种简单的理论有助于简化分析波浪过程。小振幅波假定海流是无黏性、不可压缩的有势运动,大气压强与流体自由表面压强相等,海床为一水平面,波长相对于波高是无限大的,流体流速较慢。通过这些假定,可以将流体的表面边界条件和动力边界条件的非线性转化为线性,水质点的运动轨迹线为封闭椭圆,这种理论也可称为线性水波理论。

而有限振幅波理论如 Stokes 波理论、椭圆余弦波理论、孤立波理论等较好地考虑了波浪的非线性。如,Stokes 波理论认为波高相对于波长是有限的,波浪运动是一种无旋的周期性运动,波高与波长的比值是波浪性质的决定因素,波面特征为波峰较窄、波高较宽,水质点的运动轨迹不再是封闭曲线,而是与圆或椭圆相似的轨迹运动,且沿波向有小位移。

当波浪传播到浅水区域时,需要采用椭圆余弦波理论计算波浪运动。由于底床的摩擦作用,此时的波高和波长均处于不断演变中,波高与波长的比值、波高与水深的比值不断变化,使用很高阶的 Stokes 方程也难以获得好的计算精度。因此,在近海区域往往采用能反映决定波动性质的主要因素 H/L 和 H/d 的椭圆余弦波理论来描述波浪运动。椭圆余弦波理论利用雅可比椭圆余弦函数来表示波面高度。在近海,椭圆余弦波波面形状与 Stokes 波和摆线波相比更接近实际情况。当波高与水深的比值趋于无限小时,椭圆余弦波演化为小振幅波;而当波长趋于无穷时,它变成孤立波。

当桩墩处于河道中的洪水波或海洋波浪中,且接近破碎波面位置时,需要采用孤立波理论计算波浪运动。孤立波的剖面均在静水面上,理论波长为无限长,当某一质点离波峰很远时,该质点的运动可不被考虑,当波峰经过该点,该点的高度达到最大值,随着波峰的远去,该质点的运动也可不被考虑,实际上孤立波是椭圆余弦波的特例[4]。

对于正向力,可由波面和波高的分布按 Morison 方程推导波浪力的分布;对于横向力,由于其物理现象的复杂性而难以通过理论分析获得,因而需借助模型试验进行研究[5]。对一些特殊形状或特别重要的海洋桩墩结构,除用经验公式计算分析外,还应进行物理模型试验和数值仿真,以综合确定波浪力。

一、小尺度直立单桩上的波浪力

1. 水平波浪力

Morison 等认为作用于柱体任意高度 z 处的水平波浪力 f_x 包括两个分量:

(1) 水平拖曳力。水平拖曳力 f_D 是波浪水质点的水平速度 u_x 引起水体对柱体的作用,其作用模式与单向恒定流对柱体的作用模式相同,可表达为

$$f_D = \frac{1}{2}\rho C_D b_1 |u_x| u_x \qquad (8-16)$$

由于波浪水质点做周期性往复运动,水平速度是时正时负,因而对柱体的拖曳力也是时正时负。

(2) 水平惯性力。水平惯性力 f_I 是水质点运动的水平加速度引起的水体对柱体的作用,可表达为

$$f_I = \rho A \frac{du_x}{dt} + \rho C_m A \frac{du_x}{dt} = \rho C_M A \frac{du_x}{dt} \qquad (8-17)$$

2. 小尺度直立单桩墩上的总波浪力

当桩墩固定不动时，如图 8-4 所示，桩墩上任意高度 z 处的水平波浪力则为

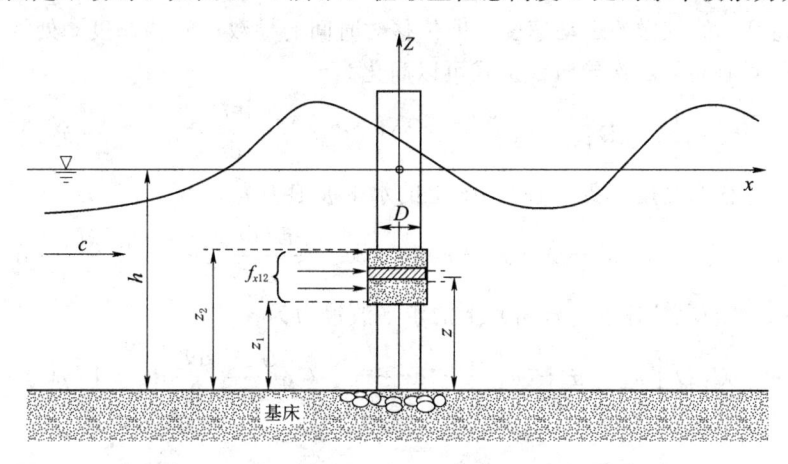

图 8-4 直立均匀固定桩墩所受的波浪力示意

$$f_x = \frac{1}{2}\rho C_D b_1 |u_x| u_x + \rho C_M A \frac{du_x}{dt} \tag{8-18}$$

固定圆柱体任意高度 z 处、柱高 dz 上的水平波浪力为

$$df_x = \frac{1}{2}\rho C_D D |u_x| u_x dz + \rho C_M \frac{\pi D^2}{4}\frac{du_x}{dt}dz \tag{8-19}$$

如图 8-5 某一段柱体 (z_1, z_2) 上的水平波浪力为

$$F_{x12} = \int_{z_1}^{z_2} \frac{1}{2}\rho C_D D |u_x| u_x dz + \int_{z_1}^{z_2} \rho C_M \frac{\pi D^2}{4}\frac{du_x}{dt}dz \tag{8-20}$$

此时，整根柱体上的受力为 $z_1 = -h$ 和 $z_2 = \eta$ 时上式的积分。其中，η 为波面点离静止水面的高度。由于波浪水质点做周期性的往复振荡运动，水质点水平速度是时正时负，因而桩墩的受力也是时正时负。

当桩墩发生摆动时，如图 8-5 所示，桩墩上任意高度 z 处的水平波浪力则为

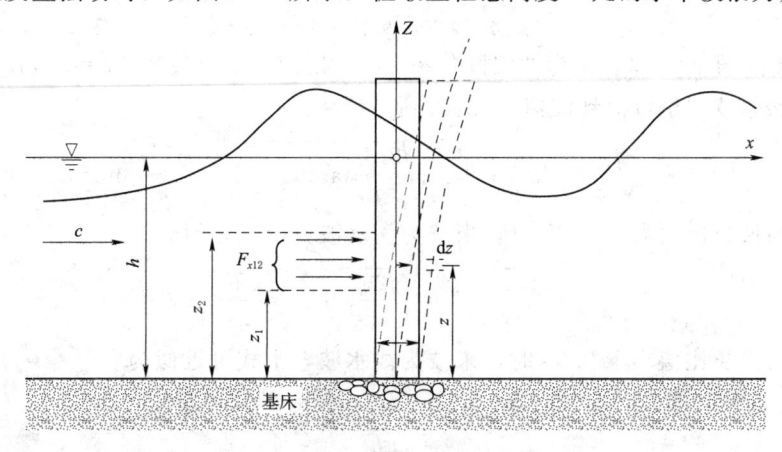

图 8-5 直立桩墩摆动时所受的波浪力

$$f_x = \frac{1}{2}\rho C_D D |u_x - \dot{x}|(u_x - \dot{x}) + \rho \frac{\pi D^2}{4}\frac{du_x}{dt} + \rho C_m \frac{\pi D^2}{4}\left(\frac{du_x}{dt} - \ddot{x}\right) \quad (8-21)$$

式中：$\dot{x}$ 为高度 z 处桩墩的运动速度，即位移对时间的导数；$\ddot{x}$ 为高度 z 处桩墩运动的加速度，即位移对时间的二次导数。上式可以简化为

$$f_x = \frac{1}{2}\rho C_D D |u_x - \dot{x}|(u_x - \dot{x}) + \rho C_M \frac{\pi D^2}{4}\frac{du_x}{dt} - \rho C_m \frac{\pi D^2}{4}\ddot{x} \quad (8-22)$$

摆动圆柱体任意高度 z 处、柱高 dz 上的水平波浪力为

$$df_x = \frac{1}{2}\rho C_D D |u_x - \dot{x}|(u_x - \dot{x})dz + \rho C_M \frac{\pi D^2}{4}\frac{du_x}{dt}dz - \rho C_m \frac{\pi D^2}{4}\ddot{x}dz \quad (8-23)$$

如图 8-5 某一段柱体 $(z_2 - z_1)$ 上的水平波浪力为

$$F_{x12} = \int_{z_1}^{z_2} \frac{1}{2}\rho C_D D |u_x - \dot{x}|(u_x - \dot{x})dz + \int_{z_1}^{z_2} \rho C_M \frac{\pi D^2}{4}\frac{du_x}{dt}dz - \int_{z_1}^{z_2} \rho C_m \frac{\pi D^2}{4}\ddot{x}dz$$

$$(8-24)$$

如果 z_1 到 z_2 之间为均匀柱体，则作用在该段上的速度分力最大值 F_{xv12} 和加速度分力最大值 F_{xi12} 分别为

$$F_{xv12} = C_D \frac{\gamma b_1 H^2}{2} \left(\frac{\frac{4\pi z_2}{L} - \frac{4\pi z_1}{L} + \sinh\frac{4\pi z_2}{L} - \sinh\frac{4\pi z_1}{L}}{8\sinh\frac{4\pi h}{L}} \right) \quad (8-25)$$

$$F_{xi12} = C_M \frac{\gamma AH}{2}\left(\frac{\sinh\frac{2\pi z_2}{L} - \sinh\frac{2\pi z_1}{L}}{\cosh\frac{2\pi h}{L}}\right) \quad (8-26)$$

此时，整根柱体上的受力为 $z_1 = -h$ 和 $z_2 = \eta$ 时上式的积分。其中，η 为波面点离静止水面的高度。由于波浪水质点与柱体都做周期性的往复振荡运动，它们的相对水平速度时正时负，因此，桩墩的受力可能时正时负。

任意时刻柱体上的波面高程为

$$\eta = a\cos(kx - \omega t) \quad (8-27)$$

式中：a 为波高 H 的一半；ω 为波浪圆频率，$\omega = 2\pi/T$；k 为波数，$k = 2\pi/L$。

依据小振幅波理论可得到波速、波长、周期为

$$c = \frac{\omega}{k} = \sqrt{\frac{g}{k}\tanh kh}\;;\; T = \sqrt{\frac{2\pi L}{g}\tanh kh}\;;\; L = \frac{gT^2}{2\pi}\tanh kh \quad (8-28)$$

当水深与波长比值大于 0.05 时，来波为深水波，上式近似为

$$c = \sqrt{\frac{g}{k}}\;;\; T = \sqrt{\frac{2\pi L}{g}}\;;\; L = \frac{gT^2}{2\pi} \quad (8-29)$$

当水深与波长比值小于 0.05 时，来波为浅水波，上式可近似为

$$c = \sqrt{gh}\;;\; T = \frac{L}{\sqrt{gh}}\;;\; L = T\sqrt{gh} \quad (8-30)$$

对于图 8-4 所示的坐标系，按照线性波理论，当 $H/h \leqslant 0.2$ 和 $h/L \geqslant 0.2$ 或 $H/h > 0.2$

和 $h/L \geqslant 0.35$ 时，水质点的速度和加速度的计算公式为

$$u_x = \frac{H\omega}{2} \frac{\cosh k(h+z)}{\sinh kh} \cos\theta \tag{8-31}$$

$$\frac{du_x}{dt} = \frac{H\omega^2}{2} \frac{\cosh k(h+z)}{\sinh kh} \sin\theta \tag{8-32}$$

式中：$\theta = kx - \omega t$，在有限水深条件下 $\omega^2 = gk\tanh(kh)$。

根据式（8-18）可得固定桩墩上单位长的水平受力为

$$f_x = \frac{1}{2}\rho C_D b_1 \left[\frac{\pi H}{T} \frac{\cosh k(h+z)}{\sinh kh}\right]^2 |\cos\theta|\cos\theta + \rho C_M A \frac{gH}{2T^2} \frac{\cosh k(h+z)}{\sinh kh} \sin\theta \tag{8-33}$$

式中：A 为桩墩的水平截面积。

因此，对于横截面不变的均匀桩墩，在波浪传播方向上整个桩墩的水平总受力 F_{xD} 为

$$F_{xD} = \int_{-h}^{\eta} f_x \, dz = C_D k_1 k_s \frac{\rho g b_1 H^2}{2} |\cos\theta|\cos\theta + C_M k_2 \frac{\rho g H A}{2} \sin\theta \tag{8-34}$$

其中

$$k_1 = \frac{2k(h+\eta) + \sinh 2k(h+\eta)}{8\sinh 2kh}, \quad k_2 = \frac{\sinh k(h+\eta)}{\cosh kh} \tag{8-35}$$

式中：k_s 为形态不均匀系数。

对于横截面不变的固定圆形桩墩，$k_s = 1$，在波浪传播方向上水平总受力 F_{xD} 为

$$F_{xD} = C_D k_1 k_s \frac{\rho g D H^2}{2} |\cos\theta|\cos\theta + C_M k_2 \frac{\rho g H D^2}{8} \sin\theta \tag{8-36}$$

值得注意的是，上式中 k_1 和 k_2 随波面高度 η 变化，并非定值。而工程设计往往关心的是桩墩所受的力和力矩的最大值。上述虽已获得了速度分力、加速度分力、总力的计算方法，但是，由于 θ 变化的连续性，如果企图通过不断改变 θ 值得到不同的总力，从而从中找出最大的总力，则所需计算量太大。另外，即使开展如此大量的计算，由于水质点流速对于不同高度的位置存在不同的相位差[6,7]，而上述这些公式中并没有反映实际存在的相位差对桩墩总受力的影响。因此，即使按照前面方法得到的最大总力也并不一定涵盖了所有出现最大值的实际工况。

对于圆柱形均匀桩墩，整个柱体上的水平波浪力可进行如下简化计算。令 k_1 中 $\eta = H/2$，k_2 中 $\eta = 0$，则可近似地

$$k_1' = \frac{2k\left(h + \dfrac{H}{2}\right) + \sinh 2k\left(h + \dfrac{H}{2}\right)}{8\sinh 2kh} \tag{8-37}$$

$$k_2' = \frac{\sinh kh}{\cosh kh} \tag{8-38}$$

$$F_{xD} = C_D k_1' \frac{\rho g D H^2}{2} |\cos\theta|\cos\theta + C_M k_2' \frac{\rho g H D^2}{8} \sin\theta \tag{8-39}$$

由此可得，最大总水平拖曳力为

$$F_{HD\max} = C_D k_1' \frac{\rho g D H^2}{2} \tag{8-40}$$

最大总水平惯性力为

$$F_{HI\max}=C_M k_2' \frac{\rho g H D^2}{8} \qquad (8-41)$$

在任何相位上，作用在整个柱体上的总水平波浪力为

$$F_{xD}=F_{HD\max}|\cos\theta|\cos\theta+F_{HI\max}\sin\theta \qquad (8-42)$$

二、小尺度直立单桩墩上的水平波力矩

作用在直立单桩墩上的柱段 (z_2-z_1) 上 F_{xv12} 和 F_{xi12} 对于以高程 z_1 处为支点的力矩 M_{xv12} 和 M_{xi12} 分别为

$$M_{xv12}=\frac{\gamma C_D b_1 L H^2}{2\pi\sinh\frac{4\pi h}{L}}\left[\frac{\pi^2(z_2-z_1)^2}{4L^2}+\frac{\pi(z_2-z_1)}{8L}\sinh\frac{4\pi z_2}{L}-\frac{1}{32}\left(\cosh\frac{4\pi z_2}{L}-\cosh\frac{4\pi z_1}{L}\right)\right] \qquad (8-43)$$

$$M_{xi12}=\frac{\gamma C_M A H L}{4\pi\cosh\frac{2\pi h}{L}}\left[\frac{2\pi(z_2-z_1)}{L}\sinh\frac{2\pi z_2}{L}-\left(\cosh\frac{2\pi z_2}{L}-\cosh\frac{2\pi z_1}{L}\right)\right] \qquad (8-44)$$

对于圆柱形均匀桩墩，b_1 等于圆柱水平截面的直径 D，且 $k_s=1$。作用在整根直立单桩墩上对底床面的水平波力矩

$$M_{xD}=\int_{-h}^{\eta} z f_x \mathrm{d}z = C_D k_3 \frac{\rho g D H^2 L}{2\pi}|\cos\theta|\cos\theta+C_M k_4\frac{\rho g D^2 H L}{16}\sin\theta \qquad (8-45)$$

$$k_3=\frac{1}{32\sinh 2kh}[2k^2(z_2-z_1)^2+2k(z_2-z_1)\sinh 2kz_2-(\cosh 2kz_2-\cosh 2kz_1)] \qquad (8-46)$$

$$k_4=\frac{1}{\cosh 2kh}[k(z_2-z_1)\sinh kz_2-(\cosh kz_2-\cosh 2z_1)] \qquad (8-47)$$

同样采用线性波理论，作用在横截面不变的圆柱形均匀桩墩上的水平总受力矩 M_{xD} 则为

$$M_{xD}=\int_{-h}^{\eta} f_x z \mathrm{d}z = C_D k_3 \frac{\rho g b_1 L H^2}{2\pi}|\cos\theta|\cos\theta+C_M k_4\frac{\rho g H L A}{4\pi}\sin\theta \qquad (8-48)$$

其中

$$k_3=\frac{2k^2(h+\eta)^2+2k(h+\eta)\sinh 2k(h+\eta)-\cosh 2k(h+\eta)+1}{32\sinh 2kh} \qquad (8-49)$$

$$k_4=\frac{1}{\cosh 2kh}[k(h+\eta)\sinh k(h+\eta)-\cosh k(h+\eta)+1] \qquad (8-50)$$

因此，圆柱上的水平总力矩 M_{xD} 由式（8-48）简化为

$$M_{xD}=\int_{-h}^{\eta} f_x z \mathrm{d}z = C_D k_3 \frac{\rho g D L H^2}{2\pi}|\cos\theta|\cos\theta+C_M k_4\frac{\rho g H L D^2}{16}\sin\theta \qquad (8-51)$$

由此可得，最大总水平拖曳力矩为

$$M_{HD\max}=C_D k_3 \frac{\rho g D L H^2}{2\pi} \qquad (8-52)$$

最大总水平惯性力矩为

第三节 直立单桩上的水平波浪力

$$M_{HI\max} = C_M k_4 \frac{\rho g H L D^2}{16} \tag{8-53}$$

且当 $\theta = 0°$ 或 $180°$ 时，惯性力的作用为 0，圆柱上的水平总力矩 $M_{xD} = C_D k_3 \frac{\rho g D L H^2}{2\pi}$；当 $\theta = 90°$ 或 $270°$ 时，拖曳力的作用为 0，圆柱上的水平总力矩 $M_{xD} = C_M k_4 \frac{\rho g H L D^2}{16}$。

为工程安全及简化计算，JTS 145-2—2013《海港水文规范》[8] 提出了一套计算方法。需要先计算速度产生的分力最大值（简称最大拖曳力，或称最大速度分力）、加速度产生的分力最大值（简称正向水平最大惯性力）、速度产生的分力矩最大值（简称最大拖曳力矩），以及加速度产生的分力矩最大值（简称正向水平最大惯性力矩）。当 $\theta = 0°$ 或 $270°$ 时，单元长度上的力达到最大。当计算桩墩上所受最大力时，θ 取 $0°$ 或 $270°$，桩墩被淹没的长度上至少要有 5 个计算点，其中包括 $z = 0$、h，及 $h + \eta_{\max}$（当 $\theta = 0°$）或 $h - \eta_{\max}$（当 $\theta = 270°$）。将图 8-6 的曲线重新拟合得到

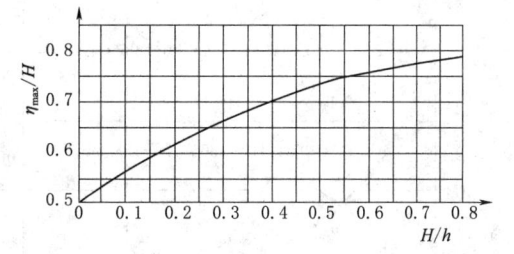

图 8-6 $\theta = 0°$ 时 $\eta_{\max}/H$ 值随 H/h 的变化

$$\frac{\eta_{\max}}{H} = -0.36\left(\frac{H}{h}\right)^2 + 0.642\frac{H}{h} + 0.5 \tag{8-54}$$

若整个桩墩为横截面相同的均匀柱体，在计算整个桩墩上所受流速产生的总受力和对底床的相应总力矩时，取 $z_1 = 0$ 和 $z_2 = h + \eta_{\max}$；而在计算整个桩墩上所受加速度产生的总受力和对底床的相应总力矩时，取 $z_1 = 0$ 和 $z_2 = h + \eta_{\max} - H/2$。

当 $H/h \leqslant 0.2$、$h/L < 0.2$ 或 $H/h > 0.2$、$h/L < 0.35$ 时，计算整个柱体上速度引起的总力和总力矩需对式（8-36）和式（8-48）的计算结果分别乘以修正系数 α 和 β，其值分别如图 8-7 和图 8-8 所示。

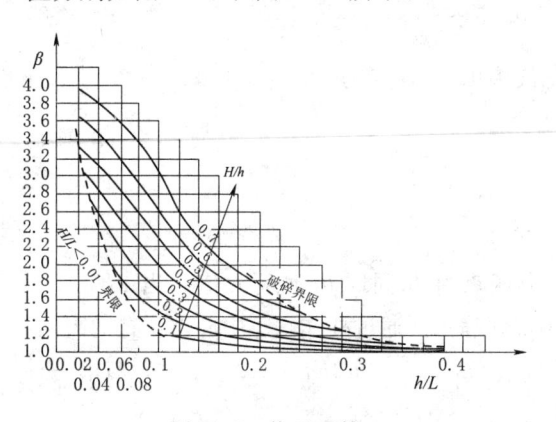

图 8-7 修正系数 α

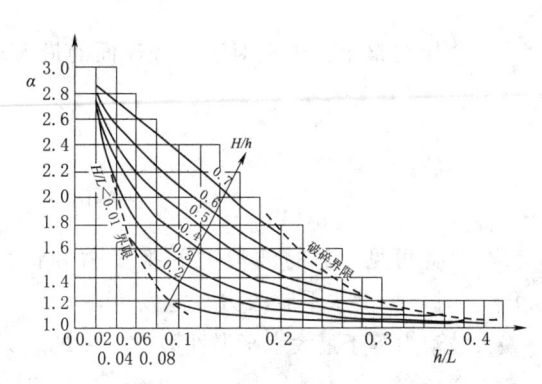

图 8-8 修正系数 β

当 $H/h \leqslant 0.2$、$0.04 \leqslant h/L \leqslant 0.2$ 时，计算整个柱体上的加速度引起的总力和总力矩需对式（8-36）和式（8-48）的计算结果分别乘以修正系数 ζ 和 ξ，其值如图 8-9 所

示，也可通过下述多项式计算

$$\zeta = -584.41\left(\frac{h}{L}\right)^3 + 306.57\left(\frac{h}{L}\right)^2 - 53.56\left(\frac{h}{L}\right)^3 + 4.11 \qquad (8-55)$$

$$\xi = -705.31\left(\frac{h}{L}\right)^3 + 355.4\left(\frac{h}{L}\right)^2 - 61.33\frac{h}{L} + 4.65 \qquad (8-56)$$

对于小尺度桩墩，作用在整个柱体上任何相位的水平正向总波浪力 F_{xm} 为

$$F_{xm} = F_{xvm}\cos\omega t|\cos\omega t| - F_{xim}\sin\omega t \qquad (8-57)$$

从而，依据上述方法可以计算出作用在整个柱体上的最大速度力（F_{xvm}）和加速度产生的最大惯性力（F_{xim}），其下标：x 代表水平且正向的，v 代表是由速度产生的，i 代表是由加速度产生的，m 代表最大值。

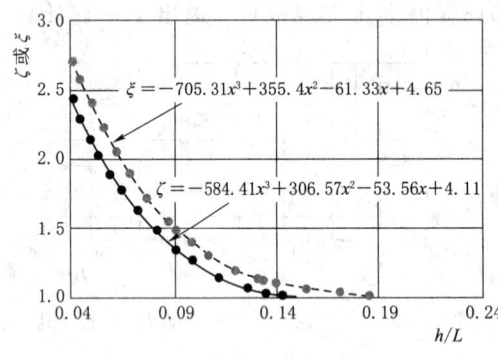

图 8-9 修正系数 ζ 和 ξ

对于小尺度的桩墩，依据 JTS 145-2—2013《海港水文规范》[8]，当 $F_{xvm} \leqslant 0.5 F_{xim}$ 时，作用在整个柱体上的水平正向最大总波浪力 F_{xm} 为

$$F_{xm} = F_{xim} \qquad (8-58)$$

作用在整个柱体上对于水底床面的最大总波浪力矩 M_{xm} 为

$$M_{xm} = M_{xim} \qquad (8-59)$$

此时的相位角 $\omega t = 270°$。其中，ω 为圆频率，s^{-1}；t 为时间，s，当波峰通过柱体中心线时 $t=0$。

当 $F_{xvm} > 0.5 F_{xim}$ 时，作用在整个柱体上的水平正向最大总波浪力 F_{xm} 为

$$F_{xm} = F_{xvm}\left(1 + 0.25\frac{F_{xim}^2}{F_{xvm}^2}\right) \qquad (8-60)$$

作用在整个柱体上对于水底床面的最大总波浪力矩 M_{xm} 为

$$M_{xm} = M_{xvm}\left(1 + 0.25\frac{M_{xim}^2}{M_{xvm}^2}\right) \qquad (8-61)$$

$$\sin\omega t = -0.5\frac{F_{xim}}{F_{xvm}} \qquad (8-62)$$

由此可见，总的波浪力的拖曳力和惯性力两者并非同时达到最大值。当 $2F_{D\max} < F_{I\max}$ 时，最大水平波浪力只能发生在 $\cos\alpha = 0$，即静水面通过柱体垂直中心轴位置的瞬间，最大波浪力等于最大水平惯性力 $F_{\max} = F_{I\max}$，$M_{\max} < M_{I\max}$；当 $2F_{D\max} = F_{I\max}$ 时，与第一种情况（即 $2F_{D\max} < F_{I\max}$）相同；当 $2F_{D\max} > F_{I\max}$ 时，$F_{\max} = F_{D\max}\left(1 + 0.25\frac{F_{I\max}^2}{F_{D\max}^2}\right)$，$M_{\max} = M_{D\max}\left(1 + 0.25\frac{M_{I\max}^2}{M_{D\max}^2}\right)$。

三、大尺度直立单桩墩上的水平波浪力与力矩

前述的桩墩与入射波相比为尺度较小的建筑物，当 $h/L>0.2$ 或 $b_1/L>0.2$ 时，桩墩和来波的相互作用已较为明显，其存在对波浪运动有显著影响，因此必须考虑入射波浪的绕射效应以及自由表面效应。该类桩墩被称为大尺度（强阻水）桩墩，需要采用绕射理论计算波浪力。

绕射理论认为，当波向前传播遇到结构物后，在结构物的表面将产生一个散射波，入射波与散射波的叠加达到稳态时，会形成一个新的波动场，总速度势由入射波速度势和散射波速度势两部分组成。在计算波流力时应该采用该新的波动场特征值来计算。广义地，可将波流绕桩墩问题分为线性绕射问题和非线性绕射问题，通过绕射系数和质量系数来修正。

1. 我国海港水文规范法

对于线性绕射问题，波浪对柱墩的作用力表示为

$$F = F_K + F_d \tag{8-63}$$

式中：F_K 为未扰动入射波的波压强对柱墩产生的 Froude-Krylov 力（简称 F-K 力）；F_d 为扰动波的波压强对柱墩产生的扰动力，与附加质量效应和绕射效应有关（绕射力）。

采用 Froude-Krylov 假定：$F = CF_K$，$C = \dfrac{F_K + F_d}{F_K}$。其中，$C$ 为绕射系数，对尺度较小（$D/L<0.2$）的桩墩，忽略绕射效应后回归为：$C = 1 + C_m = C_M$；对于大直径桩墩上的波浪力，C 的影响因素复杂。由于大直径桩墩多用于较大水深，且多为圆柱形。因此，下面就圆桩上的波浪力进行分析。

依据式（8-39）和式（8-48）分别计算出作用在整个柱体上水平方向的最大惯性力（F_{xim}）和最大惯性力矩（M_{xim}），而惯性力系数 C_M 须按图 8-10 或根据如下拟合公式计算

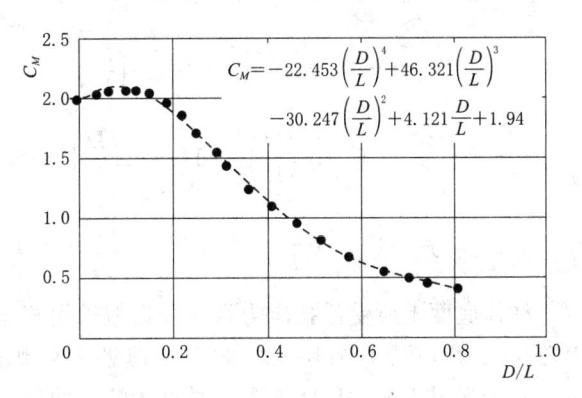

图 8-10 修正系数 C_M

$$C_M = -22.453\left(\dfrac{D}{L}\right)^4 + 46.321\left(\dfrac{D}{L}\right)^3 - 30.247\left(\dfrac{D}{L}\right)^2 + 4.121\dfrac{D}{L} + 1.94 \tag{8-64}$$

因此，作用在整个柱体上的最大水平正向波浪力 F_{xm} 为

$$F_{xm} = F_{xim}$$

当桩墩坐落在不透水基床上，如图 8-11 所示，计算桩墩上水平方向的最大惯性力（F_{xim}）和最大惯性力矩（M_{xim}）时采用 $z_1 = h - h_1$ 和 $z_2 = h + \eta_{\max} - H/2$。

对于任何一个相位，圆桩表面上环向波浪产生的强度 p 可表达为

$$p = \dfrac{\gamma H \cosh\dfrac{2\pi z}{L}}{\pi \cosh\dfrac{2\pi h}{L}} (f_3 \sin\omega t \cos\theta + f_1 \cos\omega t \cos\theta + f_2 \sin\omega t - f_0 \cos\omega t) \tag{8-65}$$

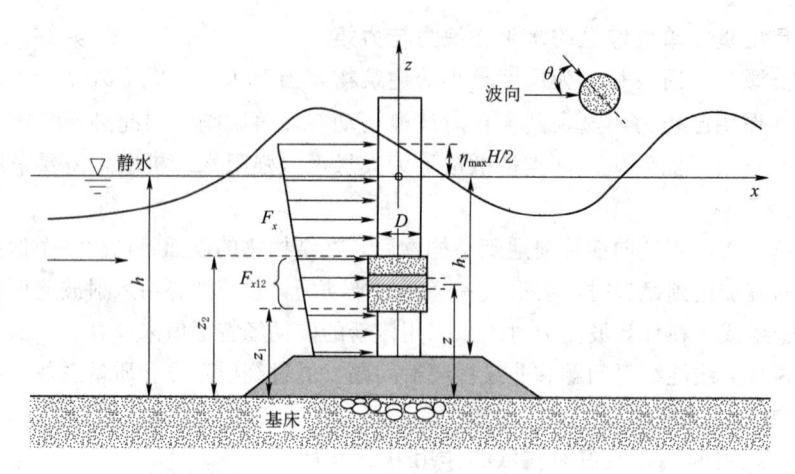

图 8-11 基床上柱体的波浪力示意

式中：压强 p 的单位与力的单位相同；θ 为计算点同柱体圆心的连线与波向线之间的夹角，(°)，如图 8-11 所示；系数 f_0、f_1、f_2 和 f_3 分别由图 8-12 或如下拟合公式确定

$$f_0 = -3.428\left(\frac{D}{L}\right)^4 + 8.517\left(\frac{D}{L}\right)^3 - 4.352\left(\frac{D}{L}\right)^2 - 1.22\frac{D}{L} + 0.022 \quad (8-66)$$

$$f_1 = -14.96\left(\frac{D}{L}\right)^4 + 39.96\left(\frac{D}{L}\right)^3 - 40.69\left(\frac{D}{L}\right)^2 + 16.66\frac{D}{L} - 0.245 \quad (8-67)$$

$$f_2 = 6.615\left(\frac{D}{L}\right)^4 - 11.912\left(\frac{D}{L}\right)^3 + 6.487\left(\frac{D}{L}\right)^2 - 3.5\frac{D}{L} + 1.738 \quad (8-68)$$

$$f_3 = 8.756\left(\frac{D}{L}\right)^4 - 5.934x3\left(\frac{D}{L}\right)^3 - 10.55\left(\frac{D}{L}\right)^2 + 7.337\frac{D}{L} - 0.51 \quad (8-69)$$

柱体底面上所受浮托压力强度可近似采用相应点的环向波浪产生的压强，而柱体底面上总浮托力可按 JTS 145-2—2013《海港水文规范》[8] 中附录 K 计算。

对于强阻水的大尺度方管或平行于波向的长度与垂直于波向的宽度之比小于 1.5 的方形柱体，其波浪力可按 JTS 145-2—2013 中附录 L 的方法进行计算。

对于强阻水的大尺度圆桩，当 $H/h \geqslant 0.1$、$D/h \geqslant 0.4$ 时，圆桩上的波浪力可按如下方法计算：

(1) 相对周期 $T\sqrt{g/h} \geqslant 8$ 时，波面在柱面上的最大壅高 η_{max} 位于柱体迎浪面的顶点处，且

$$\frac{\eta_{max}}{H} = (C_1 - C_2 e^{-\alpha R/h})\left[1 + C_3\left(\frac{H}{h} - 0.1\right)^\beta\right] \quad (8-70)$$

式中：系数 C_1、C_2、C_3、α 和 β 通过查表 8-3，或 $C_1 = 0.0345T\sqrt{g/h} + 0.6146$，$C_2 = 0.0012(T\sqrt{g/h})^2 - 0.0205T\sqrt{g/h} + 0.6943$，$C_3 = -0.0085(T\sqrt{g/h})^2 + 0.2616T\sqrt{g/h} - 0.5729$，$\alpha = 26.287(T\sqrt{g/h})^{-1.353}$，$\beta = 3.923(T\sqrt{g/h})^{-0.558}$；$R$ 为圆桩横截面的半径。

第三节 直立单桩上的水平波浪力

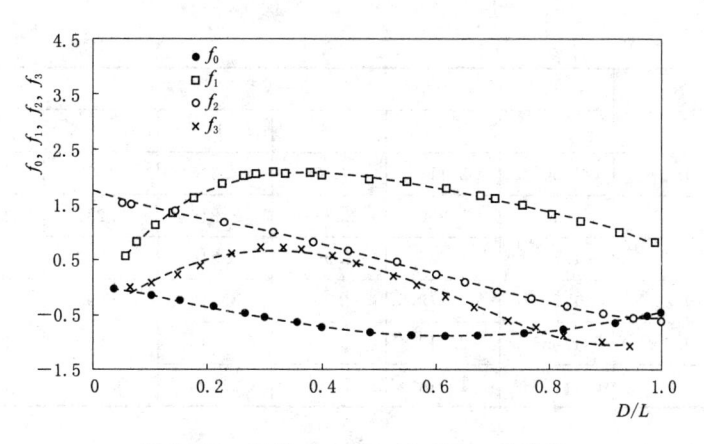

图 8-12 系数 f_0、f_1、f_2 和 f_3 的确定

表 8-3　　　　　　　　　　系数 C_1、C_2、C_3、α 和 β

$T\sqrt{g/h}$	8	10	12	14	16	18	20
C_1	0.89	0.96	1.03	1.10	1.16	1.23	1.31
C_2	0.60	0.61	0.62	0.63	0.66	0.70	0.75
C_3	0.96	1.20	1.38	1.44	1.40	1.37	1.29
α	1.60	1.20	0.90	0.70	0.60	0.53	0.48
β	1.24	1.09	0.98	0.89	0.81	0.78	0.76

大尺度圆桩上水平方向的最大水平总波浪力 F_{xm} 和最大水平总波浪力矩 M_{xm} 出现在同一时刻，其计算方法如下

$$F_{xm} = \alpha_P F_{xim} \tag{8-71}$$

$$M_{xm} = \alpha_M M_{xim} \tag{8-72}$$

式中：系数 α_P 和 α_M 分别由表 8-4 和表 8-5 确定。

表 8-4　　　　　　　　　　　　系　数　α_P

$\dfrac{H}{h}$	$\dfrac{R}{h}$	\multicolumn{7}{c}{$T\sqrt{g/h}$}						
		8	10	12	14	16	18	20
0.1	0.2	1.128	1.099	1.125	1.189	1.259	1.364	1.478
	1.0	1.114	1.109	1.095	1.115	1.174	1.252	1.352
0.2	0.2	1.155	1.203	1.326	1.498	1.702	1.918	2.130
	1.0	1.174	1.176	1.210	1.310	1.458	1.628	1.820
0.3	0.2	1.207	1.355	1.601	1.886	2.189	2.502	2.822
	1.0	1.246	1.267	1.363	1.540	1.763	1.992	2.231
0.4	0.2	1.288	1.561	1.927	2.319	2.723	3.122	3.520
	1.0	1.332	1.381	1.546	1.791	2.059	2.354	2.643
0.5	0.2	1.447	1.817	2.293	2.792	3.282	3.783	4.242
	0.6	1.370	1.669	2.019	2.418	2.822	3.245	3.634
	1.0	1.470	1.520	1.745	2.044	2.362	2.707	3.025

163

续表

$\dfrac{H}{h}$	$\dfrac{R}{h}$	\multicolumn{7}{c}{$T\sqrt{g/h}$}
		8	10	12	14	16	18	20
0.6	0.2	1.607	2.113	2.706	3.318	3.898	4.466	5.065
	0.6	1.484	1.900	2.334	2.816	3.291	3.764	4.263
	1.0	1.596	1.687	1.961	2.314	2.683	3.061	3.460
0.7	0.2	1.607	2.113	2.706	3.318	3.898	4.466	5.065
	0.6	1.635	2.219	2.689	3.245	3.800	4.408	4.987
	1.0	1.753	1.916	2.203	2.600	3.027	3.497	3.897

表 8-5　　　　　　　　　　系　数　α_M

$\dfrac{H}{h}$	$\dfrac{R}{h}$	\multicolumn{7}{c}{$T\sqrt{g/h}$}
		8	10	12	14	16	18	20
0.1	0.2	1.075	1.075	1.120	1.196	1.277	1.392	1.515
	1.0	1.075	1.095	1.096	1.127	1.194	1.283	1.392
0.2	0.2	1.124	1.216	1.372	1.575	1.811	2.059	2.312
	1.0	1.161	1.198	1.258	1.381	1.556	1.750	1.976
0.3	0.2	1.212	1.426	1.736	2.085	2.459	2.834	3.212
	1.0	1.266	1.340	1.481	1.705	1.982	2.263	2.555
0.4	0.2	1.341	1.721	2.197	2.703	3.208	3.739	4.244
	1.0	1.394	1.518	1.757	2.083	2.431	2.812	3.181
0.5	0.2	1.568	2.096	2.747	3.402	4.084	4.754	5.336
	0.6	1.484	1.920	2.410	2.946	3.500	4.070	4.574
	1.0	1.589	1.743	2.073	2.490	2.915	3.385	3.812
0.6	0.2	1.820	2.562	3.385	4.263	5.072	5.794	6.627
	0.6	1.671	2.288	2.908	3.597	4.265	4.940	5.586
	1.0	1.756	2.014	2.430	2.931	3.457	3.972	4.544
0.7	0.2	2.157	3.148	4.180	5.205	6.135	7.186	8.363
	0.6	1.923	2.654	3.480	4.316	5.138	5.977	6.856
	1.0	2.037	2.370	2.864	3.432	4.048	4.744	5.293

(2) 相对周期 $T\sqrt{g/h}<8$ 时，大尺度圆桩上的最大水平总波浪力 F_{xm} 和最大水平总波浪力矩 M_{xm} 可按式 (8-71) 和式 (8-72) 分别计算，但是公式中的两个系数 α_P 和 α_M 需要如下修正：

1) 当 $L/h \leqslant 6.67$ 时，α_P 和 α_M 均等于 1.0。

2) 当 $L/h > 6.67$ 时，α_P 和 α_M 按下列公式计算：

$$\alpha_P = 1 + \frac{(L/h)_t - 6.67}{(L/h)_8 - 6.67}[(\alpha_P)_8 - 1] \qquad (8-73)$$

$$\alpha_M = 1 + \frac{(L/h)_t - 6.67}{(L/h)_8 - 6.67}[(\alpha_M)_8 - 1] \tag{8-74}$$

式中：系数 $(\alpha_P)_8$ 和 $(\alpha_M)_8$ 由 $T\sqrt{g/h}=8$ 和实际的 H/h 值分别查系数 α_P 和 α_M 表得；$(L/h)_t$ 为计算得到的实际的 L/h 值；$(L/h)_8$ 为 $T\sqrt{g/h}=8$ 计算得到的 L/h 值。

直立圆桩型桩墩上最大破波力作用点距离水底床面的高度 l 同样与该桩墩所在水底床面的坡度 i 有关，依据 JTS 145-2—2013《海港水文规范》[8]，需针对不同底坡情况进行计算。

1）对于 $i \geqslant 1/20$ 的陡坡

$$\frac{l}{h} = 1.4 - 0.2\left[\lg\left(\frac{H_0'}{L_0}\right) + 2\right] \tag{8-75}$$

式中：H_0' 为计算深水波高；L_0 为深水波长。

2）对于 $i \leqslant 1/33$ 的缓坡

$$\frac{l}{h} = 1.2 - 0.2\left[\lg\left(\frac{H_0'}{L_0}\right) + 2\right] \tag{8-76}$$

3）当 $1/33 < i < 1/20$，需利用 $i=1/20$ 和 $i=1/33$ 计算得到的结果进行插值。

2. MacCamy 和 Fuchs 求解法

在 MacCamy 和 Fuchs[9] 对单个圆柱求解方法的基础上，Linton 和 Evans[10] 对流场内的速度势进行了简化，选定静水面为 x-y 平面、z 轴垂直 x-y 平面且向上为正的笛卡儿坐标系（图 8-13），进一步假定理想、无旋不可压缩流体的运动是有势的。如果入射波为波高很小的线性波，且波浪与桩墩的相互作用是线性的，则其绕射问题是线性问题。绕流总速度势由入射波速度势和散射波速度势两部分组成。

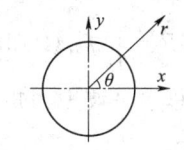

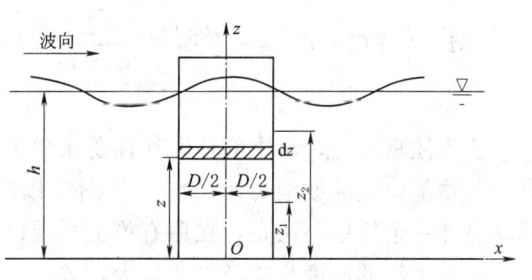

图 8-13 笛卡儿坐标系下大尺度结构的墩柱绕流

基于线性绕射理论[11] 可得到波动场里任一点的总速度势 Φ 为

$$\phi(x,y,z,t) = [\phi_I(x,y,z) + \phi_s(x,y,z)]e^{-i\omega t} \tag{8-77}$$

入射波速度势为

$$\phi_I(x,y,z) = -i\frac{gH}{2\omega}\frac{\cosh k(d+z)}{\cosh kh}e^{i(kx-\omega t)} \tag{8-78}$$

式中：θ 为入射波与 x 轴线的夹角。

柱坐标系下的速度势为

$$\phi_I(x,y,z) = -i\frac{gH}{2\omega}\frac{\cosh k(h+z)}{\cosh kh}\left[\sum_{m=0}^{\infty}\beta_m J_m(kr)\cos(m\theta)\right]e^{-i\omega t} \tag{8-79}$$

$$e^{ikx} = e^{ikr\cos\theta} = \cos(kr\cos\theta) + i\sin(kr\cos\theta) \tag{8-80}$$

散射波速度势为

$$\phi_s(x,y,z) = -\mathrm{i}\frac{gH}{2\omega}\frac{\cosh k(h+z)}{\cosh kh}\Big[\sum_{m=0}^{\infty}\beta_m B_m H_m(kr)\cos(m\theta)\Big]\mathrm{e}^{-\mathrm{i}\omega t} \tag{8-81}$$

而

$$H_m(kr) = J_m(kr) + \mathrm{i}Y_m(kr) \tag{8-82}$$

柱面压强为

$$p = -\rho\frac{\partial\phi}{\partial t}\Big|_{r=a} = \frac{\rho gH}{2}\frac{\cosh kz}{\cosh kh}\Big\{\sum_{m=0}^{\infty}\beta_m\Big[J_m(ka) - \frac{J'_m(ka)}{H'_m(ka)}H_m(ka)\Big]\cos(m\theta)\Big\}\mathrm{e}^{-\mathrm{i}\omega t} \tag{8-83}$$

对于任意高度 H 处顺波向的水平波力则为

$$f_{H_y} = -\int_0^{2\pi} p_a \sin\theta a\,\frac{D}{2}\mathrm{d}\theta = 0 \tag{8-84}$$

$$f_{H_x} = -\int_0^{2\pi} p_a \cos\theta a\,\mathrm{d}\theta = -\frac{1}{8}C_M\rho g\pi HkD^2\frac{\cosh kz}{\cosh kh}\sin\omega t \tag{8-85}$$

其中

$$C_M = \frac{A(kD/2)}{\pi(kD)^2}$$

从而得到计算总水平波力的 MacCamy - Fuchs 公式

$$F = \int_0^h f_H(z)\mathrm{d}z = 2\rho gH\tanh kHA(ka)\sin(\omega t - \theta) \tag{8-86}$$

进一步可得到总水平波力力矩的计算式为

$$M = \int_0^h zf(z)\mathrm{d}z = -\frac{2\rho gH}{k^3}\frac{A\left(\frac{kD}{2}\right)}{\cosh kh}[kh\sinh(kh) - \cosh(kh) + 1]\sin(\omega t - \theta) \tag{8-87}$$

值得注意的是，海中的柱墩往往受水中生物的侵袭，在其水湿面上附着生长，在计算有附着物部位上的波浪力时应将生物附着以后的平均厚度加上桩的直径，然后再进行计算。另外一个简单办法是，在原有值上再乘以一个增大系数 ξ，其值取决于附着生物的厚度。附着生物的厚度与桩径之比越大，该增大系数越大，取值见表 8-6。

表 8-6　　　　　　　　　附着生物后的受力增大系数 ξ

附着生物程度	附着生物的厚度与桩径之比	ξ
一般	<0.02	1.15
中等	0.02~0.04	1.25
严重	>0.04	1.40

此外，如果桩墩位于另一个桩墩之后，该桩墩会受到前者的遮蔽作用，运动水体作用在该桩墩上的力会减少。若两根桩的总阻力系数为 $\sum C_D$，在计算水流力或波浪力时需要将单桩的阻力系数 C_d 乘以相应的遮蔽影响系数 m_1。

令顺流向的桩列数为 n，则桩群阻力系数可按下式估算：

$$\sum C_D = C_d[1 + m_1(n-1)] \tag{8-88}$$

第三节 直立单桩上的水平波浪力

对于图 8-14 所示的柱墩布置，其遮蔽影响系数 m_1 可按表 8-7 选取。

表 8-7　　　　　　　桩墩的遮蔽影响系数 m_1 取值

L/D	1	2	3	4	6	8	12	16	18	>20
后墩 m_1	−0.38	0.25	0.54	0.66	0.78	0.82	0.86	0.88	0.90	1.0
前墩 m_1	1.0	1.0	1.0	1.0	1.0	1.0	1.0	1.0	1.0	1.0

注　两排以后的桩墩，均按后墩采用。

四、桩墩上波浪力的概率分布

对于非定常的水体运动，工程上往往关心的是受力的极值或指定频率下受力的大小。尤其是波浪作用下，与波高的概率分布相似，波浪力的概率分布可分为短期分布和长期分布两种形式。波浪力的长期分布又可分为特征波浪力的长期分布和单个波浪力的长期分布。谢世楞等[12]的研究表明：当大直径墩柱采用波浪绕射理论公式、小直径桩柱采用 Morison 公式、直立墙采用合田良实公式计算时，波浪力计算式的不定性符合对数正态分布，波浪力的短期分布大致符合格鲁霍夫斯基分布，而波浪力的长期分布符合对数正态和极值Ⅰ型分布。

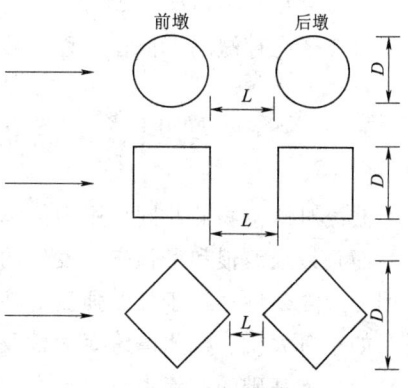

图 8-14　桩墩的遮蔽布置

五、水动力系数的确定

由上述这些公式的结构可知，拖曳力系数 C_D 和惯性力系数 C_M 的取值对计算结果有较大影响，且影响 C_D 和 C_M 的因素复杂众多，如桩墩外形（圆形、方形或矩形、上小下粗等情况）、桩墩在水中状态（垂直、水平、倾斜或淹没等情况），KC 数（Keulegan - Carpenter 数）及 Re 数、波浪特性（规则、不规则、波流共存情况）等。因此，公式中 C_D 和 C_M 无法从理论上直接给出，往往需要根据经验确定或通过实验反求。国内外学者对如何计算其值开展了大量的研究[13]，表 8-8 总结了我国《海港水文规范》和国外代表性规范的建议值。

表 8-8　　　代表性规范对拖曳力系数 C_D 和惯性力系数 C_M 的建议值

规范名称	英国 API（1980）	挪威 DNV（1974）	美国 DTI	中国《海港水文规范》
采用的波浪理论	Stokes 五阶或流函数	Stokes 五阶	采用与水深相应的波浪理论	线性波浪理论
C_D	0.6~1.0	0.5~1.2	通过可靠的试验	1.2
C_M	1.5~2.0	2.0	通过可靠的试验	2.0

注　1. 要考虑采用的 C_D 和 C_M 与波浪理论相一致。
　　2. 可采用与不同波浪理论相应的其他 C_D 和 C_M 值，但在高 Re 数时 C_D 应大于 0.7。

值得指出的是，由于对上述系数的研究方法不同，这些系数所含的物理概念也有所不同，含有一维、二维和三维等不同的维度。在均匀来流中均匀圆柱体与来流垂直情况下，通过试验获得的系数可认为是一维的。在很多情况下，来流在底部和水面处的流速往往不同，不同流速水体在圆柱体后方所发生的水体分离程度不一，作用力所产生的机制可能不同，试验中往往使用一个概化的平均流速，由此得到的系数多为二维的，波浪情况下得到

的拖曳力系数 C_D 和惯性力系数 C_M 的二维性往往更强,而且不同的反推方法所获得的值也不相同。因此,这些系数离散较大。

此外,严格地从流体力学的角度来看,Morison 公式也并不正确。在 Morison 公式中,黏性阻力的表达式是在定常黏性流体和绕圆柱均匀流动的假设下得到,而惯性力则是基于理想流体和非定常流动理论得到。因此,在 Morison 公式中没有足够的理论基础将这两个部分放在同一个表达式中,且在阻力与惯性力都起重要作用的过渡区内往往存在较大误差,所幸在其他情况下 Morison 公式与实测值吻合较好。因此,尽管 Morison 公式在理论及过渡区尚存缺陷,但在工程设计中仍广泛采用它计算小直径桩墩上的波浪力。

第四节 直立单桩上的波流共同作用力

波流对结构物的共同作用力简称波流力。自然环境下,来流方向和波浪方向往往不一致,而且最强波浪和最强来流发生的时刻也常常并不同步,因此进一步加剧了波流对桩墩作用力的复杂性。对于强波强流对柱墩的作用问题,波流力往往只能通过物理模型试验获得。如东海大桥、杭州湾跨海大桥及港珠澳大桥等大型桥梁工程,往往通过物理模型试验来确定桥梁基础的波流力。

简化起见,将对波和流两者方向相同的情况进行探讨,其共同作用力可能出现最大值,该值是工程设计最为关心的。对于波流共同作用在桩墩上的水平正向受力,即正向波流力,假设桩墩的等效直径 b_1 比波长 L 之比 (b_1/L) 小于 0.2(为小尺度直立桩墩),波浪与水流联合作用在单元长度上的水平正向受力为

$$F_x = \frac{1}{2}\rho C_D b_1 |u_w + u_c|(u_w + u_c) + \rho C_M A \frac{\mathrm{d}u_w}{\mathrm{d}t} \tag{8-89}$$

式中:u_w 为波浪水质点轨道运动的水平速度,$u_w = \frac{\omega_r H}{2}\frac{\cosh kz}{\sinh kh}\cos\omega t$;$\frac{\mathrm{d}u_w}{\mathrm{d}t} = -\frac{\omega_r^2 H}{2} \times \frac{\cosh kz}{\sinh kh}\sin\omega t$;$u_c$ 为水流流速;b_1 为阻水的有效宽度,当桩墩为直立的圆柱体时,其值等于柱体横截面的直径;ω 为水质点轨迹运动的圆频率,相当于水流的圆频率 $\omega_r = \omega - ku_c$;拖曳力系数(或称速度力系数)C_D 和惯性力系数 C_M 均与 KC 数有关,C_D 及 C_M 值如图 8-15 所示;H 为波高,或不规则波的有效波高;而波数 k 通过下式迭代求解

$$\left(\frac{2\pi}{T} - ku_c\right)^2 = gk\tanh kh \tag{8-90}$$

式中:T 为波流周期,不规则波时取谱峰周期 T_p,$T_p = 1.05T_s$,此时的 KC 用 KC_p 表示。

KC 的计算如下

$|u_c| < u_m$ 时,$\qquad\qquad KC = \frac{u_m T}{D}[\sin\varphi + (\pi - \varphi)\cos\varphi] \tag{8-91}$

$|u_c| \geqslant u_m$ 时,$\qquad\qquad KC = \frac{\pi|u_c|T}{D} \tag{8-92}$

$$\varphi = \arccos \frac{|u_c|}{u_m} \tag{8-93}$$

$$u_m = \frac{\pi H}{T} \coth kh \tag{8-94}$$

式中：φ 为以弧度计算的相位角；η 为波面在静水面以上的高度；η_{max} 为波峰在静水面以上的高度。

严格地讲，式（8-89）中应包括流速变化所产生的附加力，但由于流速的变化速度往往远小于波浪水质点的速度变化速度，因此，流速变化所产生的附加力被忽略。

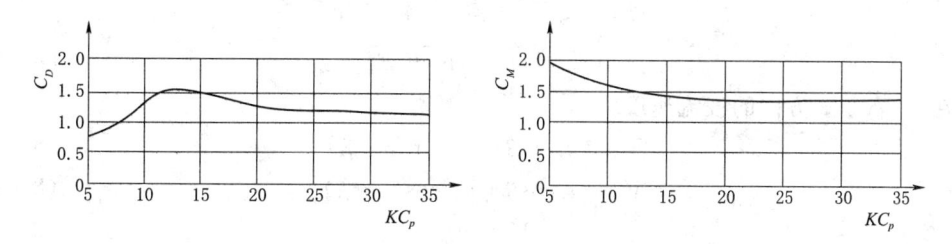

图 8-15 波流环境中直立圆桩的 C_D、C_M 系数

在计算整个桩墩上的总波流力时，自水底床面（$z=0$）积分到波面（$z=h+\eta$）；或采用分段求和方法，分段计算时至少将水湿部分分为 5 段以上，其中计算点包括 $z=0$、h 和 $h+\eta$。此时，波面在静止水面上的高度 $\eta=\eta_{max}\cos\omega t$。

作用在单元长度桩墩上的上举力为

$$F_L = \frac{1}{2}\rho C_L D(u_w + |U|)^2 \tag{8-95}$$

同样的，沿水深积分可求得作用于整个桩墩上的垂向力。上举力往往随时间具有较大变化，在利用上式反算上举力系数（也称升力系数）时，最好取上举力极值统计分布的特征值 $\overline{F_L}$、$(F_L)_{1/3}$ 及 $(F_L)_{1/10}$ 来求算相应的上举力系数 C_L、$(C_L)_{1/3}$ 及 $(C_L)_{1/10}$，即

$$C_L = \frac{2F_L}{\rho C_L D(u_w + |U|)^2} \tag{8-96}$$

第五节　倾斜单桩上的水平波流力

倾斜的桩墩在工程中也经常出现。如图 8-16 所示，单一圆桩斜立于底床上的波流环境中，水流与波的夹角为 α，水流与 y 方向的夹角为 β，圆桩与水平面的夹角为 θ；μ 为圆桩在垂直面上的投影与水平线的夹角。

当倾斜角度小于 5°时，可按直立情况计算，由此带来的误差在工程上往往可以接受；否则，应该考虑倾斜角的影响。

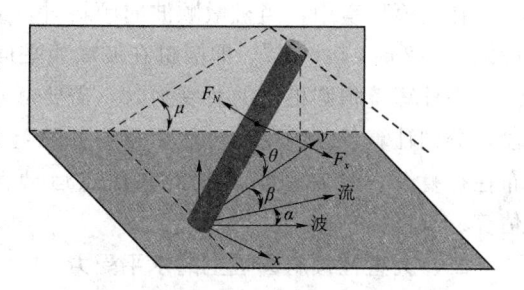

图 8-16 角度定义

一、小截面倾斜桩墩上的水平受力

一根相对直径 $D/L<0.2$ 的小直径圆桩，且倾斜角 $\theta<75°$，在 x、y、z 方向上作用在单位长度倾斜圆桩上的力 F_x、F_y、F_z 和垂直于圆桩的力 F_N 可近似写为

$$F_x = \frac{1}{2}C'_D \frac{\gamma}{g} D V_x |V| + \frac{\pi}{4}C'_M \frac{\gamma}{g} D^2 \overline{V_x} \quad (8-97)$$

$$F_y = \frac{1}{2}C'_D \frac{\gamma}{g} D V_y |V| + \frac{\pi}{4}C'_M \frac{\gamma}{g} D^2 \overline{V_y} \quad (8-98)$$

$$F_z = \frac{1}{2}C'_D \frac{\gamma}{g} D V_z |V| + \frac{\pi}{4}C'_M \frac{\gamma}{g} D^2 \overline{V_z} \quad (8-99)$$

$$F_N = \sqrt{F_x^2 + F_y^2 + F_z^2} \quad (8-100)$$

在 x、y、z 方向的波流速度为

$$V_x = u_c \sin\beta + u_{\omega\lambda}\sin(\alpha+\beta) \quad (8-101)$$

$$V_y = u_c \cos\beta + u_{\omega\lambda}\cos(\alpha+\beta) \quad (8-102)$$

$$V_z = u_{\omega z} \quad (8-103)$$

则

$$|V| = \sqrt{V_x^2 + V_y^2 + V_z^2} \quad (8-104)$$

而波致速度为

$$u_{\omega\lambda} = \frac{\omega_r H}{2} \frac{\cosh kz}{\sinh kd} \cos(k\lambda - \omega_a t) \quad (8-105)$$

$$u_{\omega z} = \frac{\omega_r H}{2} \frac{\sinh kz}{\sinh kd} \sin(k\lambda - \omega_a t) \quad (8-106)$$

加速度为

$$\dot{u}_{\omega\lambda} = \frac{\omega_r^2 H}{2} \frac{\cosh kz}{\sinh kd} \sin(k\lambda - \omega_a t) \quad (8-107)$$

波浪圆频率 ω_r 和 ω_a 按下列公式计算

$$\omega_r = \omega_a - k u_c \cos\alpha \quad (8-108)$$

$$\omega_a^2 = kg \tanh(k\alpha) \quad (8-109)$$

倾斜圆桩上的拖曳力系数 C'_D 及惯性力系数 C'_M 值为

$$C'_D = C_D/(1-\cos^3\mu) \quad (8-110)$$

$$C'_M = C_M/\sin\mu \quad (8-111)$$

式中：C_D 为直立桩墩上的拖曳力系数；C_M 为直立桩墩上的惯性力系数，$\tan\mu = \tan\theta/\cos(\theta+\beta)$。Sundar 等[14] 采用最小二乘法分析了规则波作用下桩柱的受力，给出了不同倾角桩柱的水动力系数随 KC 数变化关系图。

在波浪环境中，当桩墩顺波向倾斜时，$\mu<\pi/2$；逆波向倾斜时，$\mu>\pi/2$；当 $\theta+\beta=\pi/2$、$3\pi/2$ 时，$\mu=90°$，即圆桩在波峰线平面内倾斜时，$C'_D=C_D$，$C'_M=C_M$。

当计算整根圆桩上的总受力时，需要从水底到水面将这个柱体的水湿长度至少分为5段，分别计算各段的受力，然后累加各段受力。需注意的是，由于水底和水表层的波流分布往往复杂，水底和水表面的水质点运动存在相位差，因此，上述计算也是一种粗略估算。

二、大直径倾斜圆桩上的水平受力

对于相对水深 $H/L\geq 0.15$、$D/L\geq 0.2$ 的大直径圆桩，其波流力和波流力矩为

$$F_x = C_M \gamma D \frac{H}{4} \frac{\tanh(kh)}{2} \tag{8-112}$$

$$M_x = C_M \gamma D \frac{H}{4} \left[\frac{kd \sinh(kh) - \cosh(kh) + 1}{k^2 \cosh(kh)} \right] \tag{8-113}$$

$$k = 2\pi/L \tag{8-114}$$

式中：F_x 为作用在圆桩上的波流力；M_x 为波流作用在圆桩上的以床面为支点的力矩；h 为计算水深；L 为波长；D 为圆桩直径；γ 为水的重度；C_M 为惯性力系数；H 为波高；k 为波数。惯性力系数如图 8-17 所示，其中 U 为水流的平均速度，波流同向为正，逆向为负；C 为水流中的波速。

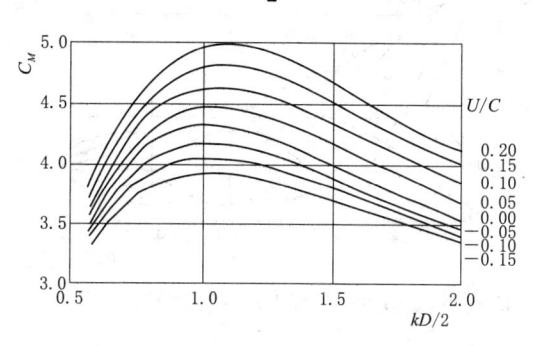

图 8-17 波流作用下的惯性力系数

第六节 群桩上的水平波浪力

近些年来，我国兴建了大量跨海大桥，典型的跨海大桥基础多采用承台桩基结构，如图 8-18 所示，桥墩具有上、下部结构，下部结构多采用群桩形式。它们的结构尺度较大，传统计算波浪与小尺度柱墩的计算方法很难满足设计要求。

目前，国内外学者就群桩波浪力和群桩系数开展了大量研究[15-31]。算法较为成熟的主要还是群桩效应系数法，即通过 Morison 公式计算单桩波浪力，然后利用群桩效应系数求得群桩总力。

一、小尺度桩成群桩的波浪力计算

对于由小尺度桩构成的群桩，应该根据设计波浪的计算剖面确定同一时刻桩上的水平正向总波浪力 F_{xm}。当桩的中心距 l 小于其有效宽度 b_1 的 4 倍时，应该乘以群桩系数 K。对于圆柱体群桩，当桩列向与波向平行时，群桩系数 $K=1$；否则，群桩系数参见表 8-9。群桩所处水深位置不同，所受的波浪力计算方法不同。

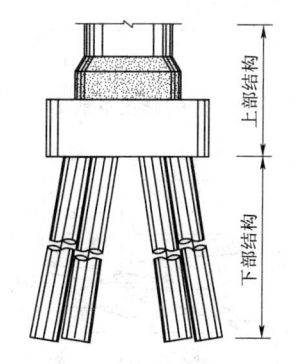

图 8-18 承台-群桩结构

表 8-9 圆柱体群桩的群桩系数

l/b_1	2	3	4
K	1.5	1.2	1.1

1. 群桩处于较大水深区

作用在群桩上某一根桩的水平总波浪力 F_{xT} 不但与桩墩的数量、排列有关，还与该桩所处的位置有关。群桩的水平总波浪力为单桩上的水平总波浪力乘以一个群桩修正系数

K_x。对于与顺波向平行的两个串联桩，前桩的修正系数 K_x 由图 8-19～图 8-28 确定，其中 D 为桩的直径，l 为桩中心距。

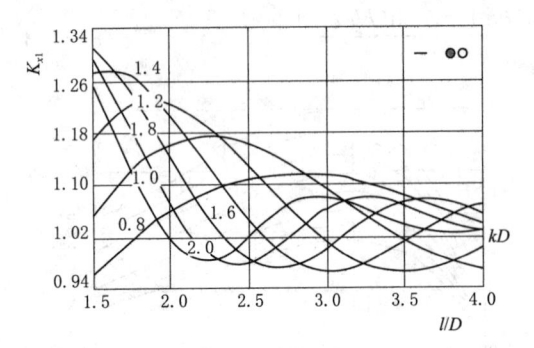

图 8-19　两个串联桩中前桩的修正系数 K_x

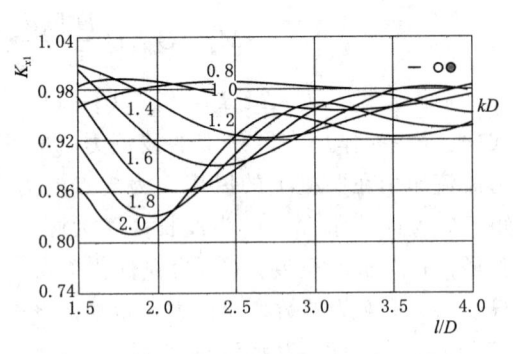

图 8-20　两个串联桩中后桩的修正系数 K_x

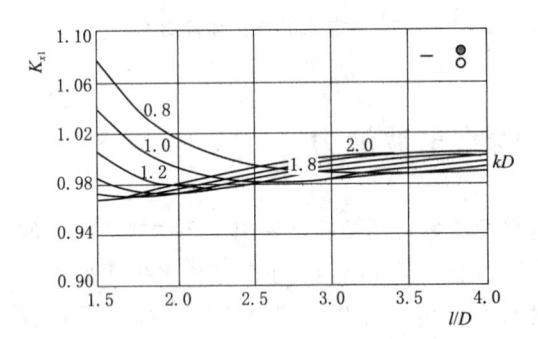

图 8-21　两个并联桩中任何一个桩的修正系数 K_x

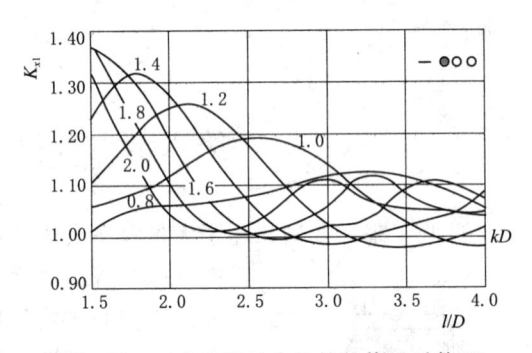

图 8-22　三个串联桩中头桩的修正系数 K_x

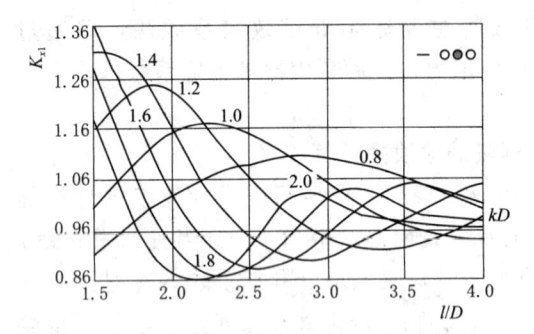

图 8-23　三个串联桩中中桩的修正系数 K_x

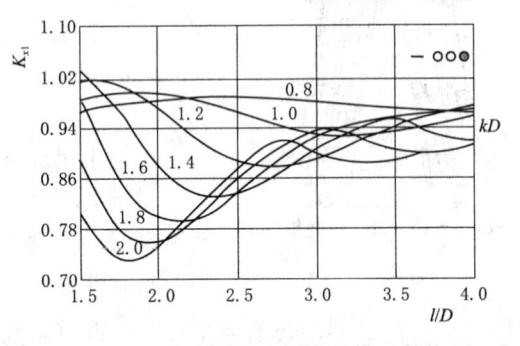

图 8-24　三个串联桩中尾桩的修正系数 K_x

2. 群桩处于浅水域的破波带

当圆桩处于浅水域的破波带，其直径满足 $D/L \leqslant 0.2$，波浪与桩的相互作用还与水底坡度有关，当底坡 $i \leqslant 1/15$ 时，作用在直立圆桩上的水平总破波力 F_{xT} 为

$$\frac{F_{xT}}{\gamma D (H_0')^2} = A \left(\frac{H_0'}{L_0}\right)^{B_1} \left(\frac{D}{H_0'}\right)^{B_2} \tag{8-115}$$

式中：H_0' 为计算深水波高；系数 A 和 B_1 为水底坡度的函数（参见图 8-29），依据试验资料得到；$B_2 = 0.35$。拟合的计算公式如下

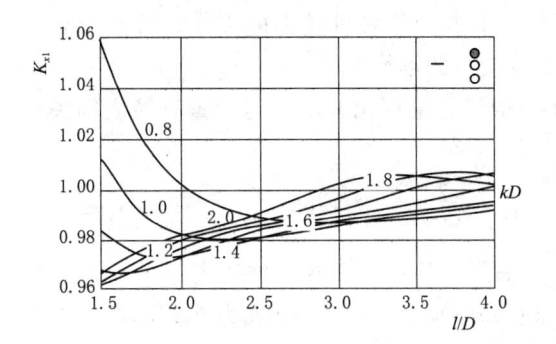

图 8-25 三个并联桩中边桩的修正系数 K_x

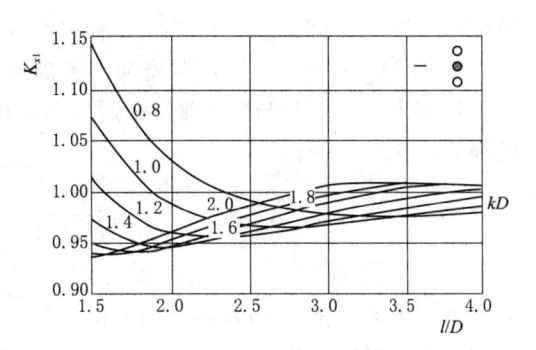

图 8-26 三个并联桩中尾桩的修正系数 K_x

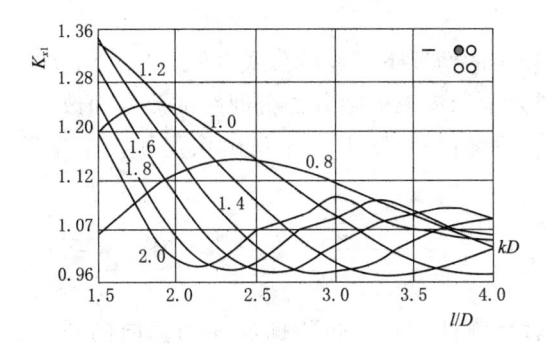

图 8-27 四个方联桩中前桩的修正系数 K_x

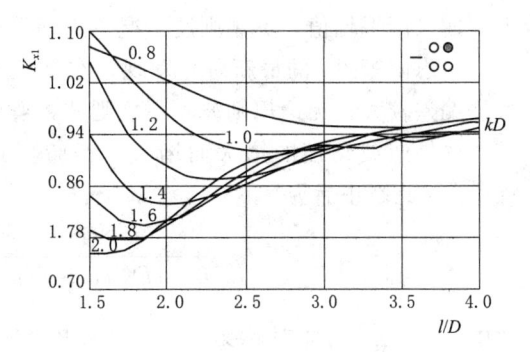

图 8-28 四个方联桩中后桩的修正系数 K_x

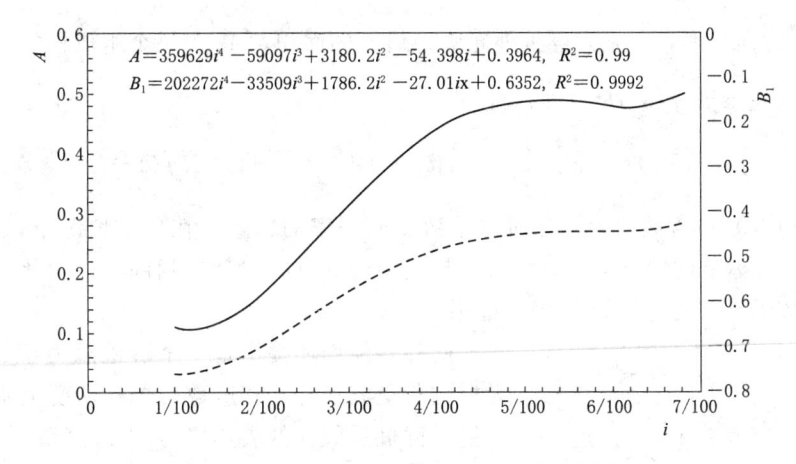

图 8-29 A 和 B_1 随水底坡度的变化规律

$$A = 359629i^4 - 59097i^3 + 3180.2i^2 - 54.398i + 0.3964 \tag{8-116}$$

$$B_1 = 202272i^4 - 33509i^3 + 1786.2i^2 - 27.01i - 0.6352 \tag{8-117}$$

由于斜群桩结构的复杂多样性，有关斜群桩的群桩系数及波流力的计算仍无统一方法。当承台底高程处于设计低水位和设计高水位之间，承台不仅自身受到的垂向拍击等波流力十分复杂，而且还受到群桩基础的影响，可使波流力增大。另外，较大尺度的承台还将产生波浪的散射效应，使得其下部的桩柱受到的波流力有别于无承台时的桩柱波流力。

虽然承台对组成桩受力的频率特性影响不大[22]，但改变了各桩受力的大小。虽然承台对群桩系数影响不明显[23-24]，但增强了各桩所受波流力的不均匀性。

近年来，屈金哲与薛雷平[32]通过实验得到描述无量纲化波浪力与当量直径之间关系的经验公式

$$\frac{F_x}{0.5\gamma D_{eq}H^2K}=1.2+\frac{22.5}{KC_{eq}} \tag{8-118}$$

式中：F_x 为水平波浪力，规则波工况下波浪力采用平均值，不规则波工况下波浪力采用三分之一大值；$K=[2kd+\sinh(2kd)]/[8\sinh(2kd)]$，$k$ 为波数；H 为波高，规则波工况下波高采用平均值，不规则波工况下波高采用有效值；KC_{eq} 为以 D_{eq} 为特征尺度的 KC 数，其表达式为 $KC_{eq}=UT/D_{eq}$，U 为水质点速度最大值，T 为波浪的周期，规则波工况下周期采用平均值，不规则波工况下周期采用三分之一大值。

李志阳等[31]的最新研究发现，在 KC_{eq} 较小的情况下，经验公式（8-118）与实验数据偏差较大；无论规则波和不规则波，群桩无量纲波浪力随着群桩间距的改变而改变，随着群桩迎波角度的增大而增大，经验公式（8-118）则无法体现出该规律。李志阳等[31]对此修正后为

$$\frac{F_x}{0.5\gamma D_{eq}H^2Kf(\alpha_s,R_p)}=1.2+\frac{22.5}{KC_{eq}} \tag{8-119}$$

式中：$\alpha_s=\dfrac{L_w}{W_b}$ 为非对称系数，L_w 和 W_b 分别为群桩外轮廓包络面波向和垂向的长度；$R_p=\dfrac{\sum\limits_{n=1}^{n}A_i}{A_{ES}}$ 为面积率，A_{ES} 为群桩外轮廓包络面的面积，A_i 为每个组成桩的截面积。

非对称修正参数 $f(\alpha_s,R_p)$ 的表达式为

$$f(\alpha_s,R_p)=1+\left(\frac{1}{\sqrt{\alpha_s}}-1\right)R_p+0.5(\sqrt{\alpha_s}-1)\sqrt{R_p}(1-R_p) \tag{8-120}$$

式（8-120）包含波浪力随非对称系数、面积率的比重。在单桩情况下，面积率 R_p 为1；在几何对称结构情况下，α_s 为1，与经验公式（8-118）相同，说明该公式对于对称群桩结构以及非对称单桩结构仍然适用。

此外，他们还提出是一个群桩总力系数，其定义为群桩所受波浪力与相应数目单桩所受波浪力之和的比值。群桩系数 β 的表达式为

$$\beta=\frac{F_N}{nF_i} \tag{8-121}$$

式中：F_i 为单个桩柱受到的波浪力；F_N 为群桩受到的总力；n 为桩柱的数目。张宁川和俞聿修[33]通过对四桩方阵的一系列实验得到的群桩总力系数在 0.5~1.2 之间。

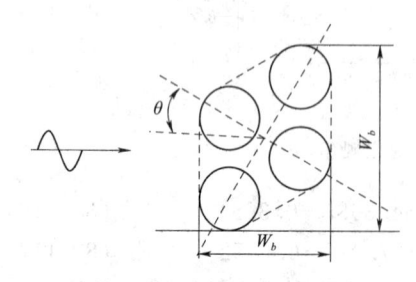

图 8-30 群桩迎浪角度示意

根据当量直径的定义，单桩 KC_i 数与群桩 KC_{eq} 之间的关系为

第六节 群桩上的水平波浪力

$$KC_{eq} = \frac{KC_i}{\sqrt{n}} \tag{8-122}$$

从而得到群桩系数表达式为

$$\beta = \frac{[1.2 + 22.5(KC_i/\sqrt{n})^{-1}]f(\alpha_s, R_p)}{\sqrt{n}(1.2 + 2.25KC_i^{-1})} \tag{8-123}$$

β 随 KC_i 变化的曲线如图 8-31 所示，群桩中心对称时 $f(\alpha_s, R_p)$ 为 1，其变化范围与张宁川和俞聿修的实验结果[33]吻合较好，群桩系数随非对称性的变化而发生的改变一同在图中进行了展示。

二、大尺度桩成群桩的波浪力计算

在实际的跨海桥梁中，下部结构往往采用群桩-承台这一结构形式。由于承台尺寸相比于桩径大很多，会对作用在桩上的波浪力大小产生显著影响。因此，群桩-承台结构的群桩效应与前述结论有别。因承台尺度较大，对波浪场有明显影响，此时不满足 Morison 公式的假设条件，Morison 公式会低估承台所受的波浪力（李剑等[34]），计算时多采用线性绕射理论[25]。但由于结构位于水面附近，波浪较为复杂，该理论仅考虑了波浪一阶非线性，因此计算结果与真实结果差别仍然较大[26]。对于重要工程，通常采用物理模型试验来确定承台波浪力，或采用考虑流体黏性完全非线性的 CFD 方法。

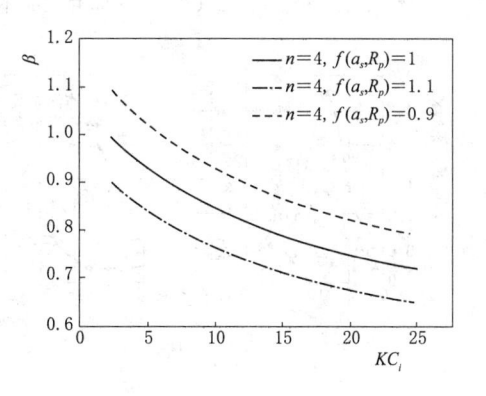

图 8-31 群桩系数 β 随 KC_i 数的变化

郭超[27]对泉州湾跨海大桥桥墩开展的物理模型试验结果表明，对于同一重现期的水流、波浪条件，当潮位位于承台底部时，桩群整体所受水平波流力最大，承台所受上托力也最大。主桥主墩承台部分由于受力面积较大，其所受波浪力为桥墩受力的主要贡献，设计时应特别注意。

唐自航和祝兵[35]的研究表明，群桩效应系数 K_G 与 KC 数、相对桩径、承台淹没系数有关，且群桩分别采用并列或串列布置时，承台淹没系数的改变对群桩效应系数 K_G 所产生的影响也略有不同，如图 8-32 和图 8-33 所示。

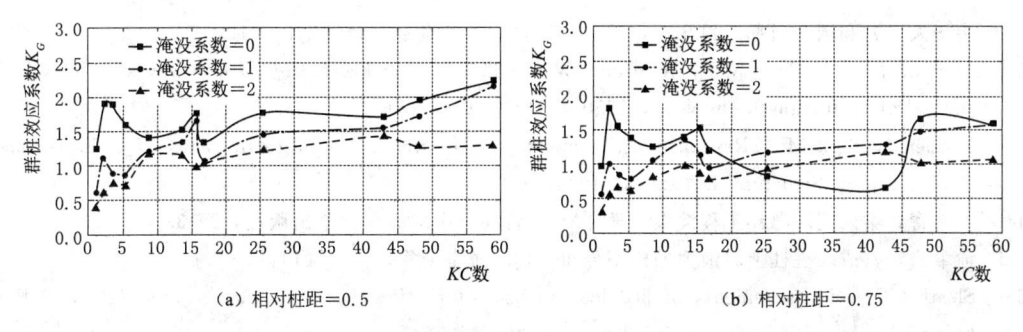

(a) 相对桩距=0.5

(b) 相对桩距=0.75

图 8-32（一） 横向并列时不同承台淹没系数下群桩的效应系数 K_G

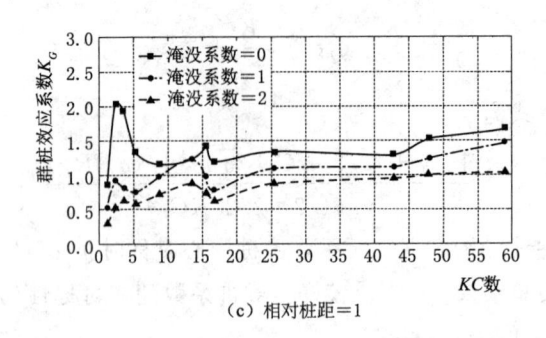

图 8-32（二） 横向并列时不同承台淹没系数下群桩的效应系数 K_G

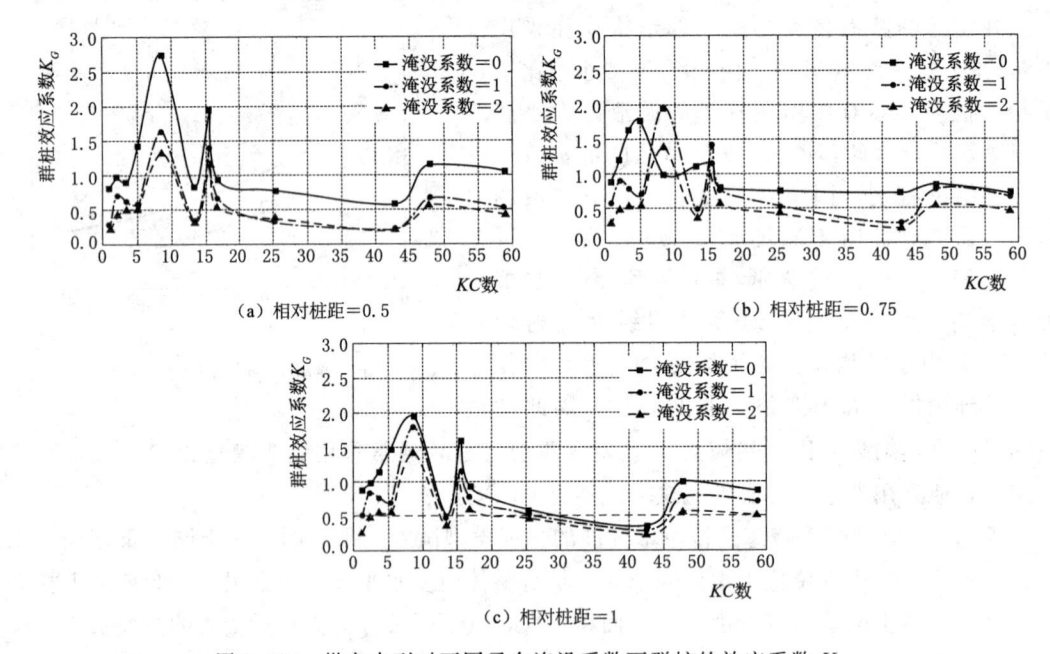

（a）相对桩距=0.5

（b）相对桩距=0.75

（c）相对桩距=1

图 8-33 纵向串列时不同承台淹没系数下群桩的效应系数 K_G

参考文献

［1］ 中华人民共和国交通部. JTS 144-1—2010 港口工程荷载规范 [S]. 2010.
［2］ Morison J R, O'Brien M P, Johnson J W, et al. The force exerted by surface waves on piles [J]. Journal of Petroleum Technology, 1950, 2 (5): 149-154.
［3］ Penzien J, Kaul M K. Response of offshore towers to strong motion earthquakes [J]. Earthquake Engineering & Structural Dynamics, 1972, 1 (1): 55-68.
［4］ 王树青, 梁丙臣. 海洋工程波浪力学 [M]. 青岛: 中国海洋大学出版社, 2013.
［5］ 俞聿修, 宫成. 桩柱上波浪力的概率分布 [J]. 海岸工程, 1991 (1): 1-9.
［6］ Sleath J F A. Measurements of bed load in oscillatory flow [J]. Journal of the Waterway Port Coastal & Ocean Division, 1978, 104 (3): 291-307.
［7］ 李明, 俞梅欣, 喻国良. 往复流作用下推移质输沙强度的计算公式 [J]. 哈尔滨工程大学学报,

2019，40（2）：25-31.

[8] 中华人民共和国交通运输部. JTS 145-2—2013 海港水文规范[S]. 北京：人民交通出版社，2013.

[9] MacCamy R C, Fuchs R A. Wave forces on piles: A diffraction theory [C]. U. S. Army Coastal Engineering Research Center (Formerly Beach Erosion Board), Technical Memorandum, 1954, No. 69.

[10] Linton C M, Evans D V. The interaction of waves with arrays of vertical circular cylinders [J]. Journal of Fluid Mechanics, 1990, 215: 549-569.

[11] Garrent C J R. Wave forces on a circular dock [J]. Fluid Mech., 1971, 46 (1): 129-139.

[12] 谢世楞，孙毓华，刘颖，等. 关于波浪力的概率分布型式问题[J]. 水运工程，1989（10）：1-6.

[13] 李玉成，张春蓉. 规则波和水流共同作用下圆柱受力的研究[J]. 水动力学研究与进展，1990（2）：58-68.

[14] Sundar V, Vengatesan V, Anandkumart G, et al. Hydrodynamic coefficients for inclined cylinders [J]. Ocean Engineering, 1998, 25 (4/5): 277-294.

[15] Sarpkaya T, Cinar M, Ozkaynak S. Hydrodynamic interference of two cylinders in harmonic flow [C]//Offshore Technology Conference. Houston, Texas, 1980.

[16] Chakrabati S K. Hydrodynamic coefficients for a vertical tube in an array [J]. Applied Ocean Research, 1981, 3 (1): 2-12.

[17] Chakrabarti S K. Inline and transverse forces on a tube array in tandem with waves [J]. Applied Ocean Research, 1982, 4 (1): 25-32.

[18] 俞聿修，史向宏. 不规则波作用于群桩的水动力系数[J]. 海洋学报，1996，18（2）：138-147.

[19] 何君，任佐皋，项菁. 方阵密集桩群波力的试验研究[J]. 海洋学报，1988，10（3）：355-361.

[20] 李玉成，王凤龙. 作用于串列双桩桩列上的波流力[J]. 水动力学研究与进展，1992，7（1）：141-149.

[21] Liu S, Li Y, Li G. Wave current forces on the pile group of base foundation for the East Sea Bridge, China [J]. Journal of Hydrodynamics, 2007, 19 (6): 661-670.

[22] 刘桦，王本龙，薛雷平，等. 桩基承台结构的波流力研究进展[J]. 应用数学和力学，2013，34（10）：1098-1109.

[23] 兰雅梅，刘桦，皇甫熹，等. 东海大桥桥梁桩柱承台水动力模型试验研究——第二部分：作用于群桩及承台上的波流力[J]. 水动力学研究与进展，2005，20（3）：332-339.

[24] 姚文伟，刘桦. 规则波中圆形承台对桩基波浪力的影响[J]. 力学季刊，2009，30（3）：357-362.

[25] 李玉成，滕斌. 波浪对海上建筑物的作用[M]. 2版. 北京：海洋出版社，2002.

[26] 胡勇，雷丽萍，杨进先. 跨海桥梁基础波浪（流）力计算问题探讨[J]. 水道港口，2012，33（2）：101-105.

[27] 郭超. 桥墩冲刷与波流力的试验研究[D]. 北京：清华大学，2012.

[28] Bonakdar L, Oumeraci H. Pile group effect on the wave loading of a slender pile: a small-scale model study [J]. Ocean Engineering, 2015, 108: 449-461.

[29] 李杰明，李志阳，薛雷平. 几何非对称桩基结构波浪力归一化经验公式研究[J]. 水动力学研究与进展（A辑），2019，34（4）：67-73.

[30] 李强，贺武斌，郭昭胜. 不同排列方式对群桩水平承载力的影响[J]. 中国科技论文，2020（6）：617-621.

[31] 李志阳，倪轩，薛雷平. 几何非对称桩基结构波浪力和群桩系数实验研究[J]. 力学季刊，2020，41（3）：128-138.

[32] 屈金哲,薛雷平. 海上桩基支撑结构不规则波波浪力实验研究 [J]. 水动力学研究与进展:A辑, 2017, 32 (6): 732-738.
[33] 张宁川,俞聿修. 不规则波作用下的群桩效应 [J]. 海洋通报, 1993, 12 (3): 95-101.
[34] 李剑,季新然,张昊宸. 大尺度承台结构波浪力计算方法比较 [J]. 公路, 2017, 8: 367-370.
[35] 唐自航,祝兵. 承台对群桩-承台结构水动力特性的影响研究 [J]. 四川建筑, 2018, 38 (2): 155-158.

第九章　波浪与潮流环境中桩墩的冲刷

波浪与潮流环境下的泥沙运动特性有别于径流中的泥沙运动特性，海床上的泥沙运动与洋流流速、潮流流速、水质点轨道速度、局部紊流强度、泥沙粒径和性质有关。与径流相比，在波浪与潮流环境中，桩墩附近的流场更加复杂，而且海床泥沙多带黏性，波流环境下的黏性泥沙容易流化[1-3]，其流变性质也更为复杂，泥沙起动和输沙规律需考虑流化程度[4-7]。尤其是当桩墩坐落在黏土或粉砂质底床上时，波浪作用再加上桩墩自身振动不断地对其四周土体施加循环荷载，其利用径流中的公式计算所得的局部冲刷结果可能显著偏小[8]。因此，桩墩在波浪与潮流环境中的局部冲刷具有比在径流环境更为复杂而独特的规律。

第一节　波流环境中单根桩墩周围的局部冲刷

在波流环境中的桩墩，往往会出现局部冲刷。冲刷深度在初期增加快，随着波流作用时间的增加，冲刷深度的增速逐步放慢，在波流作用一定时间后，床面冲淤形态基本稳定。影响桩墩周围冲刷的主要波和泥沙因素包括波流作用时间、入射波有效波高、有效周期、水深、泥沙粒径、泥沙容重、泥沙黏度、波浪的希尔兹参数、桩墩直径及桩墩淹没程度等，有时还存在流的影响因素（图9-1）。

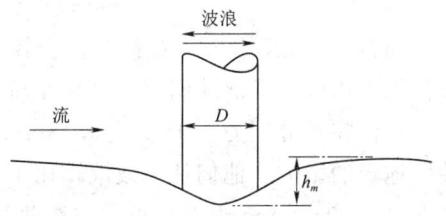

图9-1　直立管桩在波流中的冲刷

一、单根桩墩在波浪中的局部冲刷

单根桩稳定地垂直安置在纯波浪环境中的底床上后，其周围床面上的表层泥沙可能会被波浪产生的做往复运动的底部水质点带离原位而不断地产生冲刷，造成在每半个波浪周期内桩体周围的净冲刷，形成逐步加深的冲刷坑，历经一定时间后在一个周期内会达到输沙平衡阶段，即泥沙颗粒进出坑的质量相等，此时桩墩周围的冲刷深度称为平衡冲刷深度。在动床冲刷情况下，冲刷坑的实际深度可能在该值附近随时间振荡型变化。

影响平衡冲刷深度的主要参数是 KC 数：当 $KC \geqslant 6$ 时，涡体脱落是造成冲刷的主要原因；而 $KC < 6$ 时，管桩表面没有涡体脱落，马蹄涡和下潜流是造成冲刷的主要原因[9]。

波浪作用下小直径桩墩局部冲刷深度计算公式中最具代表性的是 Sumer 等[9] 提出的规则波环境中小直径圆桩的局部冲刷深度计算公式

$$\frac{h_s}{D}=1.3[1-e^{-0.03(KC-6)}] \quad KC \geqslant 6 \tag{9-1}$$

式中：D 为圆桩的直径。

式（9-1）中的 KC 值为：$KC = \dfrac{\sqrt{2} T_p \int_0^\infty S_u(f) \mathrm{d}f}{D}$，其中，$S_u(f)$ 为对应于近底轨道流速方向的波浪能谱，f 为波频率[10]。

在此基础上，Sumer 等[11] 进一步对方桩开展了研究，对于正对来波的方桩，提出局部冲刷深度计算公式

$$\frac{h_s}{D} = 2[1 - \mathrm{e}^{-0.015(KC-11)}] \quad KC \geqslant 11 \tag{9-2}$$

对于 45°斜对来波的方桩，提出局部冲刷深度计算公式

$$\frac{h_s}{D} = 2[1 - \mathrm{e}^{-0.019(KC-3)}] \quad KC \geqslant 3 \tag{9-3}$$

该式可用于计算动床上桩墩冲刷平衡深度。但当 $KC \leqslant 6$，该式准确性有待检验，且该式是基于有限的、粒径较粗的无黏性砂床试验结果，对于粉砂质底床其计算结果有可能显著偏小[12]。

Carreiras 等[13] 的试验结果显示：非线性波环境中柱墩的局部冲刷深度不会随着通常使用 U_m 得到的 KC 数的增加而增加。他们认为对于非线性波浪，KC 数的计算应该采用 $KC = \dfrac{2\pi a}{D}$，将式（9-1）修正为

$$\frac{h_s}{D} = 1.3[1 - \mathrm{e}^{-0.06(KC-6)}] \tag{9-4}$$

周益人和陈国平[14] 对相对柱径较大（$0.15 < D/L < 0.5$）的圆柱式结构物在不规则波作用下周围的局部冲刷情况开展了试验研究，考虑了波浪的波高、周期、水深、泥沙粒径（中值粒径分别为 0.1mm、0.18mm 及 0.32mm）及圆柱直径等因素对圆柱周围局部冲刷地形的影响，他们认为波浪作用下圆柱周围冲刷深度与床面粒径并不成反比关系，而是在 $d_{50} = 0.18$mm 附近最小，并在此基础上提出了不规则波作用下圆柱周围最大冲刷深度的计算公式

$$h_s = \frac{A}{1050}\left(4\frac{\theta_m}{\theta_c} - 1\right)\left(1 + \tanh \frac{\pi D}{L_s}\right) L_s \tag{9-5}$$

式中：A 为床面冲淤类型系数；θ_m 为希尔兹数；θ_c 为波浪作用下泥沙起动的临界希尔兹数，按以下公式计算：$d_{50} < 0.5$mm 时，$\theta_c = 0.094 S_*^{-0.26}$；$d_{50} \geqslant 0.5$mm 时，$\theta_c = 0.05$；$S_* = \dfrac{d_{50}}{4\nu}\sqrt{\dfrac{\rho_s - \rho}{\rho}gd}$。

对于式（9-5）中的床面冲淤类型系数，周益人和陈国平[14] 给出：当中值粒径 $d_{50} \leqslant 0.10$mm 或 $d_{50} \geqslant 0.32$mm 时，冲淤类型属于细砂型区或粗砂型区，取 $A = 1$；当 0.10mm $< d_{50} < 0.32$mm 时，冲淤类型属于过渡型区，此时 A 应小于 1；对于 $d_{50} = 0.18$cm 的泥沙，$A = 0.62$。床面冲淤类型系数与粒径等因子的函数关系有待深入研究。

对于波浪希尔兹数，笔者的理论分析和水槽试验研究发现，它与床面粗糙度和波浪摩擦系数 f_w 有关，并与近底床的水质点运动存在相位差[15-16]，可估算如下

第一节 波流环境中单根桩墩周围的局部冲刷

$$\theta_c = \frac{f_w}{2} \frac{\rho u_b^2}{(\rho_s - \rho) g d_{50}} \tag{9-6}$$

式中，当 $\frac{a}{\Delta} \leqslant 1.59$，$f_w = 0.30$；当 $1.59 < \frac{a}{\Delta} < 3000$ 时

$$f_w = \exp\left[-5.977 + 5.213\left(\frac{a}{\Delta}\right)^{-0.194}\right] \tag{9-7}$$

式中：f_w 为波浪摩擦系数；u_b 为有效波高和周期计算得到的最大近底有效速度；a 为近底水质点运动的有效振幅；Δ 为床面糙率高度。

二、单根桩墩在波流环境中的局部冲刷

波流同向作用下，桩柱周围的最大冲刷深度与纯流情形相比均有增大[10,17]。波浪中流的作用增强了桩体周围的局部冲刷，非线性的影响也会使局部冲刷深度增大[18]。

对于单根桩墩在波流环境中的局部冲刷深度，Sumer 和 Fredsøe[10] 提出了无量纲的平衡冲刷深度 S/D 随 U_{cw} 和 KC 数的变化关系如图 9-2 所示，其中：$U_{cw} = \frac{U_c}{U_c + U_m}$，$U_c$ 为距底床 $D/2$ 处的未扰动流速，即近底流速；U_m 为底部轨道速度均方根值的 $\sqrt{2}$ 倍。但该图没有反映泥沙粒径的影响。

Sumer 和 Fredsøe 在式（9-1）基础上进一步提出了波流共同作用下桩墩的最大冲刷深度计算公式[19]：

$$\frac{S}{D} = C[1 - e^{-q(KC_{rms} - r)}] \quad KC_{rms} \geqslant r \tag{9-8}$$

$$q = 0.03 + 0.75 U_{cwrms}^{2.6} \tag{9-9}$$

$$r = 6 e^{(-4.7 U_{cwrms})} \tag{9-10}$$

$$U_{cwrms} = \frac{U_c}{U_c + U_{rms}} \tag{9-11}$$

$$KC_{rms} = U_{rms} T_p / D \tag{9-12}$$

式中：T_p 为谱峰周期；U_{rms} 为未扰动近底轨道速度幅值的均方根；U_c 为水流速度；C 为系数，对于单根圆桩，$C = 1.3$，对于单根方桩，$C = 2$。

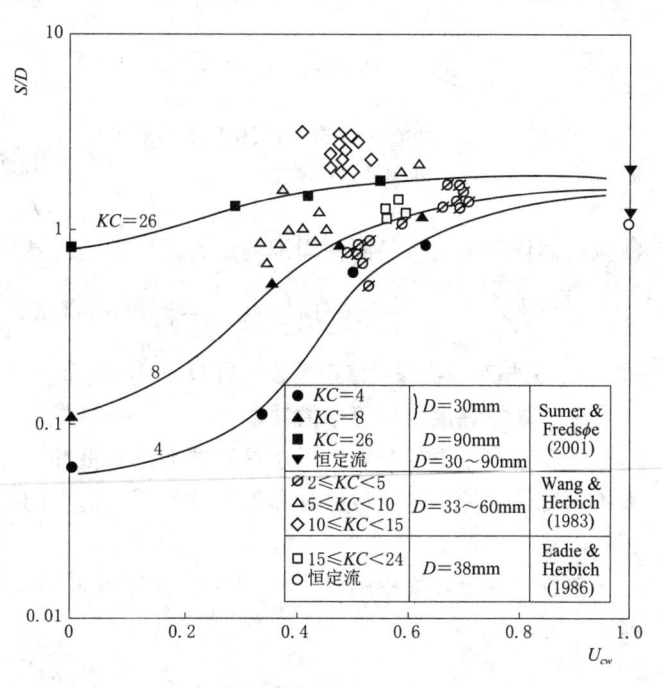

图 9-2 直立管桩在波流共同作用下的冲刷深度

王汝凯[20] 通过试验研究，给出了波、流共同作用下桩柱周围的海底局部冲刷深度的计算公式：

$$\lg\left(\frac{h_s}{h}\right) = -1.2935 + 0.1917 \lg \beta \tag{9-13}$$

第九章 波浪与潮流环境中桩墩的冲刷

其中
$$\beta = \frac{V^3 H^2 \lambda \left[V_c + \left(\frac{1}{T} - \frac{V_c}{C} \right) \frac{H\lambda}{2h} \right]^2}{\left[(\rho_s - \rho)/\rho \right] \upsilon g^2 h^4 d_{50}} \quad (9-14)$$

式中：h_s 为局部冲刷平衡深度；h 为水深；β 为波流动力因素和泥沙、管径等因素；V_c 为水流流速；C 为波速；λ 为波长；T 为波周期；ρ 为水的密度；ρ_s 为泥沙的密度；υ 为水的运动黏滞系数；d_{50} 为泥沙中值粒径。

与前述公式相比，式（9-13）考虑了泥沙粒径的影响，但由于其试验的泥沙主要为粗颗粒，对于粉细砂为主的海床地质条件，其应用效果不佳[21]。

由于波流遇到大直径的桩墩会发生绕射，在波浪作用下大直径圆柱（$D > \lambda/10$）周围的局部冲刷机理与小直径圆柱有很大不同。波浪运动对大直径圆柱周围造成冲刷的原因，已不再仅是漩涡的作用，而是各种合成波水质点运动引起的床面切应力。大直径圆柱的局部冲刷最大深度可利用图9-3估算[22]。

李林普和张日向[23]的试验结果表明：对浅海（$0.07 < h/L < 0.28$）且颗粒相对较细的海床，当圆柱体相对直径 $D/L = 0.3 \sim 0.7$ 时，影响圆柱体周围海床冲刷的主要因素是圆柱体直径 D、波高 H、波长 λ、水流速度 V_c 及与海床土质有关的参数。他们提出波流共同作用下大直径圆柱周围的最大冲刷深度计算公式

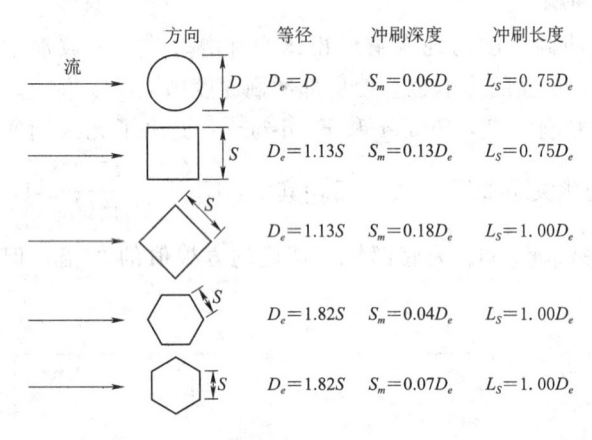

图9-3 大尺度桩墩在波流共同作用下的局部冲刷最大深度[22]

$$\frac{h_s}{h} = 0.14 \left(\sinh \frac{2\pi h}{\lambda} \right)^{-1.35} + 44.35 \frac{V_c^2}{gh} + 0.1 e^{D/\lambda} + \alpha \quad (9-15)$$

式中：α 为相对冲刷深度修正系数，当 $D/L \geq 0.50$ 时，$\alpha = 0$；当 $D/L < 0.50$ 时，$\alpha = -0.102$。

三、单桩在潮流环境中的冲刷

往复流作用下的冲刷坑形态呈椭圆形。单桩冲刷在潮流环境与在河道内径流环境的最大不同之处是冲刷坑发展过程和形态的不同，前者的冲刷坑形态沿流向比较对称，且发展相对较慢。

单桩在潮流环境中的最大冲刷深度计算可采用本书第七章的计算方法。此外，韩海骞[24] 提出

$$\frac{h_s}{h} = 17.4 k_1 k_2 \left(\frac{B}{h} \right)^{0.326} \left(\frac{d_{50}}{h} \right)^{0.167} Fr^{0.628} \quad (9-16)$$

式中：h_s 为潮流作用下桩墩最大冲刷深度；k_1、k_2 为桩基床面、垂直布置系数；B 为全潮最大水深内平均阻水宽度；h 为全潮最大水深；d_{50} 为河床泥沙中值粒径；Fr 为水流弗劳德数，$Fr = U^2/gh$，U 为全潮最大流速，g 为重力加速度。

依据祁一鸣等[25] 利用1:60的正态模型对洋口海域海上风电桩基在波浪、潮流及波

流共同作用下的局部冲刷结果，潮流是控制该海域桩基局部冲刷的主导因素，往复流作用下最大冲刷深度约为恒定流的80%；当波流共同作用时，由于桩前波浪振荡水流的作用，泥沙较纯流作用时更易起动，局部冲刷显著增强，最大冲刷深度为潮流和恒定流作用下的2.0与1.7倍；式（9-16）的计算值按照系数0.75折算后与波流作用下的桩基冲刷深度试验值较吻合，但公式适用性有待进一步研究；65-Ⅰ修正式计算值与模型试验值相差较大，不宜用于该海域风电桩基局部冲刷深度计算。

四、淹没桩墩的局部冲刷深度计算

淹没桩墩在海洋工程中运用广泛，局部冲刷也可能会对此类建筑物的安全有较大影响。通常，计算淹没桩墩冲刷深度的方法是在非淹没桩墩的冲刷深度计算值上乘上淹没修正因子K_s。程永舟等[26]在铺设中值粒径0.22mm的波流水槽内开展了一系列淹没圆柱冲刷试验研究，提出淹没修正因子K_s（淹没圆柱与非淹没圆柱的冲刷深度之比）的计算关系式

$$K_s = 1 - 0.6412\beta + 0.9027\beta^2 - 1.2584\beta^3 \tag{9-17}$$

式中：β为淹没率，$\beta = 1 - h_c/h$，h为水深，h_c为底床上水中桩墩的高度。

第二节　波流环境中群桩周围的局部冲刷

由于经济和地质方面的原因，群桩在结构设计中越来越流行。当群桩用作防波堤时，小的间径比（桩间间隙G与桩径D的比值）非常重要，对于现有的桥梁及海洋结构物，如桥墩、码头、海堤和海洋结构物，为了便于打桩和减少土-桩-土相互作用的影响，G/D通常等于或大于2。

Chow和Herbich[27]也许是最先介绍群桩在波浪中冲刷的学者。之后，Sumer和Fredsøe[28]对图9-4所示的双桩、三桩和四桩方阵周围的波流冲刷开展了研究，分别获得了不同KC值下的无量纲最大平衡冲刷深度h_s/D及冲刷坑最大范围随间径比G/D的变化规律（间径比$G/D<2$）。对于$KC=13$，不同布置形式的双桩组的无量纲最大平衡冲刷深度h_s/D随间径比G/D的变化关系如图9-5所示，双桩组冲刷坑的无量纲最大平面范围L_x/D和L_y/D随间径比G/D的变化关系如图9-6所示。不同的布置形式，冲刷坑形态变化很大。随着桩间距越来越小，单桩之间的干扰效应会越大。

一、双桩墩布置

1. 桩墩串联排列

对串列与交错放置的两圆柱绕流，当两圆柱中心间距小于某一临界值（约为3倍桩径大小）时，上游圆柱绕流产生的漩涡脱落将受到抑制；当两圆柱中心间距大于此临界值时，上游圆柱绕流的后方有交替漩涡产生，且随着间距的不断增

图9-4　波流环境中群桩的布置形式

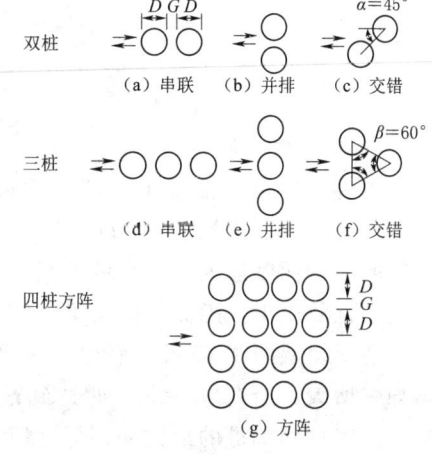

大开始出现涡脱落，此外，当两柱的中心间距超过这一临界值时，下游圆柱所受的力会有跳跃式的变化[29]。

在桩墩串联排列情况下，最大冲刷深度总是出现在桩的侧边。如图9-5所示，串联排列情况下的桩间距对冲刷深度的影响与并排布置的情况相反。在双桩串联排列的情况下，冲刷深度首先随G/D的增加而减小，并达到最小值（$G/D=0.5$），比单桩墩的最大冲刷深度值小；然后随着G/D的增大，冲刷深度开始增大，直至达到单桩墩的最大冲刷深度值。

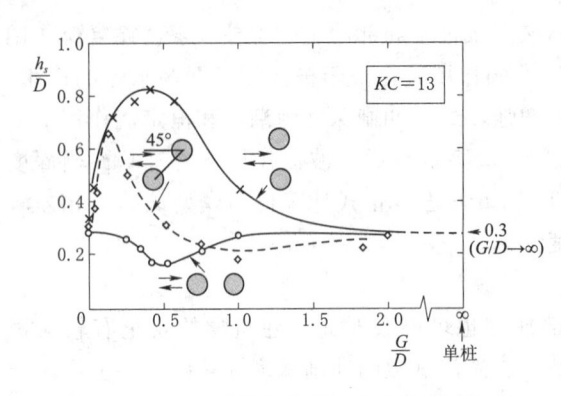

图9-5 波流环境中的双桩的平衡冲刷深度

图9-6展示了最大冲刷坑的平面范围随G/D的变化。在双桩串联排列的情况下，冲刷坑的L_x/D随G/D的增加而增加。另外，最大冲刷坑横向的L_y/D似乎不太受桩墩间距的影响。

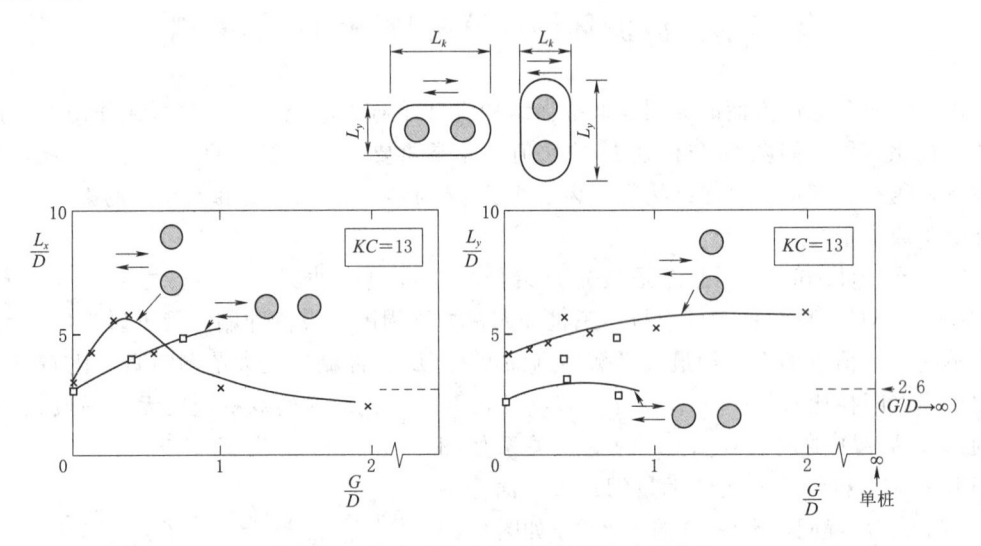

图9-6 波流环境中的双桩的平衡冲刷范围

2. 桩墩并排布置

在双桩并排布置情况下，两桩之间的冲刷深度总是大于其他情况。当间径比非常小（$G/D<0.1$）或较大（$G/D>2$）时，其冲刷深度与其他情况接近。当$G/D<0.1$时，桩外缘的冲刷深度最大，此时的双桩组可视作为"单个"桩体。当$G/D>2$时，桩与桩之间的干扰效应小，因此双桩与单桩的冲刷差不多。$G/D=0$时两个桩组合在一起，可视为单桩情况。从图9-5可以看出，在双桩并排布置的情况下，最大冲刷深度随着间径比的增加先增大，当$G/D=0.3$时达到最大值，约为$0.85D$；然后开始减小，当间径比较大时，最终达到单桩的最大冲刷深度值。随着桩间距的减小，冲刷深度的增加部分是因间隙流（射流效应）引起的输沙率提高，部分是因桩外缘产生的尾涡的增加。

二、三桩墩布置

图 9-7 和图 9-8 分别比较了双桩与三桩在并排和串联布置情况下的最大冲刷深度随间径比的变化（$KC=13$）。在并排布置的情况下，当间距 $G/D<0.5$ 时，由于暴露于背面尾涡的底床范围增加，三桩布置的冲刷深度比双桩布置略有增加，增加 20%～30%。在串联布置的情况下，三桩与双桩的冲刷深度在数量上没有显著差别，但双桩的冲刷深度的最小值约出现在 $G/D=0.5$ 处，而三桩的冲刷深度的最小值约出现在 $G/D=0.2$ 处，且三桩在 $G/D=0$ 时的冲刷深度小于双桩。

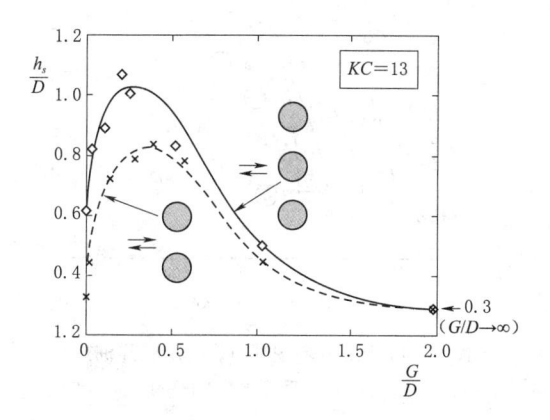

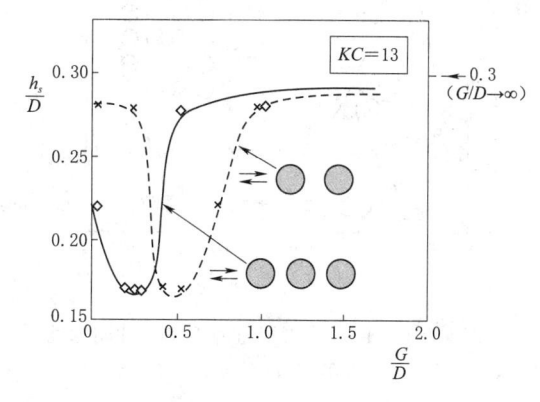

图 9-7 波流环境中多桩并联的平衡冲刷深度

图 9-8 波流环境中多桩串联的平衡冲刷深度

当三桩呈"品"字形排列时，三个桩在不同位置的最大冲刷深度随 G/D 的变化如图 9-9 所示（$KC=13$），桩 2 和桩 3 的冲刷深度均随着 G/D 的增加而增加，且 $G/D=0.3$ 时 h_s/D 达到最大值 0.5～0.6，$G/D=3$ 时减小至约 0.2。桩 1 的冲刷深度变化规律与桩 2 和桩 3 类似，但其冲刷深度比桩 2 和桩 3 的小。与图 9-5 所示的双桩并排布置相比，三桩"品"字形的并排桩（桩 2 和桩 3）的冲刷深度小，其主要是因桩 1 引起的"屏蔽"效应。

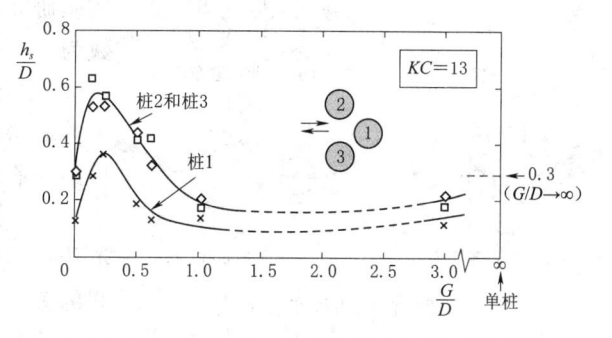

图 9-9 波流环境中三桩"品"字形布置的平衡冲刷深度

三、四方形方阵群桩

4×4 方形群桩的最大冲刷深度随 G/D 的变化如图 9-10 所示（$KC=13$ 和 37），最大冲刷深度始终出现在群桩第一排的角桩处。对于 $KC=37$，冲刷深度随 G/D 变化的方式与双桩和三桩的并排布置非常相似（图 9-7 和图 9-9）。

图 9-11 对比了桩间距 $G/D=0.4$ 情况下 KC 数对不同桩组冲刷深度的影响。其中，实线为单桩情况下的无量纲冲刷深度。当 KC 约大于 15 时，4×4 方形群桩的最大冲刷深度开始大于单桩最大冲刷深度，极限深度可达 $4.5D$。当 KC 约为 24 时，其最大冲刷深度

为 D。但群桩中大多数位置上的冲刷深度会比单桩冲刷深度低。Hogedal 等[30] 认为海上风机基础的极端局部冲刷深度的设计过于保守,设计中用于疲劳计算和极端荷载计算的无量纲冲刷深度 h_s/D 分别应为 0.63 和 0.61,而非工程实践中用的 1.3。

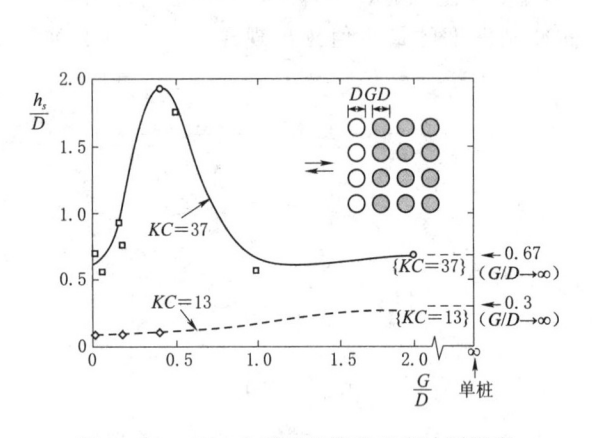

图 9-10 4×4 方形群桩附近平衡冲刷深度随 G/D 的变化

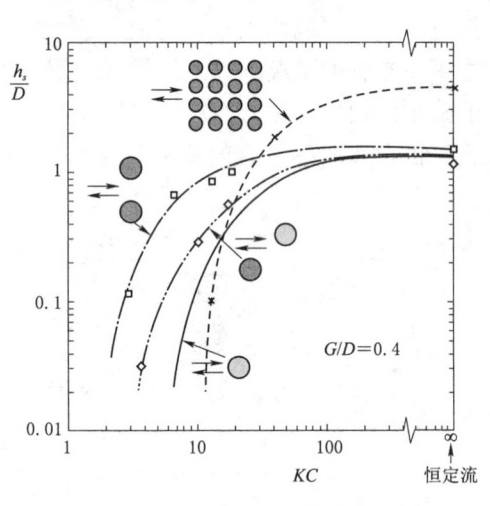

图 9-11 波流环境中 4×4 方形群桩局部冲刷深度随 KC 的变化

Mostafa 和 Agamy[31] 在波流逆向水槽内分别对间径比 $(G/D)=1$、2、3、4 的情况开展了多种排列形式(图 9-12)的桩群冲刷实验研究,其波浪 $KC=6\sim10$,洋流的弗劳德数为 $0.14\sim0.25$。同样的,KC 越大时冲刷坑越大。与纯流情况相比,逆向波浪的存在减小了冲刷深度。群桩的最大冲刷深度还是大于单桩的冲刷深度,且取决于桩的布置和桩间间距。图 9-13 展示了在不同桩布置情况下受逆流波浪传播影响的无量纲平衡冲刷深度和 G/D 之间的关系。可以看出,无量纲平衡冲刷深度通常随着 G/D 的增加而增加,这是由于流的主导效应。当 $KC=10$、$Fr=0.25$ 时,单桩的无量纲平衡冲刷深度的最大值为 0.5。通过降低 KC 和/或 Fr 值,单桩周围的无量纲平衡冲刷深度值也随之降低。

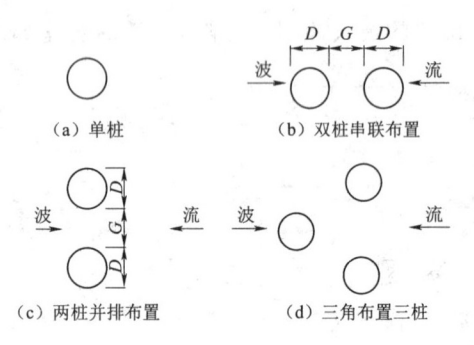

图 9-12 桩的四种布置形式

图 9-14 和图 9-15 分别展示了在两种波流条件下($KC=10$、$Fr=0.25$ 和 $KC=6$、$Fr=0.14$)在流的方向上无量纲冲刷坑范围(L_x/D、L_y/D)随间径比的变化。由此可见,串联桩的冲刷坑长度和宽度最大,并排桩的冲刷坑长度和宽度均最小;而三根桩为三角形(即品字形)排列时,由于桩间的水流发散,其冲刷坑长度和宽度均位于前两者之间,且冲刷坑长度略低于串联桩,冲刷坑宽度则略低于并排桩。单桩情况下的冲刷长度和宽度均分别大于并排情况下的冲刷长度和宽度。

Myrhaug 和 Ong[18] 对小间径比的小尺度桩 $(D<\lambda/10)$ 局部冲刷研究表明,当两桩并排时

第二节 波流环境中群桩周围的局部冲刷

(a) $KC=10$, $Fr=0.25$

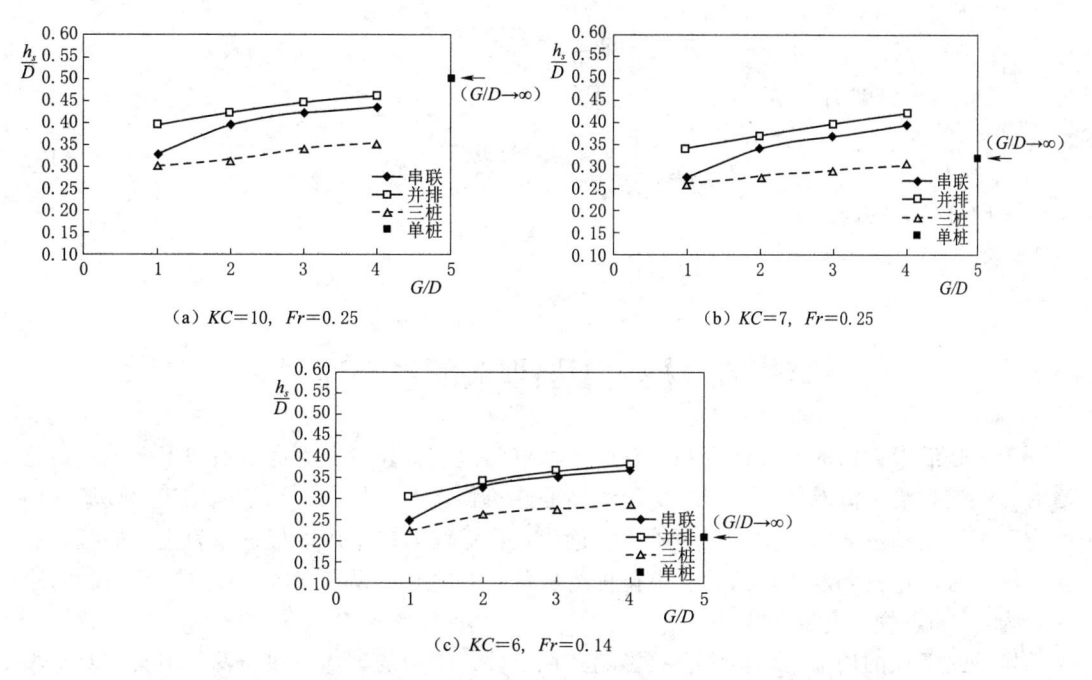

(b) $KC=7$, $Fr=0.25$

(c) $KC=6$, $Fr=0.14$

图 9-13 不同流与逆波环境下群桩无量纲冲刷深度随间径比的变化

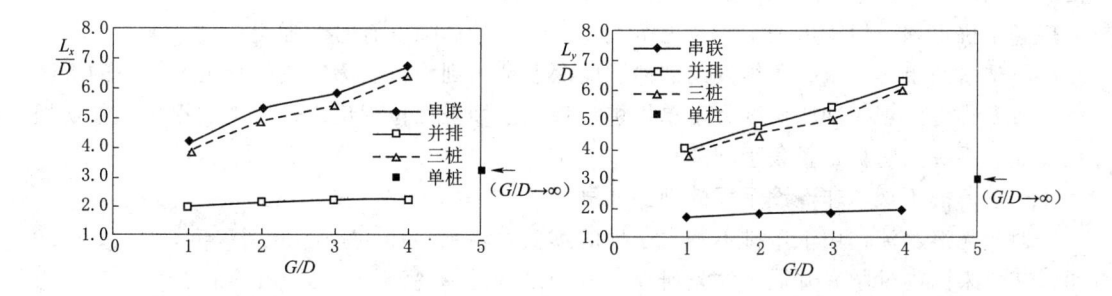

图 9-14 $KC=10$、$Fr=0.25$ 流与逆波环境下无量纲冲刷长度随间径比的变化

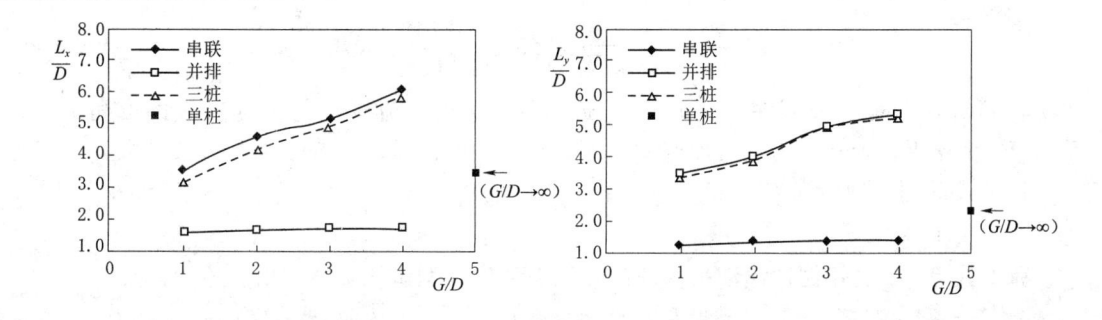

图 9-15 $KC=6$、$Fr=0.14$ 流与逆波环境下无量纲冲刷长度随间径比的变化

$$\frac{h_s}{D}=1.5[1-\mathrm{e}^{-0.09(KC-2)}] \tag{9-18}$$

当两桩 45°交错时

$$\frac{h_s}{D}=1.3[1-\mathrm{e}^{-0.037(KC-3)}] \tag{9-19}$$

当四桩呈方阵时

$$\frac{h_s}{D}=4.5[1-\mathrm{e}^{-0.023(KC-12)}] \tag{9-20}$$

第三节 桩式丁坝坝头的局部冲刷

丁坝是沿岸方向的有效促淤和保护岸滩稳定的建筑物，可分为透水坝和不透水坝，是治河、航道整治及海滩保护工程中应用最多的建筑物之一。如，透水丁坝在我国钱塘江中的应用可追溯到古老的柴排、江中木桩。近代，钱塘江河口采用以板桩墙为主体的桩式直立丁坝，有单排桩和双排桩两种。单排桩组成的坝顶宽度多为 0.5m；双排桩的内侧间距一般为 3.0m，坝顶宽度为 4.0m[32]。

排桩式丁坝的局部冲刷深度直接影响其稳定性，丁坝的破坏往往先发于坝头。对于坝顶不漫水的丁坝（高坝），为减轻坝头局部冲刷，常将丁坝轴线挑向主要动力流的下侧，使绕坝头水流较为平顺。对于以强潮作用为主的漫水丁坝，正交丁坝的坝头冲刷深度大于上挑和下挑丁坝，但丁坝上游侧及上游侧坝根部的冲刷强度有时会强于正交丁坝。

不透水的单排、双排丁坝其局部冲刷的深度从大到小依次为坝头、坝根及坝身的上游侧，且双排桩的坝头冲刷深度大于单排桩，坝根及坝身部位则反之。丁坝的损坏往往从坝头开始，坝头的防护是整条丁坝的重点。

一、单排不透水非淹没丁坝的坝头冲刷

对于无浪水流作用下单排不透水丁坝的坝头水流所产生的局部冲刷深度，20 世纪 20 年代初以来国内外学者开展了大量研究，分别以行近单宽流量、行近弗劳德数、剪切力为主要参数建立经验公式，或应用连续方程、泥沙起动和平衡输沙方程建立半经验公式。

1. 马卡维也夫公式

苏联学者马卡维也夫早在 20 世纪 60 年代就提出了以下丁坝坝头冲刷公式

$$h_s=h_0+\frac{23}{\sqrt{1+m^2}}\left(\tan\frac{\theta}{2}\right)\frac{V_0^2}{g}-30d \tag{9-21}$$

式中：h_s 为坝前最大冲刷深度；h_0 为行近水深；θ 为水流轴线与丁坝轴线的交角（攻角）；V_0 为行近流速；g 为重力加速度；d 为床沙平均粒径；m 为丁坝的边坡系数。

该公式适用于细砂河流。

2. 张红武公式

张红武等[34]利用泥沙起动平衡理论和正态动床模型试验资料提出

$$h_s=\frac{1}{\sqrt{1+m^2}}\left[\frac{h_0 V_0 \sin\theta \sqrt{d_{50}}}{\left(\frac{\gamma_s-\gamma}{\gamma}g\right)^{2/9}\nu^{5/9}}\right]^{6/7}\frac{1}{1+1000S_v^{5/3}} \tag{9-22}$$

式中：ν 为水流的运动黏滞系数；S_v 为按体积比计算的挟沙水流体积比含沙量；m 为丁坝边坡系数。该公式适用于黄河等细砂河床上正交直立圆头形丁坝。

3. 《堤防工程设计规范》公式

GB 50286—2013《堤防工程设计规范》规定，非淹没丁坝冲刷深度计算公式可按马卡维也夫公式的另一种形式计算

$$h_s = 27 k_1 k_2 \left(\tan\frac{\theta}{2}\right)\frac{V_0^2}{g} - 30d \qquad (9-23)$$

式中：k_1 为与丁坝在水流法线投影长度 l 有关的系数；k_2 为与丁坝边坡系数 m 有关的系数。k_1 和 k_2 的确定方法如下

$$k_1 = e^{-5.1\sqrt{V_0^2/gl}}, \quad k_2 = e^{-0.2m} \qquad (9-24)$$

规范同时规定，如果非淹没丁坝周围的床沙质较细，丁坝冲刷深度可按式（9-21）计算。

4. 方达宪修正公式

丁坝的坝头冲刷坑深度主要与丁坝坝头的床沙起冲流速、泥沙起动流速、河面宽度、丁坝长度、坝前水深、上游边坡系数、丁坝挑角等因素有关。季永兴等[35]在分析方达宪公式[36]的基础上提出适合于长江口典型丁坝的坝头冲刷坑深度计算公式

$$\frac{h_s}{V_{is}}\sqrt{\frac{g}{D}} = \frac{K_m(V-V_{is})/V}{0.01818 + 0.09308(V_{is}/V)} \qquad (9-25)$$

式中：h_s 为冲刷坑深度；g 为重力加速度；D 为丁坝的长度；V 为丁坝上游水流行近流速；V_{is} 为丁坝坝头床沙起冲流速；K_m 为考虑边坡影响的修正系数。

$$V_{is} = 0.7835 V_c^2 \qquad (9-26)$$

$$V_c = (1.137 + 0.138\ln\sigma_g)\sqrt{\frac{\gamma_s-\gamma}{\gamma}gd_{50}}\left(\frac{R}{d_{50}}\right)^{1/6} \qquad (9-27)$$

$$K_m = \begin{cases} 1 - 0.278m & m \leqslant 2 \\ \dfrac{m}{3.0m-1.5} & m > 2 \end{cases} \qquad (9-28)$$

式中：V_c 为床沙起动流速；γ_s 为床沙重度；γ 为水体重度；R 为水力半径；d_{50} 为泥沙中值粒径；σ_g 为床沙不均匀系数，$\sigma_g = d_{85.1}/d_{15.9}$。

5. 冯红春和石自堂公式

冯红春和石自堂[37]通过水槽试验和量纲分析提出非潜没透水丁坝冲刷深度的计算公式

$$h_s = 0.6\frac{(1-P^2)^{0.4}V_a^{0.8}hL^{0.4}d_{50}^{0.08}}{(B-D)^{0.1}} \qquad (9-29)$$

式中：h_s 为透水丁坝冲刷深度；P 为透水丁坝透水强度；L 为丁坝长度；B 为河宽；h 为水深；d_{50} 为泥沙中值粒径；V_a 为行近流速。该公式考虑了透水率对冲刷深度的影响，但公式未考虑透水丁坝挑角等因素的影响，且缺少实际工程资料的验证。

此外，不透水丁坝附近的水流结构与桥台的相同，其局部冲刷深度也可借鉴本书第五章中的桥台局部冲刷公式进行计算。同时应注意河口地区丁坝所在位置是否有河滩。当滩槽交换明显时，上述计算方法有待进一步修正；对于低丁坝，冲刷坑的深度还与漫过丁坝

的单宽流量及上下游水位差有关。

为减轻坝头的冲刷深度，首先要减少坝头对水流的干扰，抑制漩涡的产生并减轻下沉流的强度。挑角小，冲刷深度浅，最深点离坝脚较远，冲刷范围也较小。坝头边坡可采用上游面小、坝轴线处大的扭曲形式。此外，与不透水丁坝相比，透水丁坝的坝头冲刷深度小。

二、单排透水丁坝的水力特性

透水坝允许水流从桩间通过，水流通过时损失一部分动能，流速降低。除河道外[38-40]，河口、海岸也大量采用透水丁坝[41-43]。透水丁坝多为桩式丁坝，水力插板技术的推广进一步扩大了透水丁坝的应用。如图9-16所示，透水丁坝具有分裂结构，因水流可以通过该结构，泥沙仍然可输送到另一侧。沿岸水流和沿岸泥沙输移可通过透水丁坝的间隙密度得到控制。

图9-16 双排桩式透水丁坝在海岸的应用

与不透水丁坝或桥台相比，透水丁坝附近的水流结构存在较大差异，透水丁坝坝头的流场及冲刷深度还与其透水率有关。因此，不透水丁坝或桥台局部冲刷深度的计算公式不再适用于透水丁坝。

Raudkivi[42] 曾对比了桩式丁坝在德国波罗的海海岸使用前后的地形变化。如图9-17所示，透水桩丁坝对减少沿岸流和沿岸泥沙输移起良好作用，且可向丁坝的另一侧提供泥沙供应，这些透水桩丁坝两侧常出现约半米深和几米宽的冲刷，且随着透水桩丁坝空隙率的增加，冲刷深度减小。

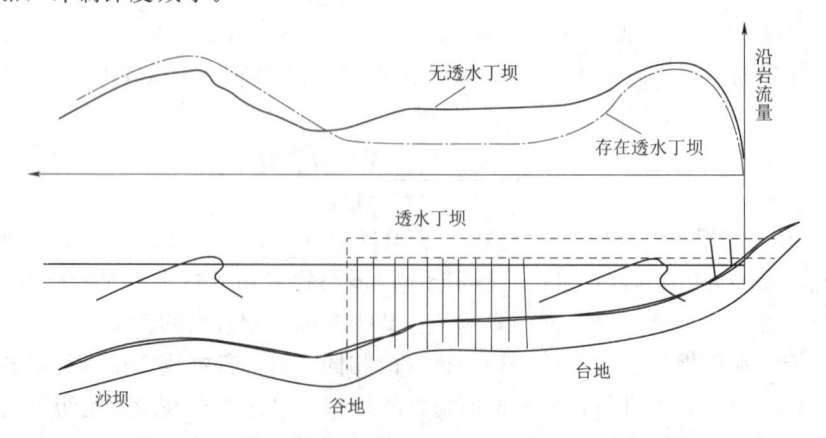

图9-17 沿岸流作用下丁坝桩建设前后的海滩剖面变化

海滩泥沙沿海岸的运动称为沿岸输运,沿岸输沙率可由如下公式计算[44]

$$Q_i = K \frac{\rho\sqrt{g/(\gamma b)}}{16(\rho_s-\rho)(1-n)} H_b^{2.5} \sin\alpha_b \cos\alpha_b \tag{9-30}$$

式中：Q_i 为沿岸输沙率,m³/a；K 为受粒径（d_{50}）影响的经验系数,$K=1.4\mathrm{e}^{-2.5d_{50}}$；$\rho$ 为水或海水密度,kg/m³；ρ_s 为泥沙密度,kg/m³；n 为泥沙孔隙率,$n=0.4$；H_b 破碎波高,m；α_b 为破碎波角,(°)。

如果海滩采用透水丁坝结构,透水丁坝后的沿岸输沙率则降为

$$Q_i = C_r K \frac{\rho\sqrt{g/(\gamma b)}}{16(\rho_s-\rho)(1-n)} H_b^{2.5} \sin\alpha_b \cos\alpha_b \tag{9-31}$$

式中：C_r 为削减系数,其值取决于丁坝中桩的密度（图9-18）[45],是设置透水丁坝后的沿岸流速与没有丁坝的沿岸流速之比[45],即

$$C_r = \frac{1}{1+\dfrac{C_d p h r}{1.3 C_f d_t}} \tag{9-32}$$

如位于河口的某海滩,通过2007—2015年其附近水域的风速数据分析得到的波浪数据见表9-1,表中 H_s、T_s 分别为有效波高和周期,得到风玫瑰图如图9-19所示。海岸线位置朝波浪方向的图像如图9-20所示。基于重现期的波浪数据列于表9-2,海滩的波浪参数列于表9-3,根据这些波浪数据可计算来自西部的主导波浪方向的沿岸泥沙输移量。

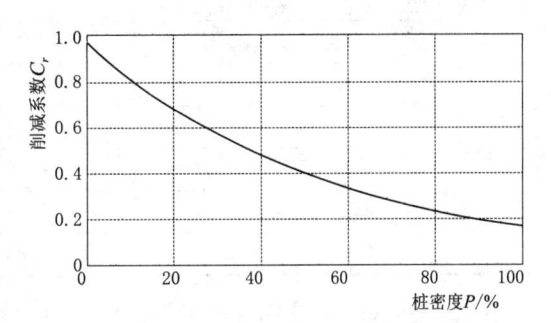

图9-18 削减系数随桩密度的变化

表9-1 波 浪 数 据

年份	H_s/m	T_s/s	方向/(°)	年份	H_s/m	T_s/s	方向/(°)
2007	1.8	7.18	265.26	2012	1.36	6.18	270.14
2008	1.13	5.64	275.92	2013	2.01	7.71	280.15
2009	1.08	5.59	273.62	2014	0.83	6.25	269.37
2010	0.85	5.48	279.43	2015	0.64	7.07	272.9
2011	2.45	7.572	67.11				

表9-2 基于重现期的波浪数据

重现期/年	H_s/m	T_s/s	重现期/年	H_s/m	T_s/s
2	1.24	6.29	25	3.00	9.80
5	1.94	7.88	50	3.44	10.49
10	2.41	8.78	100	3.88	11.13

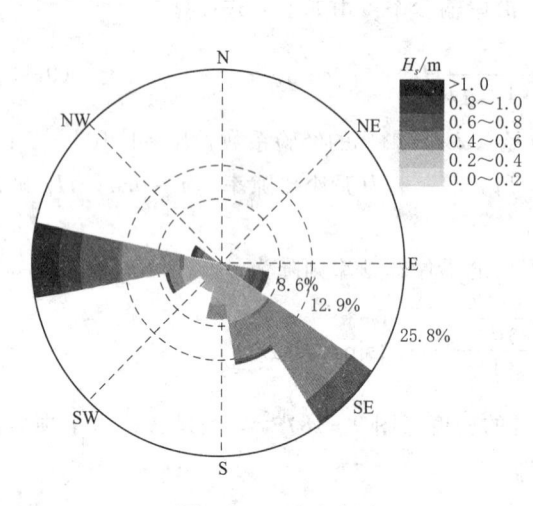

图 9-19 风玫瑰图

图 9-20 工程区域

表 9-3　　　　　　　　　　　　　海滩的波浪参数

来波方向	重现期/年	H_s/m	H_b/m	α_b/(°)
西 $\alpha=45°$	2	1.24	1.21	4.44
	5	1.94	1.89	4.42
	10	2.41	2.35	4.43
	25	3.00	2.93	4.42
	50	3.44	3.36	4.43
	100	3.88	3.79	4.43

计算得到该海滩设置透水丁坝前后沿岸的输沙量,见表 9-4,当丁坝透水率为 10%时,可使沿岸输沙量减少 80%;当渗透率达到 20%时,可降低 70%,以此类推,到渗透率达到 40%时,可降低 50%。依据 Raudkivi[42] 的研究资料,在减少 50%的情况下,海滩的稳定性总体上仍然可以保持。表 9-4 还表明,波浪从 2 年一遇到 100 年一遇,如果丁坝的结构没有大的变化和周围地区气候也没有变化情况下,其渗透性保持在 40%,沿岸输沙量的减少也能分别保持在 50%左右。

表 9-4　　　　　　　　　　　　　海滩的沿岸年输沙量

来波方向	重现期/年	$Q_{无丁坝}$ /(10^3m³/a)	$Q_{存在透水丁坝}$/(10^3m³/a)			
			10%	20%	30%	40%
西 $\alpha=45°$	2	341.37	68.27	102.41	136.55	170.69
	5	1041.86	208.36	312.56	416.74	520.93
	10	1793.2	358.2	538	717.3	896.61
	25	3097.6	619.6	929.3	1239	1548.8
	50	4364.74	872.74	1309.44	1745.94	2182.34
	100	5908.41	1181.41	1772.51	2363.41	2954.21

近年来，出现了一种如图 9-21 所示的增强型透水桩丁坝，由透水桩与三角形薄板组成，以改善两个相邻透水丁坝间的淤积。Ferro 等[46]的试验结果表明，单个增强型透水丁坝比单个透水桩丁坝的外滩防护性能优越。在不同水力条件下，增强透水丁坝群间距、冲刷深度、冲刷范围等可参阅 Hajibehzad 等[40]的研究。

最后强调的是，潮流或潮流波浪作用下的丁坝群坝头冲刷与坝间淤积问题非常复杂，建议采用物理模型试验或数值模型试验确定丁坝坝头的冲刷深度[47]。

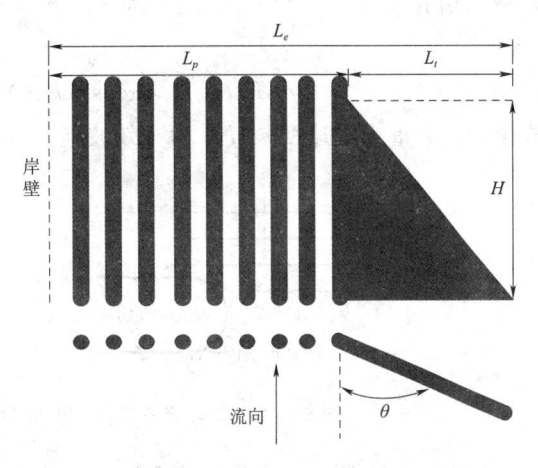

图 9-21 增强型透水桩丁坝的结构示意图

第四节　防波堤堤头的局部冲刷

一、非破碎波作用下直立防波堤堤头的局部冲刷

为了确定在波浪作用下直立堤前冲刷剖面的形状和尺度，谢世楞曾用四种不同沙径的底床进行规则波和不规则波环境下的冲刷实验[48-49]，给出了直立堤前最大冲刷深度公式为

$$h_s = \frac{0.4 H_s}{\left[\sinh\left(\frac{2\pi h}{\lambda}\right)\right]^{1.35}} \tag{9-33}$$

式中：h_s 为最大冲刷深度；h 为水深；H_s 为有效波高；λ 为波长。值得注意的是，该公式没有反映泥沙粒径对冲刷深度的影响。但高学平和赵子丹[50]的试验结果表明：在相同波要素及水深条件下，泥沙粒径小的堤前冲刷坑更深。他们依据其试验资料和谢世楞[48]的试验资料提出的堤前冲刷深度计算公式为

$$h_m = 0.065 H_s \frac{\lambda}{h} - 0.25 u_{crit} T \frac{\sinh(kh)}{2\pi} \tag{9-34}$$

式中：h_m 为在节点（$\lambda/2$）的最大冲刷深度；T 为波周期；k 为波数；u_{crit} 为波浪作用下的泥沙起动流速，其计算式为

$$u_{crit} = 1.56 \left(\frac{\rho_s - \rho}{\rho}\right)^{2/3} d_{50}^{1/3} T^{1/3} \tag{9-35}$$

当直立方形堤头的防波堤在非破碎波作用下，Hughes[22] 提出堤头附近的局部冲刷深度计算公式为

$$\frac{h_m}{(u_{rms})_m T_p} = \frac{0.05}{[\sinh(k_p h)]^{0.35}} \tag{9-36}$$

式中：T_p 为谱峰周期；$(u_{rms})_m$ 为水平速度的均方根；k_p 为与 T_p 相关的波数。而水平

速度的均方根为

$$\frac{(u_{rms})_m}{gk_pT_pH_{mo}}=\frac{\sqrt{2}}{4\pi\cosh(k_ph)}\left[0.54\cosh\left(\frac{1.5-k_ph}{2.8}\right)\right] \qquad (9-37)$$

式中：g 为重力加速度；H_{mo} 为有效波高。

图 9-22 非破碎波浪在方形堤头和圆形堤头附近产生的冲刷坑

如图 9-22 所示，方形堤头和圆形堤头附近波浪冲刷坑的位置不同。当防波堤堤头为直立圆形，在非破碎波作用下堤头附近的局部冲刷深度可以表达为

$$\frac{h_s}{B}=0.5[1-e^{-0.175(KC-1)}] \qquad (9-38)$$

式中：B 为堤头的直径（或宽度）。

当防波堤堤头为直立方形，在非破碎波作用下堤头附近的局部冲刷深度可以表达为

$$\frac{h_s}{B}=-0.09+0.123KC \qquad (9-39)$$

其中

$$KC=\frac{U_mT_p}{B} \qquad (9-40)$$

二、非破碎波作用下斜坡式防波堤堤头的局部冲刷

1. 稳定流导致的冲刷

当防波堤为如图 9-23 所示的圆头带斜坡的堤型，稳定流作用下堤头附近的局部冲刷深度可表达为

$$\frac{h_s}{B}=0.04[1-e^{-4.0(KC-0.05)}] \qquad (9-41)$$

2. 卷波导致的冲刷

当防波堤为如图 9-23 所示的圆头带斜坡的堤型，卷波作用下堤头附近的局部冲刷深度则为

$$\frac{h_s}{H_s}=0.01\left(\frac{T_p\sqrt{gH_s}}{h}\right)^{3/2} \qquad (9-42)$$

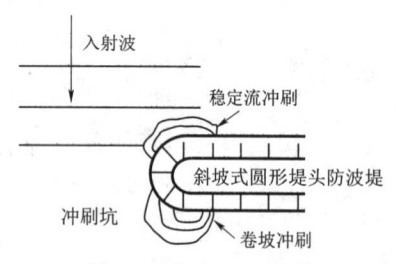

图 9-23 非破碎波浪在斜坡式圆形堤头附近产生的冲刷坑

三、破碎波作用下直立堤头的局部冲刷

直立堤头在破碎波作用下的冲刷剖面如图 9-24 所示，在破碎波作用下直立防波堤墙前的局部冲刷深度发生在波浪拍击点正好在墙上的情况，直立堤头的局部冲刷深度随着反射的减小而减小，而流的存在会增加反射。直立堤头在破碎波作用下局部冲刷的计算

公式如下[22]：

$$\frac{h_s}{(H_{mo})_o}=\sqrt{22.72\frac{h}{(\lambda_p)_o}+0.25} \qquad (9-43)$$

式中：h_s 为最大冲刷深度；$(H_{mo})_o$ 为深水有效波高；h 为冲刷前墙根处的水深；$(\lambda_p)_o$ 为与 T_p 相对应的深水波波长。该式的适用范围：$0.011<\frac{h}{(\lambda_p)_o}<0.045$，$0.015<\frac{(H_{mo})_o}{(\lambda_p)_o}<0.04$。

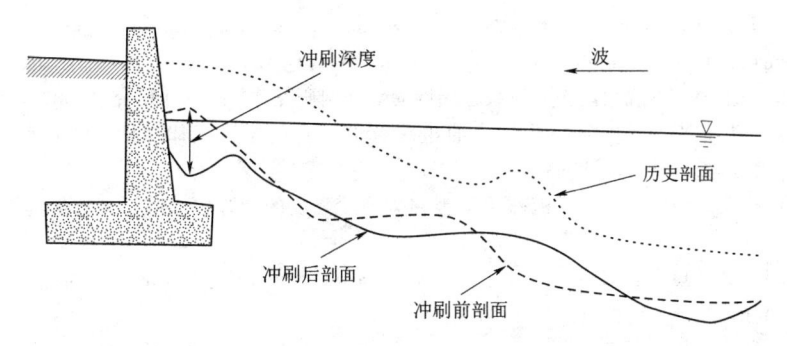

图 9-24 在破碎波作用下直立防波堤堤头附近的冲刷剖面

对于防波堤堤头有斜坡的情况，其局部冲刷深度小于直立墙。非破碎波对防波堤堤头的冲刷反而不显著。流的存在可能会增加防波堤堤头的局部冲刷深度，同样的，斜入射波也会增加其冲刷深度。

参考文献

[1] 杨闻宇. 剪切载荷作用下高浓度黏性泥沙流变特性的实验研究 [D]. 上海交通大学，2014.

[2] Yang W, Tan S K, Wang H, Yu, G. Rheological properties of bed sediments subjected to shear and vibration loads [J]. Journal of Waterway, Port, Coastal and Ocean Engineering, 2014, 140 (1): 109-113.

[3] Yang W, and Yu. G. Rheological response of natural, soft coastal mud under oscillatory shear loadings [J]. Journal of Waterway, Port, Coastal and Ocean Engineering, 2018, 144 (4): 05018005.1-05018005.8.

[4] Zhang M, Yu G, Rovere A L, et al. Erodibility of fluidized cohesive sediments in unidirectional open flows [J]. Ocean Engineering, 2017, 130: 523-530.

[5] Zhang M, Yu G. Critical conditions of incipient motion of cohesive sediments [J]. Water Resources Research, 2017, 53: 7798-7815.

[6] Zhang M, Yu G, Zhu W, et al. Experimental study on the angle of repose of submerged cohesive sediments [J]. Journal of Waterway, Port, Coastal and Ocean Engineering, 2019, 145 (3): 04019006.

[7] Wang R, Yu G. Incipient conditions of cohesive sediments in oscillatory flows [J]. Ocean and Coastal Management, 2019, 181 (1): 104877.

[8] 孙慧，张民曦，喻国良，等. 桥墩振动对其局部冲刷的影响 [J]. 水利水电技术, 2019, 50 (7): 137-143.

[9] Sumer B M, Fredsøe J, Christiansen N. Scour around a vertical pile in waves [J]. Journal of Waterway, Port, Coastal and Ocean Engineering, ASCE, 1992, 118 (1): 15-31.

[10] Sumer B M, Fredsøe J. Scour around pile in combined waves and current [J]. Journal of Hydraulic Engineering, 2001, 127 (5): 403-411.

[11] Sumer B M, Christiansen N, Fredsøe J. Influence of cross section on wave scour around piles [J]. Journal of Waterway, Port, Coastal and Ocean Engineering, 1993, 119 (5): 477-495.

[12] Kobayashi T, Oda K. Experimental study on developing process of local scour around a vertical cylinder [C]. Chapter 93, Proc., 24th Int. Conf. on Coast. Engrg., 1994, 2: 1284-1297.

[13] Carreiras J, Larroudé P, Seabra-Santos F, et al. Wave scour around piles [C]. 27th International Conference on Coastal Engineering. July 16-21, 2000, Sydney, Australia.

[14] 周益人, 陈国平. 不规则波作用下墩柱周围局部冲刷研究 [J]. 泥沙研究, 2007 (5): 17-23.

[15] 喻国良, 韦兵, 李明. 往复流作用下的粗颗粒推移质的输沙规律 [J]. 华北水利水电大学学报 (自然科学版), 2017, 38 (3): 58-63.

[16] 李明, 俞梅欣, 喻国良. 往复流作用下推移质输沙强度的计算公式 [J]. 哈尔滨工程大学学报, 2019, 40 (2): 1-7.

[17] Chen G P, Zuo Q H, Huang H L. Locai scour around piles under wave action [J]. China Ocean Engineering, 2004, 18 (3): 403-412.

[18] Myrhaug D, Ong M C. Scour around vertical pile foundations for offshore wind turbines due to long-crested and short-crested nonlinear random waves [J]. ASME. J. Offshore Mech. Arct. Eng., 2013, 135 (1): 011103.

[19] Sumer B M, Fredsøe J. The mechanics of scour in the marine environment [M]. World Scientific, 2002.

[20] 王汝凯. 神仙沟 (桩 11) 建油港的冲淤问题 [J]. 海岸工程, 1985, 4 (2): 32-38.

[21] 刘嫄. 高桩码头桩基局部冲刷研究 [J]. 水运工程, 2020 (8): 100-102.

[22] Hughes S A. Design of maritime structures: scour and scour protection [R]. US Army Corps of Engineer Research and Development Center, 2004.

[23] 李林普, 张日向. 波流作用下大直径圆柱体基底周围最大冲刷深度预测 [J]. 大连理工大学学报, 2003, 43 (5): 676-680.

[24] 韩海骞. 潮流作用下桥墩局部冲刷研究 [D]. 杭州: 浙江大学, 2006.

[25] 祁一鸣, 陆培东, 曾成杰, 等. 海上风电桩基局部冲刷试验研究 [J]. 水利水运工程学报, 2015 (6): 60-67.

[26] 程永舟, 吕行, 王文森, 等. 波流作用下淹没圆柱局部冲深影响因素分析 [J]. 水利水运工程学报, 2019, 178 (6): 71-78.

[27] Chow W Y, Herbich J B. Scour around a group of piles [C]. Proceedings of Offshore Technology Conference. Paper No. 3308, 1978, Dallas, Texas.

[28] Sumer B M, Fredsøe J. Wave scour around group of vertical piles [J]. Journal Waterway, Port, Coastal and Ocean Engineering, 1998, 124 (5): 248-255.

[29] Zdravkovich M M. Review of flow around interference between tow circular cylinders in various arrangements [J]. Journal of Fluid Engineering, 1977, 99: 618-633.

[30] Hogedal M, Hald T. Scour assessment and design for scour monopole foundations for offshore wind turbines [C]. Copenhagen Offshore Wind 2005, October 2005, Denmark.

[31] Mostafa Y E, Agamy A F. Scour around single pile and pile groups subjected to waves and currents [J]. International Journal of Engineering Science & Technology, 2011, 3 (11): 8160-8178.

[32] 杨火其, 王文杰, 杨永楚. 强潮河口排桩式丁坝局部冲刷试验研究 [J]. 水道港口, 2001, 22 (3): 122-127.

参 考 文 献

[33] 万艳春, 黄本胜. 丁坝坝头局部冲深计算方法综述 [J]. 广东水利水电, 2003 (2): 52-54, 57.

[34] 张俊华, 许雨新, 张红武, 等. 河道整治及堤防管理 [M]. 郑州: 黄河水利出版社, 1998.

[35] 季永兴, 李国林, 莫敖全, 等. 长兴岛南沿丁坝坝头冲刷坑深度探析 [J]. 人民长江, 2002 (4): 13-14.

[36] 方达宪, 王军. 丁坝坝头床沙起冲流速及局部最大冲深计算模式探讨 [J]. 泥沙研究, 1992 (4): 77-84.

[37] 冯红春, 石自堂. 非潜没透水丁坝冲刷深度计算公式初探 [J]. 中国农村水利水电, 2002 (5): 46-49.

[38] 宗全利, 刘焕芳, 何春光. 透水丁坝关键设计参数的确定及研究动态 [J]. 人民黄河, 2008 (5): 14-15.

[39] Uijttewaal W S J, Lehmann D, Van Mazijk A. Exchange processes between a river and its groyne fields: Model experiments [J]. Journal of Hydraulic Engineering, 2001, 127: 928-936.

[40] Hajibehzad M S, Bajestan M S, Ferro V. Investigating the performance of enhanced permeable groins in series [J]. Water, 2020, 12 (12): 3531.

[41] Barker W T, Hulsbergen C H, Roelse P, et al. Permeable groynes: experiments and practice in the Netherlands [C]. In Proceedings of Nineteenth International Conference on Coastal Engineering, 1984, 2: 2026-2041.

[42] Raudkivi A J. Permeable pile groins [J]. Journal of Waterway, Port, Coastal, and Ocean Engineering, 1996, 122: 267-272.

[43] Momose N, Suzuki C, Sato M, et al. Movable-bed experiment on function of an l-shape groin combined with detached breakwater of permeable pile structure [J]. Journal of Japan Society of Civil Engineers, Ser. B3 (Ocean Engineering), 2017, 73 (2): 576-581.

[44] USACE. Coastal engineering manual [M]. Washington, D. C., 2002.

[45] Hasdinar U. Reduction of longshore sediment transport [J]. Enjiniring Journal, Fakultas Teknik Unhas, 2016, 20 (2): 82.

[46] Ferro V, Hajibehzad M S, Bejestan M S, et al. Scour around a permeable groin combined with a triangular vane in river bends [J]. Journal of Irrigation and Drainage Engineering, 2019, 145 (3): 23-34.

[47] 窦希萍, 王向明, 娄斌. 潮流波浪作用下丁坝坝头概化模型的冲刷试验 [J]. 水利水运工程学报, 2005 (1): 28-33.

[48] Xie S L. Scouring patterns in front of veineal berakwaters and their influences on their stability of the foudations of the breakwaetrs [R]. Delft Uinvesriyt of the Technology, Report of Coastal Engineering Group, The Nehterlands, 1981: 1-61.

[49] 谢世楞. 直立式防波堤前的冲刷形态及其对防波堤整体稳定的影响 [J]. 海洋学报 (中文版), 1983 (6): 808-823.

[50] 高学平, 赵子丹. 立波作用下堤前冲刷特性及预报 [J]. 海洋学报, 1995, 17 (5): 140-146.